Die

Schiedsmanns-Ordnung

vom 29. März 1879,

mit Ergänzungen und Erläuterungen

herausgegeben

von

W. Turnau,
Kammergerichtsrath.

Berlin und Leipzig.
Verlag von J. Guttentag
(D. Collin.)
1880.

Inhalt.

Dritter Abschnitt.

Die Sühneverhandlung über Beleidigungen und Körperverletzungen.

Vierter Abschnitt.

Kosten und Stempel.

Fünfter Abschnitt.

Schlußbestimmungen.

Abkürzungen. *)

A. oder Anm. = Anmerkung.
AbgH. = Abgeordnetenhaus.
Allg. Verf. = Allgemeine Verfügung.
AusfGes. = Ausführungs-Gesetz.
Bd. = Band.
BdGesBl. = Bundesgesetzblatt des Norddeutschen Bundes.
Begründung. = Begründung des Entwurfs einer Schiedsmannsordnung.
CivProzO. = Deutsche Civilprozeßordnung vom 30. Januar 1877.
EinfGes. = Einführungs-Gesetz.
Entw. oder RegEntw. = Entwurf einer Schiedsmannsordnung.
GerVerfGes. = Deutsches Gerichtsverfassungsgesetz vom 27. Januar 1877.
Ges. = Gesetz.
GesS. = Gesetz-Sammlung für die Königl. Preuß. Staaten.
HerrH. = Herrenhaus.
Jahrb. = Jahrbücher für die Preuß. Gesetzgebung, Rechtswissenschaft und Rechtsverwaltung. 1814—1845.
JMBl. = Justiz-Ministerial-Blatt für die Preuß. Gesetzgebung und Rechtspflege.
Instr. = Instruktion.
JustMin. oder Min. der Just. = Justizminister bezw. Minister der Justiz.
KabOrd. = Kabinets-Ordre.
KommBer. = Kommissions-Bericht.
KonkO. = Konkurs-Ordnung.
Min. d. Inn. = Minister des Innern.
Prov. = Provinz.
Reskr. = Reskript.
RGesBl. = Reichs-Gesetzblatt.
RMilGes. = Reichs-Militärgesetz.
S. = Seite.
Sch, SchM, in zusammengesetzten Worten = Schieds bezw. Schiedsmanns, z. B. SchMann = Schieds-Mann, SchMBezirk = Schiedsmannsbezirk.
SchO. = Schiedsmannsordnung vom 29. März 1879.
StrGesBuch = Straf-Gesetzbuch.
StrProzO. = Deutsche Strafprozeßordnung vom 1. Februar 1877.
Verh. = Verhandlungen.
Verord. = Verordnung.
VMBl. = Ministerialblatt für die gesammte innere Verwaltung in den Königl. Preuß. Staaten.
VormO. = Vormundschaftsordnung vom 5. Juli 1875.

*) Vgl. auch Einleitung Nr IV am Schlusse S. 16.

Einleitung.

I. 1. Das Institut der Schiedsmänner besteht seit dem Jahre 1827. Bereits im Jahre 1808 stellten die auf dem Ostpreußischen Generallandtage versammelten Stände der Provinz Preußen den Antrag: Friedensrichter aus der Klasse der Gutsbesitzer für bestimmte Bezirke zu ernennen, welche in allen Rechtsstreitigkeiten, bevor dieselben an die Gerichte gebracht würden, den Vergleichsversuch vorzunehmen hätten. Dieser Antrag hatte jedoch nur den Erfolg, daß derselbe durch die KabOrd. v. 16. Juni 1808 unter Anerkennung der Nützlichkeit der in Vorschlag gebrachten Einrichtung dem Kanzler Freiherrn v. Schrötter zur Berücksichtigung bei der ihm aufgetragenen Ausarbeitung eines Planes zur Vereinfachung der Justizverwaltung überwiesen wurde. Als aber dieselben Stände auf dem ersten Provinziallandtage des Königreichs Preußen im Jahre 1824 die Bitte um Einführung von Schiedsrichtern wiederholten und der damalige Oberpräsident der Provinz, v. Schoen, unter warmer Befürwortung derselben einen motivirten „Entwurf zu einer Verordnung über die Anstellung von Schiedsmännern zur Schlichtung streitiger Angelegenheiten" vorlegte, erging die Allerhöchste Entscheidung unterm 13. Decbr 1826 dahin, daß zwar die gründliche Prüfung der in Antrag gekommenen Maßregel an die allgemeine Revision der Gesetze und Gerichtsverfassung verwiesen werde, die vorgeschlagene Einrichtung jedoch so einfach erscheine, daß mit ihrer Einführung in Preußen ein Versuch zu machen sei. In derselben KabOrd. erhielt sodann das Staatsministerium den Auftrag, den durch den Oberpräsidenten v. Schoen eingereichten Entwurf näher zu prüfen und sich über einen Plan zu einigen, welcher demnächst durch die Minister des Innern und der Justiz in den vier Preußischen Regierungsdepartements versuchsweise zur Ausführung zu bringen sei. Auf diese Weise entstand die erste Verordnung über das Institut der Schiedsmänner. Dieselbe wurde der Allerhöchsten Anweisung gemäß durch die Minister des Innern und der Justiz unterm 7. Septbr 1827 erlassen und von dem Oberpräsidenten v. Schoen unterm 13. Oktbr desselben Jahres in den Regierungsamtsblättern der Provinz Preußen veröffentlicht (Amtsbl. der Reg. zu Königsberg S. 279, zu Gumbinnen S. 858, zu Danzig S. 399, zu Marienwerder S. 359).

Wenige Monate nach dem Erscheinen dieser ersten Verordnung stellte der zweite Schlesische Provinziallandtag den Antrag, eine ähnliche Einrichtung auch für die Provinz Schlesien zu treffen. Unter dem Hinweis darauf, daß in der Provinz Preußen noch keine hinlänglichen Erfahrungen über die Zweckmäßigkeit der ganzen Maßregel gesammelt seien, erging hierauf zunächst noch ein ablehnender Bescheid. Sobald aber der Oberpräsident v. Schoen in einer Uebersicht des Resultats der schiedsmännischen Wirksamkeit aus dem Jahre 1829 den Nachweis eines günstigen Erfolges erbracht hatte, erklärte eine Königliche Ordre v. 20. April 1830 es für räthlich, den angestellteen Versuch auf diejenigeu Provinzen auszudehnen, in welchen die Stände darauf angetragen hätten. Der Bericht des Staatsministeriums verzögerte sich in Folge der erforderlichen Vorarbeiten bis zum 28. Juli 1832, umfaßte nunmehr aber, da inmittels auch die zum vierten Provinziallandtage versammelten Stände der Mark Brandenburg und des Markgrafenthums Niederlausitz um Einführung der Schiedsmänner petitionirt hatten, die beiden Provinzen Schlesien und Brandenburg und hatte die KabOrd. v. 14. Aug. 1832 zur Folge, durch welche das Staatsministerium autorisirt wurde, die bereits in der Provinz Preußen bestehende Einrichtung zur gütlichen Schlichtung streitiger Angelegenheiten auch in den Provinzen Schlesien und Brandenburg in ihrer provinzialständischen Begrenzung, mithin auch in der Altmark und in den Kreisen Dramburg und Schivelbein, durch eine von den Ministern des Innern und der Justiz zu vollziehende Verordnung einzuführen. Die Verordnung selbst erging darauf unterm 26. Septbr 1832 (Amtsbl. der Regierung zu Breslau 1833 S. 27, zu Liegnitz S. 19, zu Oppeln in der Beilage zum V. Stück des Jahrgangs 1833, zu Potsdam S. 69, zu Frankfurt S. 91, zu Magdeburg 1832 S. 308, zu Cöslin 1833 S. 80).

Auf Schlesien und Brandenburg folgten die Provinzen Sachsen und Pommern, deren Stände am 22. Febr 1833 bezw. 24. Febr 1834 den Antrag auf Einführung der Schiedsmänner stellten. Die KabOrdres, durch welche diese Anträge genehmigt wurden, ergingen unterm 15. Febr und 7. Juni 1834; die Verordnungen, mit denen für Schlesien und Brandenburg im Wesentlichen übereinstimmend, wurden unterm 11. April und 13. Juni 1834 erlassen (Amtsbl. der Regierung zu Magdeburg 1834 S. 143, zu Merseburg S. 149, zu Erfurt S. 166, zu Stettin S. 187, zu Cöslin S. 155, zu Stralsund S. 296).

In der Provinz Posen begegnete die Einführung der Schiedsmänner größeren Schwierigkeiten. Hier hatte bereits früher in den durch die Verord. v. 9. Febr 1817 nach Französischem Muster gebildeten Friedensrichtern eine ähnliche Einrichtung bestanden; dieselbe hatte sich jedoch nicht bewährt und war bereits im Jahre 1825 durch die KabOrd. v. 8. Mai wieder aufgehoben worden. Als daher im Jahre 1834 die Provinzialstände die Einführung des Schiedsmannsinstituts beantragten, wurde es anfänglich für bedenklich erachtet, mit einer ähnlichen, dem Anscheine nach unvollkommeneren Einrichtung sobald schon einen neuen Versuch zu machen. Auch hier erfolgte daher, wie in Schlesien, anfänglich ein ausweichender Bescheid in dem Landtagsabschiede v. 29. Juni 1835. Der im Jahre 1837 einberufene vierte Provinziallandtag wiederholte jedoch den früheren Antrag, und da nunmehr auch der Oberpräsident der Provinz demselben seine Unterstützung lieh, so traten die bisherigen Bedenken zurück und es wurde in dem Landtagsabschiede v. 7. Novbr 1837 die Einführung des Instituts mit dem Eröffnen zugesagt, daß die betreffenden Ministerien angewiesen seien, nach Maßgabe der für die anderen Provinzen erlassenen Verordnungen eine den besonderen Verhältnissen der Provinz Posen angepaßte Verordnung zu erlassen. Diese erschien unterm 7. Juni 1841 und wurde durch die Amtsblätter der Regierungen zu Posen und Bromberg veröffentlicht (Amtsbl. der Reg. zu Posen S. 351, zu Bromberg S. 786 Beilage).

Einen eigenthümlichen Verlauf nahm die Einführung des Instituts in der Provinz Westfalen. Nachdem im Jahre 1843 der siebente Provinziallandtag abgelehnt hatte, sich mit einer Bitte um Verleihung desselben an den König zu wenden, unternahmen es die Stände des Kreises Tecklenburg, für ihren Kreis allein die Bemühungen zur Erlangung der Schiedsmänner fortzusetzen. Sie arbeiteten den Entwurf einer Verordnung aus und legten denselben der Regierung zu Münster mit der Bitte vor, die Allerhöchste Genehmigung dafür zu vermitteln. Hier zurückgewiesen, wendeten sie sich unterm 2. Mai 1845 direkt an den König und erwirkten die KabOrd. v. 28. Janr 1846, welche im Allgemeinen die Allerhöchste Geneigtheit aussprach, dem Wunsche des Kreises nachzukommen, bezüglich des vorgelegten Entwurfs indessen einzelne namhaft gemachte Abänderungen für erforderlich erklärte und die Minister des Innern und der Justiz anwies, hierüber mit den Ständen in Verbindung zu treten. Die Kreisstände modifizirten ihren ersten Entwurf nach den Vorschlägen, welche ihnen in Folge dessen zugingen, und es erfolgte darauf die Allerhöchste Genehmigung durch KabOrd. v. 12. Juli 1847 (GesS. S. 323), während die Verordnung selbst unterm 31. Juli desselben Jahres erschien. Dem Beispiele Tecklenburgs folgten im Jahre 1848 die Stände des Kreises Warendorf. Ihre erste Bitte wurde indessen unter Hinweis auf die damals noch nicht zum Abschlusse gekommene Aenderung der Staatsverfassung einstweilen abgelehnt. Unterm 28. März 1854 wiederholten sie den Antrag, und dieser wurde darauf die Veranlassung zu dem Ges. v. 4. März 1855 (GesS. S. 181), wonach das Institut der Schiedsmänner in denjenigen Kreisen der Provinz Westfalen, in welchen die Kreisstände darauf antrugen, durch Königliche Verordnung eingeführt werden konnte. Nunmehr erging an sämmtliche Kreisvertretungen unter Vorlegung eines Verordnungsentwurfs die Anfrage, ob sie die Einführung des Instituts nach Maßgabe desselben wünschten. Die Antworten fielen verschieden aus. Einzelne verlangten Abänderungen, andere lehnten gänzlich ab unter Verneinung des Bedürfnisses; ein Kreis wollte die Verordnung zur Probe auf 3 Jahre einführen. Schließlich verblieben 5 Kreise in ablehnender Haltung und für die übrigen erfolgte die Einführung durch die KabOrd. v. 28. Febr 1859 (GesS. S. 102), in welcher die von den Ministern des Innern und der Justiz dem Könige vorgelegte Verordnung mit der Maßgabe genehmigt wurde, daß dieselbe auch im Kreise Tecklenburg zur Anwendung zu bringen sei. Von den widerstrebenden Kreisen erhielten sodann die Kreise Arnsberg, Iserlohn, Beckum und Borken das Institut durch den Allerh. Erlaß v. 8. Septbr 1865 (GesS. S. 1042) und der Kreis Bochum endlich durch die KabOrd. v. 11. Dezbr 1872 (GesS. 1873 S. 17).

Eine weitere Ausdehnung hat das Institut der Schiedsmänner nicht erfahren. Zwar wurde in der Verord. v. 26. Juni 1867, betreffend die Einführung der Gerichtsverfassung im vormaligen Kurfürstenthum Hessen (GesS. S. 1085), bestimmt, daß dasselbe im Wege der Justizverwaltung eingeführt werden könne, und eine ähnliche Bestimmung ist auch in die Justizorganisationsgesetze für die ehemals Bairischen Gebietstheile, für Nassau und die vom Großherzogthum Hessen abgetretenen Theile, sowie für Schleswig-Holstein und Lauenburg übergegangen (GesS. 1867 S. 1094, 1075; Extraausgabe des Wochenblatts für Lauenburg 1869 S. 1). Indessen ist Seitens der Justizverwaltung von dieser Ermächtigung kein Gebrauch gemacht worden, weil das Institut in Folge seiner Entstehung als eine provinzielle Einrichtung betrachtet worden ist, welche nur nach Maßgabe des lokalen Bedürfnisses auf besonderen Antrag der Provinzialvertretung zu gewähren sei.

2. Das Institut der Schiedsmänner hat sich in den Provinzen Ost- und Westpreußen, Schlesien, Brandenburg, Pommern, Posen, Sachsen und Westfalen eingebürgert. Die Schiedsmänner gehörten nicht zu den Staatsbeamten, bildeten aber staatlich autorisirte Selbstverwaltungsorgane auf gewissen Gebieten der Rechtspflege. „Die Schiedsmänner sind dazu bestimmt, streitige Angelegenheiten auf gütlichem Wege zu schlichten. Die von ihnen geschlossenen Vergleiche haben dieselbe Wirkung, wie die gerichtlichen; ihre Verhandlungen sind sportel- und stempelfrei. Den Parteien sollen auf diesem Wege die vielfachen Weitläufigkeiten und Kosten erspart werden, welche mit prozessualischen Erörterungen verbunden sind." (Schering, Handbuch für Schiedsmänner, Einleitung.) Das sind die Grundsätze, auf welchen das Institut beruhte. Ursprünglich war es in den freien Entschluß der Parteien gestellt, „sich des Berufs des Schiedsmanns zu bedienen" (§ 11 der neuesten Verordnungen für die Schiedsmänner), Niemand war gezwungen, sich in seinen Rechtsangelegenheiten an den Schiedsmann zu wenden. Trotzdem nahmen die Geschäfte der Schiedsmänner an Umfang von Jahr zu Jahr zu; nach den vorhandenen Uebersichten verhandelten in der neuesten Zeit 8200 Schiedsmänner im Jahre ungefähr 200000 Streitigkeiten und führten in der Hälfte der Sachen einen Vergleich zwischen den Parteien herbei. Dieses segensreiche Wirken zur Verhütung von Prozessen lieferte den Beweis, daß das Institut auf einem gesunden Boden gewachsen ist und einem vorhandenen Bedürfnisse die geeignete Abhülfe und Befriedigung gewährte.

Einigermaßen erlitt das Institut eine Charakterveränderung durch Art. 18 des EinfGes. zum Preuß. StrGesBuch v. 14. April 1851. Mit Rücksicht auf die gemachten günstigen Erfahrungen wurde darin bestimmt: „In den Landestheilen, in welchen das Institut der Schiedsmänner besteht, soll eine Klage über Ehrverletzungen und leichte Mißhandlungen, sofern sie nur im Wege des Civilprozesses verfolgt werden, von den ordentlichen Gerichten nicht eher zugelassen werden, als bis durch ein von dem Schiedsmann des Verklagten ausgestelltes Attest nachgewiesen wird, daß der Kläger die Vermittelung des Schiedsmannes ohne Erfolg nachgesucht hat. Diese Bestimmung findet keine Anwendung, wenn der Kläger in einem andern Gerichtsbezirke seinen Wohnsitz hat, als der Verklagte." Durch diese Bestimmung wurde der als zuständig bezeichnete Schiedsmann in den Fällen der Ehrverletzungen und leichten Mißhandlungen ein nothwendiges Organ der Justizverwaltung überhaupt. Den Betheiligten blieb der Rechtsweg verschlossen, bevor die Vermittelung durch den Schiedsmann versucht worden war.

Diese Verpflichtung, vor Erhebung der Civilklage die Herbeiführung der Sühne nachzusuchen, hat die Deutsche StrProzO. in ihrem ganzen Rechtsgebiete allgemein gemacht, indem sie in § 420 vorschreibt: „Wegen Beleidigungen ist, insofern nicht einer der in § 196 des StrGesBuchs bezeichneten Fälle vorliegt, die Erhebung der Klage erst zulässig, nachdem von einer durch die Landesjustizverwaltung zu bezeichnenden Vergleichsbehörde die Sühne erfolglos versucht worden ist. Der Kläger hat die Bescheinigung hierüber mit der Klage einzureichen. Diese Bestimmung findet keine Anwendung, wenn die Parteien nicht in demselben Gemeindebezirke wohnen." Dadurch wurde die Preuß. Landesregierung in die Nothwendigkeit versetzt, für den ganzen Umfang der Monarchie eine Vergleichsbehörde zu schaffen.

Bei den Vorberathungen der StrProzO. wurde in Erwägung gezogen, ob die Vornahme des Sühneversuchs einer richterlichen Person, insbesondere dem Amtsrichter allgemein zu übertragen sei. Eine gesetzliche Bestimmung hierüber wurde jedoch nicht für rathsam erachtet, weil damit eine allzu große Vermehrung der amtsrichterlichen Geschäfte verbunden sein würde. (Vgl. Motive zum Entw. einer D. StrProzO. §§ 306—311 S. 263.) Es ist daher der Landesjustizverwaltung überlassen worden, die Behörden, welche als Vergleichsbehörden wirken sollen, zu bezeichnen bezw. solche Behörden, wo sie noch nicht bestanden, ins Leben zu rufen, dabei aber vorausgesetzt, daß die Wahl nicht auf richterliche Behörden fallen werde.

3. Da in dem größeren Theile des Staatsgebiets die Vergleichsbehörde im Sinne der StrProzO. als Institut der Schieds-

männer bereits bestand, so lag die Ausdehnung des letzeren auf diejenigen Theile der Monarchie, welche dasselbe noch entbehrten, nahe. Der Vorschrift des § 420 StrProzO. hätte nun dadurch genügt werden können, daß in den alten Provinzen das bestehende Schiedsmannsinstitut als die Vergleichsbehörde bezeichnet und daß in den mit dem Schiedmannsinstitut noch nicht versehenen Provinzen, also in der Rheinprovinz, Hannover, Hessen-Nassau, Schleswig-Holstein und den Hohenzollern'schen Landen, das Institut neu eingeführt wäre. Ueber diesen nächsten Zweck ging jedoch der von der Staatsregierung dem Landtage vorgelegte Entwurf einer Schiedsmannsordnung hinaus, indem er beabsichtigte, unter Beseitigung aller Provinzialverordnungen für den ganzen Umfang der Monarchie einen einheitlichen Kodex über das Schiedsmannswesen herzustellen.

Die Funktionen der Schiedsmänner waren bisher doppelter Natur: bei der gerichtlichen Verfolgung von Beleidigungen waren sie nothwendige, bei vermögensrechtlichen Streitigkeiten von der willkührlichen Anrufung der Parteien abhängige. Es warf sich zunächst die Frage auf, ob es sich empfehle, die Schiedsmänner als Vergleichsbehörde in bürgerlichen Rechtsstreitigkeiten beizubehalten bez. dieselben mit dem Rechte, Vergleiche über das Mein und Dein zu schließen, in den neuen Provinzen einzuführen. Bisher war in dem größeren Theile der Monarchie die Möglichkeit einer gütlichen Einigung der Parteien vor dem Richter erst nach Einlegung der Klage gegeben, damit aber ein nicht unbedeutender Kostenaufwand unvermeidlich, in vielen Fällen auch der Vergleich durch die bereits erfolgte Annahme von Sachwaltern erschwert und durch den der mündlichen Verhandlung nothwendig voraufgehenden Schriftwechsel in die Ferne gerückt. Diese Sachlage erfuhr mit dem Inkrafttreten der deutschen CivProzO. eine wesentliche Veränderung, da nach § 471 derselbe in allen, auch in den zur Kompetenz der Landgerichte gehörenden Sachen ein Sühneversuch vor dem Amtsgerichte verlangt werden kann, bevor die Klage zur Einleitung kommt. Der Amtsrichter steht den Parteien hinlänglich nahe, um ohne große Beschwerde angegangen werden zu können. Er tritt auch naturgemäß zu den Gerichtseingesessenen in eine größere Vertrauensstellung, als dies bisher bei den Mitgliedern der Kollegialgerichte vielfach der Fall war. Es lag deßhalb die Annahme nahe, daß die Bedeutung des Instituts nach dem Inkrafttreten der CivProzO. erheblich verlieren werde. Dies Bedenken wurde von der Staatsregierung keineswegs verkannt, es wurde jedoch nicht für genügend erachtet, um eine Aufhebung des Instituts für bürgerliche Rechtsstreitigkeiten zu rechtfertigen, weil nicht mit Sicherheit zu übersehen sei, daß der Ersatz durch den richterlichen Sühneversuch ein vollständiger sein werde. Die dafür gesammelten Erfahrungen waren freilich unzureichend. Im § 72 der Verord. v. 9. Febr 1817, betr. die Justizverwaltung im Großherzogthum Posen, war jeder Partei zur Pflicht gemacht, vor prozessualischer Einleitung eines Rechtsstreits ihren Gegner zum Versuch der Sühne vor den Friedensrichter laden zu lassen. Ausgenommen waren nur solche Sachen, welche ihrer besonderen Beschaffenheit oder der nothwendigen Beschleunigung wegen zu einer dem Prozesse vorhergehenden Vergleichsverhandlung nicht geeignet schienen. Aber diese Einrichtung gewährte so geringen Nutzen, daß sie bereits nach achtjährigem Bestehen durch die KabOrd. v. 8. Febr 1825 wieder aufgehoben wurde. In der Rheinprovinz galt eine ähnliche Vorschrift noch bis in die neueste Zeit, indem nach Art. 48 bis 58 des Code de procéd. civ. keine Klage bei den Civilgerichten anhängig gemacht werden konnte, wenn nicht vorher die Sühne vor dem Friedensrichter versucht, d. h. der Verklagte hierzu vorgeladen war. Von jeher sind jedoch auch in dieser Provinz die Stimmen über die Nützlichkeit der Einrichtung getheilt gewesen und noch bei den Berathungen der Justizkommission des deutschen Reichstages über die CivProzO. sprach sich ein dem Juristenstande angehöriger Rheinischer Abgeordneter gegen dieselbe aus (Protokoll v. 14. Mai 1875. Mater. z. CivProzO. Ausgabe von Hahn S. 686). „Abgesehen nun davon," — heißt es in der Begründung des Entwurfs einer Schiedsmannsordnung. Anl. zu den Verh. d. HerrH. 1878/9 S. 6 — „daß ein Theil des Widerspruchs, welchen diese Vorschriften hervorgerufen haben, auf Rechnung des Zwangs zum Vergleichsversuche zu setzen, welcher in den neuen Bestimmungen der CivProzO. fortgefallen ist, so hängt doch für die erfolgreiche Wirksamkeit des Richters auf dem Gebiete der freiwilligen Einigung Alles davon ab, daß derselbe das volle Vertrauen der Parteien genießt. Ist dies der Fall, so wird allerdings kein anderer Friedensstifter so vollkommen in dem Besitze aller Mittel zu einer segensreichen Einwirkung auf die streitenden Parteien sein, als er. Fehlt ihm dagegen das Vertrauen seiner Gerichtseingesessenen in diesem Punkte oder mangelt die Fähigkeit und der gute Wille zur Streitvermittelung, so kann auch der Nutzen, welcher durch die Vorschrift der CivProzO. herbeigeführt werden soll, nur ein geringer sein. Darum ist es nicht ohne Werth, wenn die Möglichkeit gegeben ist, auch noch bei andern Personen außer dem Richter den Sühneversuch anzustellen. Nicht minder kommt bei dieser Frage das Interesse der Justizverwaltung an der möglichsten Entlastung des ohnehin schon der vielseitigsten amtlichen Thätigkeit anheimgegebenen Amtsrichters in Betracht. Wenn daher die Beibehaltung des Instituts der Schiedsmänner und die Ausdehnung desselben auf das ganze Staatsgebiet für den Sühneversuch in Fällen der strafrechtlichen Verfolgung von Beleidigungen als eine Nothwendigkeit erkannt wird, so kann es auch nicht bedenklich sein, demselben im Uebrigen die bisherige Kompetenz zu belassen und damit einer Einrichtung, welche sich seit einem halben Jahrhundert in einzelnen Provinzen genügend bewährt hat, allgemeinen Eingang zu verschaffen."

Es entstand die fernere Frage, in welcher Weise das Schiedsmannsinstitut in denjenigen Provinzen, welche es noch entbehrten, einzuführen sei. Der einfachste Weg zur Erreichung dieses Zieles würde in einer unveränderten Uebertragung der bisher geltenden Verordnungen bestanden haben. Es stellten sich diesem Wege jedoch Schwierigkeiten entgegen, welche denselben nicht empfehlenswerth erscheinen ließen. Wie schon bemerkt, ist das Institut der Schiedsmänner bisher als eine provinzielle Einrichtung betrachtet worden, obwohl demselben an sich der lokale Charakter durchaus fehlte. Es haben in Folge davon, sowie in Folge der verschiedenzeitlichen Einführung auf Grund der Berathungen und Anträge der Provinzial- und Kreisvertretungen die einzelnen Verordnungen mancherlei Abweichungen von einander erfahren, welche theils auf provinziellen Eigenthümlichkeiten, theils auf der fortschreitenden Entwickelung des Instituts beruhen. Schon hieraus ergab sich, daß sich keine der bisherigen Verordnungen zu einer unveränderten Uebertragung auf das bis dahin unbetheiligte Staatsgebiet eignen würde. Zu diesen verschiedenen Verordnungen waren sodann im Laufe der Zeit mancherlei ergänzende und abändernde Kab-Ordres, sowie Reskripte und Instruktionen der betheiligten Minister ergangen (insbesondere die Instr. v. 28. April 1840. JMBl. S. 266, und die Instr. v. 1. Mai 1841. JMBl. S. 229), welche die Handhabung des Gesetzes für Laien, wie die Schiedsmänner der Regel nach sind, sehr erschwerten und dahin geführt haben, daß im Auftrage des Justizministers ein Handbuch für Schiedsmänner ausgearbeitet worden ist, welches, obgleich der gesetzlichen Grundlage entbehrend, doch allgemein als Richtschnur für die amtliche Thätigkeit der Schiedsmänner diente. Dieser Zustand war bei einer Ausdehnung des Instituts unhaltbar und eine anderweite

Kodifizirung der geltenden Vorschriften unvermeidlich. Dieselbe mußte insbesondere auch den wesentlichen Veränderungen Rechnung tragen, welche die Stellung und das Verfahren der Schiedsmänner durch die neue Organisation der Gerichtsbehörden und die neuen Prozeßordnungen nothwendig zu erleiden hatten. Als die geeignetste Form einer solchen Kodifizirung hat die Staatsregierung die eines Gesetzes gewählt, welches nicht nur für die bisher unbetheiligten Provinzen, sondern für die ganze Monarchie unter Beseitigung aller Provinzialverordnungen Gültigkeit erlangen sollte. Dadurch allein konnte die sonst erforderliche Ergänzung der älteren Verordnungen vermieden und die wünschenswerthe Einheit der Landesgesetzgebung herbeigeführt werden.

In den beiden Häusern des Landtags hat es nicht an Stimmen gefehlt, welche der von der Staatsregierung versuchten Lösung der erwähnten Fragen entgegen getreten sind. Im Wesentlichen wurden dieselben Bedenken geltend gemacht, welche bereits die Staatsregierung hervorgehoben hatte. Einerseits wurde die Beibehaltung der Schiedsmänner als Vergleichsbehörde für bürgerliche Rechtsstreitigkeiten der Bestimmung des § 471 CivProzO. gegenüber für zwecklos erachtet, andrerseits konnte man sich nicht dafür erwärmen, daß die alten Provinzen eine bewährte Institution den neuen Provinzen zu Liebe aufgeben und dafür eine für die letzteren passend gemachte wieder erhalten sollten. Die Majorität ist aber schließlich über diese Bedenken hinweggegangen und hat mit der Regierung das Bedürfniß anerkannt, eine einheitliche Schiedsmannsordnung für den Umfang der ganzen Monarchie im möglichsten Anschluß an die bisherige Einrichtung zu erlassen.

4. Der Entwurf einer Schiedsmannsordnung nebst Begründung ist dem Herrenhause seitens der Minister der Justiz und des Innern auf Grund der Allerhöchsten Ermächtigung v. 1. Novbr 1878 unter dem 10. Novbr 1878 zugegangen. Das Herrenhaus hat denselben der Justizkommission zur Vorberathung überwiesen. Die letztere hat den Entwurf bei zweimaliger Lesung und unter Betheiligung der Vertreter des Justizministers und des Ministers des Innern in 5 Sitzungen ihrer Berathung unterzogen und das Resultat in dem schriftlichen Berichte v. 16. Decbr 1878 dem Herrenhause vorgelegt. Das Herrenhaus hat in der Sitzung am 19. Decbr 1878 den Entwurf nach den Vorschlägen der Kommission angenommen und dann dem Abgeordnetenhause übersandt. Das letztere hat die Vorlage einer besonderen Kommission von 14 Mitgliedern überwiesen, welche über ihre Berathungen und Beschlüsse

unter dem 3. Febr 1878 schriftlich Bericht erstattet hat. Das Abgeordnetenhaus hat den Entwurf nach den Vorschlägen der Kommission, jedoch unter Hinzufügung des Abs. 2 zu § 10 in der Sitzung von 6. Febr 1879 angenommen. Ans Herrenhaus zurückgelangt ist der Entwurf abermals der Justizkommission überwiesen und auf deren Bericht in der vom andern Hause beschlossenen Fassung, unter einer Redaktionsänderung im § 11, angenommen. Das Abgeordnetenhaus ist demnächst dieser Aenderung beigetreten. Die aus den Berathungen der beiden Häuser des Landtags hervorgegangene Schiedsmannsordnung ist unter dem 29. März 1879 Allerhöchst genehmigt und in Nr 20 der Gesetzsammlung (S. 321—331) als Gesetz publizirt.

5. Die Materialien zur Schiedsmannsordnung (abgekürzt: SchO), welchen auch die vorstehenden Nr 1—4 zum Theil wörtlich entnommen sind, sind in den stenographischen Berichten über die Verhandlungen der durch die Allerh. Verord. v. 3. Novbr 1878 einberufenen beiden Häuser des Landtags enthalten. In dem die Anlagen zu den Verhandlungen des Herrenhauses enthaltenden Bande finden sich: unter Nr 5 auf S. 1—14 der Entwurf nebst Begründung, unter Nr 47 auf S. 116—136 der Bericht der Justizkommission des Herrenhauses und die Zusammenstellung der Beschlüsse, unter Nr 53 auf S. 143—145 der Entwurf der SchO nach den Beschlüssen des Herrenhauses, unter Nr 97 auf S. 261—264 der Entwurf nach den abändernden Beschlüssen des Abgeordnetenhauses, unter Nr 106 I auf S. 276 der Antrag der Justizkommission. In dem die Verhandlungen des Herrenhauses enthaltenden Bande finden sich: auf S. 12ff die Berathung über die geschäftliche Behandlung des Entwurfs der SchO und die Ueberweisung an die Justizkommission, auf S. 60—67 der Bericht der Kommission, die Berathung und Beschlußfassung über Anträge und die Annahme des Entwurfs nach den Beschlüssen der Kommission, auf S. 87 die Verweisung des vom Abgeordnetenhause abgeändert zurückgekommenen Entwurfs an die Kommission, auf S. 135—138 der Bericht der Kommission und die Annahme nach dem Vorschlage derselben. In den die Anlagen zu den Verhandlungen des Abgeordnetenhauses enthaltenden Bänden finden sich: unter Nr 91 auf S. 781—785 das Uebersendungsschreiben des Herrenhauses und der Entwurf der SchO in der vom Herrenhause beschlossenen Fassung, unter Nr 233 auf S. 1700—1727 der Bericht der Kommission und die Zusammenstellung der Beschlüsse, unter Nr 242 auf S. 1747 Anträge, unter Nr 243 auf S. 1748—1756 die Zusammenstellung des Entwurfs mit den in

der zweiten Berathung im Pleno des Abgeordnetenhauses gefaßten Beschlüssen, unter Nr 283 auf S. 1913 das Uebersendungsschreiben des Herrenhauses. In den die Verhandlungen des Abgeordnetenhauses enthaltenden Bänden finden sich: auf S. 519—523 die 1. Berathung des Entwurfs im Pleno, auf S. 1143—1151 die 2. Berathung, auf S. 1171 die 3. Berathung.

II. 1. Die SchO v. 29. März 1879 schließt sich möglichst an die bisherige Einrichtung an und läßt die bewährten Grundlagen des Instituts unberührt. Im wesentlichen sind nur die provinziellen Eigenthümlichkeiten und veralteten Bestimmungen beseitigt, welche in einem einheitlichen Gesetze nicht zugelassen werden konnten. Es bezieht sich dies jedoch nur auf die Abgrenzung der Schiedsmannsbezirke und die Wahl der Schiedsmänner. Die Reform der inneren Verwaltung hat Gelegenheit geboten, die Vorschriften für die Wahl der Schiedsmänner so umzugestalten, daß mit größerer Sicherheit auf eine geeignete Besetzung des Amts zu rechnen ist. Die Reform des Prozeßrechts und der Gerichtsverfassung hat Aenderungen nothwendig gemacht, ohne welche die Bestimmungen der alten Schiedsmannsordnungen nicht aufrecht erhalten und auf die neueren Provinzen nicht ausgedehnt werden konnten. Es sind endlich Bestimmungen aufgenommen, welche bisher in Instruktionen und Reskripten zerstreut waren. Das Verfahren ist durch möglichste Vereinfachung so gestaltet, daß es allen berechtigten Anforderungen entsprechen kann.

2. Der Schiedsmannsbezirk wird in der Regel aus einer Gemeinde oder einem selbstständigen Gutsbezirk gebildet. Kleinere Gemeinden können aber mit anderen Gemeinden zu einem SchMBezirke vereinigt, größere Gemeinden in mehrere Bezirke getheilt werden. Die Abgrenzung der SchMBezirke erfolgt in denjenigen Städten, in welchen ein kollegialischer Gemeindevorstand besteht, durch diesen, in den übrigen durch den Bürgermeister; für die Landgemeinden durch die Kreisvertretungen, in der Prov. Hannover und in den Hohenzollernschen Landen durch die Amtsvertretungen (§ 1). Für jeden SchMBezirk wird ein SchMann und ein Stellvertreter bestellt (§§ 1, 11). Die Wahl der SchMänner erfolgt durch die Gemeinde- oder Kreisvertretungen bezw. der denselben entsprechenden Korporationen auf drei Jahre (§ 3). Die Gewählten werden durch das Präsidium des Landgerichts, in dessen Bezirk sie ihren Wohnsitz haben, bestätigt und bei dem Amtsgerichte ihres Wohnsitzes eidlich verpflichtet (§§ 4, 5). Die SchMänner haben bei Ausübung ihres Amts die Rechte der Beamten, ihr Amt ist ein Ehrenamt (§§ 6, 2). Das Recht der

Aufsicht über die SchMänner steht dem Justizminister hinsichtlich sämmtlicher, dem Oberlandesgerichtspräsidenten hinsichtlich der in dem Oberlandesgerichtsbezirk wohnenden, dem Präsidenten des Landgerichts hinsichtlich der in dem Landgerichtsbezirk wohnenden SchMänner zu. Beschwerden über den Geschäftsbetrieb oder Verzögerungen werden im Aufsichtswege erledigt (§ 7). Aus bestimmten Gründen kann das Amt eines SchMannes abgelehnt oder während der Wahlperiode niedergelegt werden. Ueber die Ablehnung entscheidet die Körperschaft, welche die Wahl des SchMannes bewirkt, über die Niederlegung das Präsidium des Landgerichts endgültig (§ 8). Die Enthebung des SchMannes vom Amte erfolgt durch den ersten Civilsenat des Oberlandesgerichts nach Anhörung des Betheiligten (§ 9). — In bürgerl. Rechtsstreitigkeiten findet eine Sühneverhandlung vor dem SchMann nur über vermögensrechtliche Ansprüche (also nicht in Ehe- und Statussachen) statt, und zwar nur auf den Antrag einer der beiden Parteien. Zur Stellung dieses Antrags ist keine Partei verpflichtet. In Rechtsstreitigkeiten, deren Entscheidung den Auseinandersetzungsbehörden zusteht, findet eine Sühneverhandlung vor dem SchManne nicht statt (§ 12). Zuständig ist der SchMann, in dessen Bezirk der Gegner des Antragstellers seinen Wohnsitz hat. Ein an sich unzuständiger SchMann wird jedoch durch ausdrückliche oder stillschweigende Vereinbarung der Parteien zuständig. Zu einer amtlichen Thätigkeit außerhalb seines Bezirks ist der SchMann nur im Falle der Stellvertretung befugt (§§ 13, 14). Wird der Antrag auf Sühneverhandlung gestellt, so beraumt der SchMann einen Termin und ordnet die Ladung des Gegners an. Niemand kann zum Erscheinen vor dem SchManne gezwungen werden; wer nicht erscheinen will oder kann, muß dies aber bei Vermeidung einer Geldstrafe vorher anzeigen. Die Geldstrafe wird vom SchMann festgesetzt, Beschwerden dagegen werden im Aufsichtswege erledigt (§§ 20 — 22). Die Verhandlung der Parteien vor dem SchManne ist eine mündliche. Bevollmächtigte müssen, Beistände können zurückgewiesen werden (§§ 18, 19, 23). Da der SchMann über die Streitigkeiten der Parteien nicht entscheidet, so ist eine förmliche Beweisaufnahme nicht zulässig. Doch kann der SchMann im Einverständnisse mit den Parteien freiwillig vor ihm erscheinende Zeugen und Sachverständige hören aber nicht beeidigen. Auch zur Abnahme eines Parteieides ist der SchMann nicht befugt (§ 24). Kommt ein Vergleich zu Stande, so ist derselbe zu Protokoll festzustellen und von den Parteien und dem SchManne zu unterschreiben (§§ 25 — 27). Die Protokolle werden der Zeitfolge nach und unter fortlaufender Nummer in ein Protokollbuch eingetragen. Vollgeschriebene Protokollbücher werden an das Amtsgericht zur Aufbewahrung abgegeben (§ 28). Die Parteien oder deren Rechtsnachfolger erhalten auf Verlangen eine einfache oder eine mit dem Ausfertigungsvermerke versehene Abschrift des Protokolls (§§ 29, 30). Die Ausfertigung wird von dem SchManne oder, falls das Protokollbuch vom Amtsgerichte verwahrt wird, von dem Gerichtsschreiber desselben ertheilt (§ 31). Aus dem vor einem SchManne geschlossenen Vergleiche findet die gerichtliche Zwangsvollstreckung nach den Vorschriften der D. CivProzO. über die Zwangsvollstreckung aus notariellen Urkunden statt. In den Fällen der §§ 664 u. 665 der D. CivProzO. ist die vollstreckbare Ausfertigung nur auf Anordnung des Amtsgerichts zu ertheilen, in dessen Bezirke der SchMann den Wohnsitz hat (§ 32). — Bei den nur auf Antrag zu verfolgenden Beleidigungen und Körperverletzungen ist der SchMann die zum Zwecke der Sühneverhandlung zuständige Vergleichsbehörde (§ 33). Soweit nach § 420 der StrProzO. der erfolglose Versuch der Sühne nachgewiesen werden muß, also wenn die Parteien in demselben Gemeindebezirke wohnen, ist für diesen Versuch der SchMann, in dessen Bezirk der Beschuldigte wohnt, ausschließlich zuständig (§ 35). Eine Bescheinigung über die Erfolglosigkeit des Sühneversuchs kann nur ertheilt werden, wenn der Antragsteller im Termin erschienen ist, das Erscheinen des Beschuldigten ist dazu nicht erforderlich, kann auch nicht erzwungen werden (§§ 37, 38). Die Bescheinigung muß mit der Unterschrift und dem Amtssiegel des SchMannes versehen sein. Sie soll die Angabe der Zeit der Beleidigung und der Anbringung des Antrags enthalten, damit darnach festgestellt werden kann, ob die für den Strafantrag bemessene Frist (StrGesBuch § 61) gewahrt ist. Auch der Ort und die Zeit der Ausstellung soll darin angegeben werden. Ueber die Verhandlung und die Ausstellung der Bescheinigung hat der SchMann im Protokollbuche einen Vermerk aufzunehmen (§ 38). Für Privatklagen gegen Studirende kann eine andere Vergleichsbehörde, als der SchMann, bestimmt werden (§ 39). Im Uebrigen finden auf die Sühneverhandlung über Beleidigungen und Körperverletzungen die Vorschriften über die Sühneverhandlung in bürgerl. Rechtsstreitigkeiten mit einigen Modifikationen bezüglich der Ablehnungspflicht und des Ablehnungsrechts der SchMänner, bezüglich der Ladung der Parteien, sowie bezüglich der Zwangsvollstreckung aus einem aufgenommenen Vergleiche Anwendung (§§ 34, 36, 37). — Die

Verfügungen, Verhandlungen und Ausfertigungen des SchMannes sind kosten- und stempelfrei (vgl. §§ 40 — 46). Die Vorschriften der SchO über die Ausfertigung und Vollstreckung der Vergleiche finden auch auf die vor dem 1. Octbr 1879 von einem SchMann zu Protokoll genommenen Vergleiche Anwendung (§ 47). Die auf Grund der bisherigen Vorschriften berufenen SchMänner haben bis zum Ablaufe ihrer Amtsperiode ihre Thätigkeit in Gemäßheit der neuen Schiedsmannsord. fortzusetzen. Wo das Institut der SchMänner bisher nicht eingeführt war, haben bis zum Amtsantritt der zu berufenden SchMänner die Amtsgerichte die Geschäfte der Vergleichsbehörde bei Beleidigungen (StrProzO. § 420) wahrzunehmen (§ 48).

III. 1. Auf Grund des Vertrags zwischen Preußen und Waldeck-Pyrmont, betreffend die Fortführung der Verwaltung der Fürstenthümer Waldeck u. Pyrmont durch Preußen, v. 24. Novbr 1877 (GesS. 1878 S. 18), dessen Art. 6 Preußen berechtigt, die Justiz- und Verwaltungsbehörden nach eigenem Ermessen anderweitig zu organisiren, ist die Schiedsmannsordnung v. 29. März 1879 durch das Gesetz v. 1. Septbr 1879 (Regier-Blatt für Waldeck u. Pyrmont S. 87) in den Fürstenthümern Waldeck u. Pyrmont eingeführt. Der Art. 1 dieses Gesetzes bestimmt: „Die Schiedsmannsordnung v. 29. März 1879 erlangt mit den in den Art. 2 bis 5 enthaltenen Bestimmungen in den Fürstenthümern Waldeck und Pyrmont Gesetzeskraft." Die in den Art. 2 bis 6 enthaltenen Modifikationen werden in den Anmerkungen zu den §§ 1, 3, 47, 48, 49 mitgetheilt.

2. In Ausführung der Art. 8 ff des Vertrages zwischen Preußen und Lippe v. 4. Janr 1879 (GesS. S. 219), nach welchem das Fürstl. Lippische Amt Lipperode und das Fürstl. Lippische Stift Cappel in Betreff der Ausübung der gesammten streitigen und nicht streitigen Gerichtsbarkeit dem Bezirke des Königl. Preuß. Amtsgerichts zu Lippstadt angeschlossen werden und unter die durch diesen Anschluß bedingte Zuständigkeit der Königl. Preuß. Gerichte und Justizbehörden treten sollen, ist durch das Ges. v. 4. Septbr 1879 (GesS. für Lippe S. 769) dieser Anschluß ausgesprochen und neben anderen Preuß. Gesetzen auch die Schiedsmannsordnung v. 29. März 1879 unverändert in dem Amte Lipperode und dem Stifte Cappel mit der Wirkung als Landesgesetz eingeführt, daß dadurch alle entgegenstehenden Lippischen Gesetze, Verordnungen und Bestimmungen aufgehoben sind. Durch die Allg. Verfügung des Fürstl. Kabinetsministeriums v. 19. Septbr 1879 (GesS. f. Lippe S. 820) ist demnächst auch

die Allg. Verfügung des Preuß. Justizministers v. 27. Aug. 1879 (vgl. Anm. zu §§ 4, 5, 7 SchO) in jenen Lippischen Gebietstheilen für entsprechend anwendbar erklärt.

IV. Aus der Literatur über das bisherige Recht sind die im Auftrage des Justizministers von Schering bearbeiteten Handbücher für die Schiedsmänner (Berlin, v. Decker) und v. Rönne's Ergänzungen zu §§ 22—24 der Einleitung zur Allg. Gerichtsordnung, aus der Literatur über das jetzt geltende Recht sind folgende Werke berücksichtigt:

Florschütz, P. GehJustRath. Die Schiedsmanns-Ordnung v. 29. März 1879. Gesetz, Motive und Ausführungsverfügungen mit einer Geschäftsanweisung und Mustern zum Gebrauche für die Schiedsmänner versehen. 6. Aufl. Berlin, Heymann, 1880.

Zander, C. Kreissekretär. Die Schiedsmanns-Ordnung v. 29. März 1879 für den Preuß. Staat. Enthaltend: Gesetz, Motive, Ausführungs-Instruktionen, Ministerial-Reskripte und sonstige Erläuterungen. Thorn, 1880, Lambeck.

Eberty, Dr. G. Stadtgerichtsrath. Handbuch für Schiedsmänner. Strehlen, 1879, Gemeinhardt.

Freudenstein, C. G. System des Rechtes der Ehrenkränkungen nach Theorie und Praxis des StrGesBuchs und der StrProzO. für das Deusche Reich. Hannover, 1880, Helwing.

Sydow, R. Kreisrichter. Die Preuß. Ausführungsgesetze u. Verordnungen zu den Reichs-Justizgesetzen. Text-Ausgabe mit Anmerkungen und Register. Berlin, 1879, Guttentag. S. 268—286 Nr XIV: Schiedsmannsordnung.

Struckmann, Dr. J. GehObJustRath, u. Koch, R. Geh ObFinRath. Die Preuß. Ausführungsgesetze zu den Reichs-Justizgesetzen. Mit kurzen Erläuterungen. Berlin, 1879, Guttentag. S. 379—406 Nr XIX: Schiedsmannsordnung.

Kayser, Dr. P. Die Reichsjustizgesetze und die für das Reich u. in Preußen erlassenen Ausführungs- u. Ergänzungsgesetze. Mit Anmerkungen u. Sachregister. 2. Aufl. Berlin, 1880. Müller. VIII X Schiedsmannsordnung.

Die vorstehenden Werke sind nach den Namen der Verfasser citirt. Unter Schering ohne weiteren Beisatz ist das Handbuch für Schiedsmänner in der Provinz Brandenburg von Schering 6. Aufl. Berlin 1872 zu verstehen.

Schiedsmannsordnung

vom 29. März 1879.

(GesS. S. 321.)

Wir Wilhelm ꝛc. ꝛc. verordnen, unter Zustimmung beider Häuser des Landtages der Monarchie, was folgt:

Erster Abschnitt.

Das Amt der Schiedsmänner.

§. 1.

Zur Sühneverhandlung über streitige Rechtsangelegenheiten ist für jede Gemeinde ein Schiedsmann zu bestellen. Kleinere Gemeinden können mit anderen Gemeinden zu einem Schiedsmannsbezirke vereinigt, größere Gemeinden in mehrere Bezirke getheilt werden.

Zu § 1.

I. Sachliche Zuständigkeit der SchMänner.
1. Streitige Rechtsangelegenheiten.
2. Dazu gehören auch die Beleidigungen u. Körperverletzungen. S. 19.
3. Aufgabe des SchMannes. S. 19.

II. Abgrenzung der SchMBezirke.
1. Motive. Bisheriges u. jetziges Recht. S. 20.
2. Die Behörden. S. 20.
3. Vereinigung einer Landgemeinde mit einer Stadt. S. 22.
4. Verhältnisse in Nassau. S. 22.
5. Der Gemeindevorstand. Die Kreis- und Amtsvertretungen. S. 22.
6. Cirkular v. 9. Juli 1879. S. 23.
7. Bestimmung für Waldeck-Pyrmont. S. 24.

III. Jeder SchMBezirk erhält einen SchMann. S. 24.

Der § 1 befaßt sich mit zwei Materien, mit der sachlichen Abgrenzung der Thätigkeit der SchMänner und mit der lokalen Abgrenzung der SchMBezirke. In der Kommission des HerrH. wurde deßhalb beantragt diese Materien auch in besonderen §§ zu behandeln. Der Antrag ist jedoch abgelehnt. (KommBer. d. HerrH. S. 117 f.) Auch bei der Berathung im Pleno des HerrH. hat derselbe keinen Erfolg gehabt (Verh. d. HerrH. S. 63—66).

Selbstständige Gutsbezirke werden den Gemeinden gleichgeachtet.

Die Abgrenzung der Bezirke erfolgt:

1) in denjenigen Städten, in welchen ein kollegialischer Gemeindevorstand vorhanden ist, durch diesen, in den übrigen durch den Bürgermeister;
2) für die Landgemeinden durch die Kreisvertretungen, in der Provinz Hannover und in den Hohenzollernschen Landen durch die Amtsvertretungen.

I. 1. Die Wirksamkeit der SchMänner erstreckt sich nur auf streitige Rechtsangelegenheiten. Die Instr. v. 1. Mai 1841 (JMBl. S. 229) enthält in den §§ 5—7 folgende Anweisungen: „Die SchMänner sind zur gütlichen Schlichtung streitiger Angelegenheiten bestimmt. Unter streitigen Angelegenheiten werden diejenigen Privatstreitigkeiten verstanden, welche beim Mangel einer gütlichen Vereinigung im Wege des Prozesses durch richterlichen Ausspruch entschieden werden müßten. Wo kein Streit unter den Parteien obwaltet, sind die SchMänner amtlich einzuschreiten nicht befugt. — Von ihrem Wirkungskreise sind daher ausgeschlossen: Alle Handlungen der freiwilligen Gerichtsbarkeit, namentlich die Aufnahme von Schuldverschreibungen, Bürgschaften, Hypothekenbestellungen, Cessionen, Vollmachten, Quittungen, Kauf-, Tausch-, Pacht- und Miethsverträgen und sonstigen Kontrakten. Eine Ausnahme davon findet nur statt, wenn dergl. Erklärungen oder Verträge den Gegenstand des Streits dergestalt betreffen, daß sie einen wesentlichen Bestandtheil des von dem SchMann aufzunehmenden Vergleichs ausmachen, oder wenn sie zur Ausführung des Vergleichs nothwendig sind. — Von der schiedsamtlichen Vereinigung sind ferner ausgeschlossen: Alle Handlungen, welche als Vergehen oder Verbrechen mit Strafe bedroht sind, sofern es sich nur um die Untersuchung und Bestrafung derselben handelt. Inwiefern bei Injuriensachen eine Ausnahme stattfindet, ist in § 14 bestimmt." An dieser Beschränkung der Thätigkeit der SchMänner hält die SchO fest. Selbstverständlich fallen nach der jetzigen Eintheilung der strafbaren Handlungen auch die Uebertretungen unter die von der schiedsamtlichen Vereinigung ausgeschlossenen Handlungen. Es ist zwar vielfach eine Ausdehnung des Instituts angeregt und vorgeschlagen worden, die Schiedsmänner für befugt zu erklären, auch Anerkenntnisse mit exekutivischer Wirkung, ferner Schuldverschreibungen und andere Akte der freiwilligen Gerichtsbarkeit außerhalb des Vergleichs aufzunehmen. Diese Forderung ist jedoch abgewiesen, weil die Bedeutung des Instituts nicht in der Vermehrung der Stellen zu suchen ist, an welchen Rechtsgeschäfte vorgenommen werden können, sondern in der Beschränkung desselben auf die Friedensstiftung (Begründung des § 1 S. 7). Vgl. auch Anm. 3 zu § 32.

2. In der Kommission des HerrH. wurde die Befürchtung ausgesprochen, es könne bezweifelt werden, ob unter streitigen Rechtsangelegenheiten auch die Beleidigungen und Körperverletzungen mit zu verstehen seien, weil die desfallsige Verfolgung in einem Privatklageverfahren nach § 27 Nr 3 GerVerfGes. vor den Schöffengerichten und nicht vor dem Richter in Civilprozeßsachen stattfinden solle. Es wurde deßhalb folgende Fassung vorgeschlagen: „Zur Sühneverhandlung über Beleidigungen (StrProzO. § 420) und Körperverletzungen, sowie über bürgerliche Rechtsstreitigkeiten sind SchMänner zu bestellen." Dieser Abänderungsantrag wurde jedoch abgelehnt, nachdem der Vertreter des Justizministeriums dagegen bemerkt hatte, daß durch den Ausdruck „streitige Rechtsangelegenheiten" sowohl die bürgerlichen Rechtsstreitigkeiten als auch die wegen Beleidigungen und Körperverletzungen entstehenden Streitigkeiten umfaßt werden sollen und es deßhalb einer genaueren Präzisirung der schiedsamtlichen Thätigkeit nicht bedürfe. (KommBer. d. HerrH. S. 117 f.)

Nach § 12 SchO findet eine Sühneverhandlung nur in denjenigen bürgerl. Rechtsstreitigkeiten statt, deren Entscheidung nicht den Auseinandersetzungsbehörden zusteht. In Strafsachen ist der Schiedsmann, abgesehen von dem aus strafbaren Handlungen hervorgehenden Anspruche auf Schadensersatz, als Vergleichsbehörde nur für die auf Antrag zu verfolgenden Beleidigungen und Körperverletzungen zuständig (§ 33).

3. Die Aufgabe des SchMannes besteht lediglich in der Vornahme von Sühneverhandlungen. Die SchMänner sind nicht mit den im 10. Buche (§§ 851 ff) der CivProzO. erwähnten Schiedsrichtern zu verwechseln. Diese haben über streitige Angelegenheiten der Parteien durch einen Schiedsspruch zu entscheiden; die SchMänner sollen dagegen nicht entscheiden, sondern nur vermitteln, die streitenden Parteien in Güte zu vereinigen suchen. Eine Erweiterung dieser Schranke würde entweder dem Geiste der CivProzO. widerstreben oder den SchMann zum Schiedsrichter machen (Begründung des § 1 S. 7).

II. 1. „Die früheren Verordnungen stimmen in der Feststellung der Schiedsmannsbezirke nicht überein. In der Prov. Preußen ist eine Maximalseelenzahl für den Bezirk vorgeschrieben. Dasselbe ist in Schlesien der Fall, hier aber die Bestimmung hinzugefügt, daß kleinere Gemeinden sich benachbarten anschließen können, wenn dadurch die Zahl von 2000 Seelen nicht erheblich überschritten wird. In den Prov. Brandenburg, Sachsen, Pommern und Posen ist dagegen eine Maximal- (4000) und eine Minimalgrenze (400) für die Seelenzahl der Bezirke festgesetzt. In Westfalen endlich ist nur die Minimalgrenze für einen Bezirk (500 Seelen) bestimmt und die Bildung verschiedener Bezirke innerhalb größerer Gemeinden dem Bedürfniß anheimgegeben. Durch solche bindende Vorschriften wird der Anforderung einer möglichst zu erleichternden Zugänglichkeit des SchMannes einerseits und der verschiedenen Geschäftsfrequenz andererseits nicht überall Rechnung getragen. Eine für alle Fälle passende Vorschrift muß vielmehr dem wechselnden Bedürfniß freien Spielraum lassen." (Begründung des § 1 S. 7.)

Im § 1 werden deßhalb die bisherigen Vorschriften über die Größe der Bezirke dahin verallgemeinert, daß in der Regel jede Gemeinde und jeder selbständige Gutsbezirk einen SchMBezirk bilden soll, daß jedoch kleinere Gemeinden oder Gutsbezirke zu einem Bezirk vereinigt und daß größere Gemeinden oder Gutsbezirke in mehrere Bezirke getheilt werden können. Kleinere Gemeinden oder Gutsbezirke können sowohl mit kleineren als mit größeren Gemeinden oder Gutsbezirken zu einem Bezirke vereinigt werden. Um jeden Zweifel in dieser Beziehung auszuschließen, ist in der Kommission des AbgH. im Abs. 1 hinter „können" eingeschaltet „mit anderen Gemeinden" (KommBer. d. AbgH. S. 1702).

Aus der Wahlvorschrift im § 3 ergibt sich von selbst und es ist deßhalb nicht besonders hervorgehoben, daß die Vereinigung verschiedener Gemeinden oder die Vereinigung von Gemeinden und Gutsbezirken zu einem Schiedsmannsbezirke nur innerhalb desselben Amts- oder Kreisverbandes gestattet ist (Begründung des § 1 S. 7).

2. Ueber die Behörden, welche mit der Abgrenzung der SchMBezirke zu betrauen, haben sich die verschiedensten Ansichten Geltung zu verschaffen gesucht. Die bisherigen SchMOrdnungen haben die Abgrenzung der Bezirke in den Städten den Magistraten und auf dem Lande den landräthlichen Behörden anheimgegeben. Nur stellten es die Verordnungen für Schlesien und Westfalen als Regel hin, daß in jedem Dorfe ein SchMann

bestellt werden sollte (§ 3 derselben). Sie ließen es aber auch zu, daß kleinere Gemeinden sich anderen anschließen und mit ihnen einen Bezirk bilden. Die Sorge für das Zustandekommen der Bezirke lag auch nach diesen Verordnungen den Landräthen ob.

Der § 1 enthält an der Spitze zwar auch die Bestimmung, daß für jede Gemeinde ein SchMann zu bestellen; er läßt aber auch zusammengesetzte Bezirke zu. Nach dem RegEntw. sollte die Entscheidung über die Abgrenzung der Bezirke in die Hand der Regierungen bezw. Landdrosteien gelegt werden, weil diese vermöge ihrer umfassenderen Verwaltungsthätigkeit mehr als die Kreis- und Lokalverwaltungsbehörden im Stande seien, zu übersehen, welches Maß von Arbeit den SchMännern auferlegt werden könne und welcher Umfang hiernach den Bezirken zu geben sei. Es wurde für selbstverständlich erachtet, daß sie dabei die direkt betheiligten Verwaltungsorgane hören werden. (Begründung S. 7.)

In der Kommission des HerrH. wurde beantragt, in denjenigen Provinzen, in denen das SchMInstitut bestand, es bei den bestehenden Bildungen der Bezirke zu belassen und eine Verschiebung in den einzelnen Bezirken nur auf Grund der älteren SchMOrdnungen für zulässig zu erklären; in den übrigen Provinzen die Bildung der SchMBezirke den Regierungen bezw. Landdrosteien zu übertragen, die Anhörung der unteren Instanzen aber obligatorisch zu machen und als Regel hinzustellen, daß die einzelnen SchMBezirke für nicht weniger als 500 und für nicht mehr als 5000 Einwohner gebildet werden. Der Antrag wurde jedoch abgelehnt, weil die Bildung der SchMBezirke im ganzen Umfange der Monarchie nach gleichen Grundsätzen erfolgen müsse. (KommBer. d. HerrH. S. 117 f.) Im Pleno des HerrH. hatte der Antrag dasselbe Schicksal (Verh. d. HerrH. S. 63—66).

Im AbgH. hatten sich schon bei der ersten Plenarberathung Stimmen gegen die RegVorlage erhoben. Man wies darauf hin, daß die gänzliche Beseitigung der Regierungen zu hoffen sei, und meinte, die Lokalbehörden möchten auf Grund ihrer besseren Kenntniß der lokalen Verhältnisse besser als die Regierungen im Stande sein, den Umfang der Bezirke mit Rücksicht auf das Maß und die Arbeit der SchMänner zu bemessen. Aus diesem Gesichtspunkte wurden in der Kommission des AbgH. zehn Abänderungsanträge gestellt, von denen schließlich derjenige angenommen wurde, welcher jetzt den Abs. 3 des § 1 bildet. Bei der zweiten Berathung im Pleno des AbgH. wurde der Abs. 3 in der Fassung der Kommission beibehalten, obwohl darauf aufmerksam gemacht wurde, daß derselbe eine Inkonsequenz enthalte, indem nach Nr 1 in den Städten der Gemeindevorstand die Bezirke abgrenzen solle, während nach Nr 2 auf dem Lande nicht der Kreisausschuß als der verwaltende Vorstand des Kreises, sondern die Kreisvertretung damit betraut sei. (Verh. d. AbgH. S. 521, 1143 f; KommBer. d. AbgH. S. 1702 ff.)

Das HerrH. hat nach dem Vorschlage seiner Kommission die vom AbgH. vorgenommene Aenderung genehmigt (Verh. d. HerrH. S. 135 ff).

3. Es ist nicht ausgeschlossen, daß eine Landgemeinde mit einer Stadt zu einem SchMBezirke vereinigt wird. Die Städte werden allerdings selten so klein sein, um eine Zusammenlegung mit anderen Gemeinden wünschenswerth zu machen; dagegen kann es sich leicht als zweckmäßig ergeben, eine kleine Landgemeinde einer benachbarten Stadt anzuschließen. In solchen Fällen wird die Bildung der Bezirke erschwert, weil dann mehrere Behörden, die für die Stadt und die für die Landgemeinde bestimmte Behörde, bei der Abgrenzung mitwirken müssen. In der Kommission des AbgH. ist ein Amendement, weil es die Zusammenlegung einer Stadt- mit einer Landgemeinde zu einem SchMBezirke der Regel nach ausschließen würde, abgelehnt (KommBer. d. AbgH. S. 1702).

4. Die Gemeindeord. für Nassau v. 26. Juli 1854 unterscheidet nicht zwischen Stadt- und Landgemeinden, sie hat aber im § 27 die Bestimmung, daß in denjenigen Gemeinden, welche über 1500 Seelen haben, außer dem Gemeinderathe ein Bürgerausschuß gewählt werden muß, welcher der Versammlung der Stadtverordneten in den Städten der alten Provinzen etwa gleich steht. In der Kommission des AbgH. erschien es daher einem Mitgliede angemessen, im Regierungsbezirk Wiesbaden den Gemeinden mit mehr als 1500 Seelen die Abgrenzungsbefugnisse der Städte beizulegen und der Nr 2 im § 1 einen entsprechenden Zusatz hinzuzufügen. Der bezügliche Antrag ist jedoch abgelehnt. (KommBer. d. AbgH. S. 1702 f.) In Folge dessen erfolgt in Nassau in allen ländlichen Gemeinden ohne Rücksicht auf deren Seelenzahl die Abgrenzung der SchMBezirke durch die Kreisvertretung.

5. Der kollegialische Vorstand, welcher die SchMBezirke in den Städten abgrenzt, ist: I. der Magistrat in den 7 östlichen Provinzen nach § 10 der Städteord. v. 30. Mai 1853 (GesS. S. 261), in Neuvorpommern und Rügen nach § 5 II des Ges. v. 31. Mai 1853 (GesS. S. 291), in Westfalen nach § 10 der Städteord. v. 19. März 1856 (GesS. S. 237), in Hannover

nach §§ 5 u. 39 der Städteord. v. 24. Juni 1858 (GesS. für Hannover Abthlg I S. 141), in Frankfurt a. M. nach § 2 des Gemeindeverfassungsges. v. 25. März 1867 (GesS. S. 401), in der Prov. Schleswig-Holstein nach § 2 des Ges. v. 14. April 1869 (GesS. S. 589); II. der Gemeinderath (in Hessen Stadtrath genannt) in Hessen nach § 36 der Gemeindeord. v. 23. Octbr 1834 (GesS. für Kurhessen S. 181), in Nassau nach § 3 der Gemeindeord. v. 26. April 1854, in Hohenzollern nach § 8 des Ges. v. 6. Juni 1840 (GesS. für Hoh.-Sigmaringen Bd. 5 S. 241). — Der Bürgermeister grenzt in SchMBezirke ab in den Städten in der Rheinprovinz nach § 9 der Städteord. v. 15. Mai 1856 (GesS. S. 405) und in den kleineren Städten und Flecken in der Prov. Schleswig-Holstein nach § 94 des Ges. v. 14. April 1869 (GesS. S. 589).

In den Landgemeinden bestimmen die SchMBezirke: der Kreistag in den Provinzen Ost- und Westpreußen, Brandenburg, Pommern, Schlesien und Sachsen (Kreisord. v. 13. Decbr 1872 § 115. GesS. S. 661); die Kreisstände in Westfalen und der Rheinprovinz (Kreisord. v. 13. Juli 1827. GesS. S. 117), in der Prov. Posen (Kreisord. v. 20. Decbr 1828. GesS. 1829 S. 3), im Regierungsbezirk Kassel (Verord. v. 9. Septbr 1867 § 4. GesS. S. 1473), in der Prov. Schleswig-Holstein (Verord. v. 22. Septbr 1867 § 5. GesS. S. 1587), im Regierungbezirk Wiesbaden (Verord. v. 26. Septbr 1867 § 4. GesS. S. 1653); die Amtsvertretungen in der Prov. Hannover (Verord. v. 12. Septbr 1867 § 4. GesS. S. 1497, Ges. v. 28. April 1859. Hannov. GesS. S. 423); die Amtsversammlungen in den Hohenzollernschen Landen (Hohenzoll. Amts- u. Landesord. v. 2. April 1873 § 25. GesS. S. 145).

6. Ueber die Abgrenzung der SchMBezirke haben die Minister der Justiz und des Innern durch Cirkular v. 9. Juli 1879 (VMBl. S. 207, JMBl. S. 236) Folgendes bestimmt: „1. In denjenigen Provinzen, in denen das SchMInstitut bereits besteht (Ost- und Westpreußen, Brandenburg, Pommern, Posen, Schlesien, Sachsen und Westfalen), hat eine allgemeine Neubildung der SchMBezirke, bezw. eine Revision der bestehenden, auf der Grundlage des § 1 SchO nicht stattzufinden. Dies ergiebt sich aus § 48 SchO, nach dessen Bestimmung die auf Grund der bisherigen Vorschriften berufenen SchMänner ohne Ausnahme bis zum Ablauf ihrer Wahlperiode ihre Thätigkeit fortzusetzen haben. Da dies nicht anders als innerhalb ihrer bisherigen Bezirke geschehen kann, so muß eine etwaige Aenderung dieser Bezirke

in den ebengedachten Provinzen im einzelnen Falle bis zu der jedesmaligen Erledigung des SchMAmts vorbehalten bleiben. In diesen Provinzen soll nach der Absicht des Gesetzes eine allmähliche Ueberleitung in den neuen Zustand stattfinden, was umsomehr zulässig erscheint, als die Bestimmungen über die Bezirksbildung im Wesentlichen dieselben geblieben sind. — 2. Soweit hiernach über die Abgrenzung der SchMBezirke Beschluß zu fassen ist, erscheint die Hinausschiebung dieser Beschlußfassung bis zu dem Erscheinen der Allerh. Verordnung über die Abgrenzung der Amtsgerichtsbezirke" — diese Verord. ist unter dem 5. Juli 1879 erlassen. GesS. S. 393 — „nicht unbedingt geboten. Das Zusammenfallen der SchMBezirke mit den Grenzen der Amtsgerichtsbezirke ist im Gesetze selbst nicht vorgeschrieben. In allen denjenigen Fällen aber, in denen bezüglich des SchMAmts die Amtsgerichte zu einer Mitwirkung berufen sind — wie nach § 5 bei der Vereidigung der SchMänner, nach § 28 bei der Aufbewahrung der Protokollbücher, nach § 32 bei der Zwangsvollstreckung — kommt selbstverständlich nur dasjenige Amtsgericht in Frage, in dessen Bezirk der betreffende SchMann seinen Wohnsitz hat. Die maßgebenden Gründe für die Bildung der SchMBezirke, insbesondere für die Zusammenlegung mehrerer Landgemeinden resp. Gutsbezirke, liegen auf einem anderen Gebiete; sie werden hauptsächlich in der Größe der Einzelgemeinden und der Befähigung von Eingesessenen derselben zur Uebernahme des Amtes zu suchen sein, und es erscheint für die erfolgreiche Entwickelung des ganzen Instituts sogar von Werth, daß die wirklich maßgebenden Gesichtspunkte von anderen Erwägungsgründen untergeordneter Art nicht beeinflußt werden. — 3. Die erfolgte Abgrenzung der SchMBezirke ist, nachdem die SchMänner bestellt und durch die betreffenden Gerichtsbehörden vereidigt sein werden (§§ 4, 5 SchO), zugleich mit den Namen der Schiedsmänner durch die Amts- und Kreisblätter zur öffentlichen Kenntniß zu bringen." (Ueber die Bekanntmachung vgl. auch Anm. 8 zu § 5.)

7. In Waldeck-Pyrmont erfolgt die Abgrenzung der SchMBezirke durch den Kreisvorstand (Ges. v. 1. Septbr 1879 Art. 2; vgl. S. 15 Nr. III 1).

III. Es ist bestehendes Recht, daß jeder SchMBezirk nur einen SchMann erhält. Die Vertrauensstellung des letzteren weist auf möglichst kleine Bezirke hin, und da die Parteien bei ihren Vergleichsversuchen der Regel nach nicht an den SchMann ihres Bezirks gebunden sind (vgl. §§ 13, 17 Nr 1, 35), für die Stellvertretung desselben im Falle der Behinderung auch genügend

§. 2.

Das Amt des Schiedsmanns ist ein Ehrenamt. Zu demselben ist nicht zu berufen:

1) wer das dreißigste Lebensjahr nicht vollendet hat;
2) wer nicht in dem Schiedsmannsbezirke wohnt, für welchen die Berufung erfolgt;

---

gesorgt ist (vgl. § 11), so lag keine Veranlassung vor, hievon abzuweichen. (Begründung des § 1 S. 7.)

Zu § 2.

1. Das SchMAmt ein Ehrenamt.
2. Erfordernisse. Bildungsstufe, Sprachkunde. Religiöses Bekenntniß.
3. Lebensalter. S. 27.
4. Wohnsitz im SchMBezirke. S. 27.
5. Unbescholtenheit. S. 28.
6. Verfügungsbefugniß. S. 28.
7. Ausschließungs- und Enthebungsgründe. S. 29.
8. Staats- u. Reichsbeamte. S. 29.
9. Kommunalbeamte. S. 29.
10. Unmittelbare Staats- und Reichs-Civilbeamte. S. 29.
11. Militärpersonen. S. 30.
12. Geistliche u. Beamte der Kirchenverwaltung. S. 30.
13. Richterliche und Subalternbeamte S. 31.
14. Beschaffung der Genehmigung. S. 32.
15. Die Bestätigung darf erst nach Beibringung der Genehmigung erfolgen. S. 32.

1. Wie das Amt der Schöffen, Geschworenen und Handelsrichter (GerVerfGes. §§ 31, 84, 111), so ist auch das Amt der SchMänner ein Ehrenamt, welches unentgeltlich geführt wird. Der SchMann kann daher für die Ausrichtung seiner Geschäfte von den Parteien keine Gebühren verlangen, sondern nur Schreibgebühren und baare Auslagen liquidiren (§§ 42—44). Daß derselbe, wie im § 17 der Instr. v. 17. Mai 1841 besonders hervorgehoben ist, weder vor noch nach den Vergleichsunterhandlungen Geschenke von den Parteien annehmen darf, ist selbstverständlich.

2. Nach den bisherigen Verordnungen (vgl. z. B. Verord. v. 7. Septbr 1827 § 3 und v. 26. Septbr 1832 § 5) soll der SchMann bei völliger Unbescholtenheit und erreichter Volljährigkeit ein selbstständiger, geachteter und mit den Geschäften des bürgerlichen Lebens und der Fähigkeit, einen Aufsatz deutlich schriftlich abzufassen, vertrauter Einwohner des Bezirks sein, für welchen er als SchMann gewählt werden soll; der Besitz besonderer Rechtskenntnisse und die Ansässigkeit im Bezirke sind nicht als unumgänglich nöthige Erfordernisse bezeichnet.

An diese Erfordernisse schließt sich der § 2 im Wesentlichen an, bei der Aufzählung derselben ist jedoch von der näheren Be-

3) wer in Folge strafgerichtlicher Verurtheilung die Befähigung zur Bekleidung öffentlicher Aemter verloren hat;

4) wer in Folge gerichtlicher Anordnung in der Verfügung über sein Vermögen beschränkt ist.

Staatsbeamte und besoldete Beamte der Kommunal- oder Kirchenverwaltung bedürfen zur Uebernahme des Amts der Genehmigung ihrer zunächst vorgesetzten Behörde.

---

zeichnung der Bildungsstufe, welche für das Amt nothwendig erscheint, abgesehen, weil durch die Zusammensetzung des Wahlkörpers (§ 3) und durch das in die Hand einer höheren Gerichtsbehörde gelegte Bestätigungsrecht (§ 4) eine ausreichende Sicherheit dafür gegeben ist, daß es dem SchMann nicht an der für sein Amt unerläßlichen Vorbildung fehlen wird (Begründung des § 2 S. 7).

Nach § 16 Nr 1 soll der SchMann die Ausübung seines Amtes ablehnen, wenn er der Sprache der Parteien nicht mächtig ist, und nach § 25 wird das Protokoll in der Sprache der Parteien aufgenommen. Bei der zweiten Berathung im AbgH. wurde es von einer Seite, namentlich mit Rücksicht auf die polnischen Landestheile, nicht für eine genügende Garantie anerkannt, daß der SchMann lediglich selbst seine Sprachkenntniß beurtheilen solle, und deßhalb beantragt, im § 2 als fünften Ausschließungsgrund hinzuzufügen: „Wer der Landessprache der Parteien nicht mächtig ist.“ Es wurde jedoch entgegnet, daß dasjenige, was in der SchO enthalten sei, in der Prov. Posen bereits längst als Recht bestehe; daß durch die beantragte Zusatzbestimmung vorgegriffen werde, weil man von vornherein nicht wissen könne, welches die Sprache der Parteien sei, zumal in keiner Provinz Preußens eine bestimmte Sprache ganz ausschließlich herrsche; daß in den Landestheilen mit sprachlich gemischter Bevölkerung dadurch sehr qualifizirte Leute, die nur deutsch sprechen, von dem SchMAmte ausgeschlossen werden, und die Gefahr entstehe, SchMänner, welche der verschiedenen Landessprachen mächtig sind, überhaupt nicht zu finden. Der Antrag wurde abgelehnt. (Verh. d. AbgH. S. 1144—1147.) Dadurch wird natürlich nicht ausgeschlossen, daß bei der Wahl der SchMänner in denjenigen Bezirken, deren Einwohner theils deutscher, theils polnischer oder wendischer, litthauischer, wallonischer Abkunft sind, darauf gesehen wird, daß solche Personen zur Wahl gelangen, welche beider Landessprachen soweit mächtig sind, um in denselben lesen und schreiben zu können (vgl. Reskr. v. 6. Novbr 1841 in v. Rönne's Ergänz. zu § 3 der Verord. v. 7. Septbr 1827).

Von dem religiösen Bekenntniß ist die Befähigung zum SchMAmte nicht mehr abhängig (VerfUrk. v. 31. Janr 1850 Art. 4 u. 12. GesS. S. 17; Ges. v. 3. Juli 1869. BdGesBl. S. 292). Daß Juden zu SchMännern gewählt werden können, ist bereits in den Reskr. des JustMin. v. 17. Novbr 1851 und des Min. d. Inn. v. 7. Octbr 1856 und v. 9. Novbr 1857 ausgesprochen.

3. Zu Nr 1. Nachdem das Alter der Volljährigkeit auf das 21. Lebensjahr herabgesetzt worden ist (Ges. v. 9. Decbr 1869. GesS. S. 1177; Ges. v. 11. Febr 1875. RGesBl. S. 71), bietet dasselbe keinen genügenden Ausgangspunkt mehr für die Voraussetzung des erforderlichen Ansehens und der nöthigen Kenntniß aller in Frage kommenden Rechts- und Lebensverhältnisse. Es ist daher nach dem Vorgange des GerVerfGes. bezüglich der Schöffen, Geschworenen und Handelsrichter (§§ 33, 85, 113) das vollendete 30. Jahr zur Bedingung der Amtsfähigkeit gemacht. Die Anforderung dieses höheren Lebensalters hat den weiteren Vorzug, daß auf die fernere Bedingung der Selbstständigkeit verzichtet werden kann. (Begründung des § 1 S. 7.) — Hohes Alter ist kein Ausschließungsgrund, berechtigt aber zur Ablehnung und Niederlegung des SchMAmts (§ 8 Nr 1).

4. Zu Nr 2. In der Kommission des AbgH. wurde beantragt, die Nr 2 zu fassen: „Wer nicht in dem SchMBezirke, oder wenn ein Ort in mehrere SchMBezirke getheilt ist, in dem Orte wohnt." Der Antrag wurde mit der Hinweisung auf Vorkommnisse begründet, daß ein SchMann in Folge Wohnungswechsels zwar nicht mehr in dem geographischen Bezirke, für welchen er gewählt worden, aber dessen ungeachtet für dessen Bewohner nicht unbeqemer wohne. Es sei nicht einzusehen, weßhalb er dennoch sein Amt verlieren solle. Der Vertreter des JustMin. bemerkte dagegen, daß es doch wichtig sei, an dem Prinzip, nach welchem der SchMann in seinem Bezirke wohnen müsse, mit Rücksicht auf die Bequemlichkeit der Parteien festzuhalten. Außerdem werde der SchMann, der in einen andern Bezirk verziehe, seines Amts nicht sofort verlustig, sondern behalte es nach § 3 Abs. 3 bis zum Amtsantritt des Neugewählten. Unterbleibe die Wahl eines Anderen, so führe er sein Amt fort. Der Antrag wurde hierauf

abgelehnt. (KommBer. d. AbgH. S. 1706.) — Bei der 2. Berathung im AbgH. wurde gar der Antrag gestellt, die Nr 2 ganz zu streichen, weil es gleichgültig sei, ob der SchMann in dem Bezirke oder eine halbe Meile davon wohne, und weil man es den Gemeinden füglich überlassen könne, auch einen Vertrauensmann aus der Nachbarschaft zu wählen, zumal es in den östlichen Provinzen Gegenden gäbe, wo man Gott danke, wenn man überhaupt einen SchMann finde. Der Antrag wurde auf die Bemerkung, daß die Nr 2 bestehendes und bewährtes Recht der alten SchMOrdnungen wiedergebe (vgl. Anm. 2), abgelehnt. (Verh. d. AbgH. S. 1145—1147.)

5. Zu Nr 3. Das Erforderniß der Unbescholtenheit ist im Anschluß an die Vormundschaftsord. v. 5. Juli 1875 § 21 Nr 3 (GesS. S. 431) und das GerVerfGes. § 32 Nr 1 mit den Vorschriften des Strafgesetzbuches in nähere Uebereinstimmung gebracht (Begründung des § 1 S. 8). Nach § 31 des StrGesBuchs hat die Verurtheilung zur Zuchthausstrafe die dauernde Unfähigkeit zur Bekleidung öffentlicher Aemter von Rechtswegen zur Folge. Nach §§ 33, 34, 35 das. hat die Aberkennung der bürgerlichen Ehrenrechte, sowie die der Fähigkeit zur Bekleidung öffentlicher Aemter den dauernden Verlust der bekleideten öffentlichen Aemter und die Unfähigkeit, während der im Urtheile bestimmten Zeit öffentliche Aemter zu erlangen, zur Folge. Der in §§ 32 Nr 2 u. 85 GerVerfGes. für das Schöffen- und Geschworenenamt aufgestellte Unfähigkeitsgrund: die Eröffnung des Hauptvorverfahrens wegen eines Verbrechens oder Vergehens, das die Aberkennung der bürgerlichen Ehrenrechte oder der Fähigkeit zur Bekleidung öffentlicher Aemter zur Folge haben kann, — ist kein Grund zur Ausschließung vom SchMAmt.

6. Zu Nr 4. Die gerichtliche Beschränkung in der Verfügung über das Vermögen macht auch unfähig zum Amte eines Schöffen, Geschworenen und Handelsrichters (GerVerfGes. §§ 32 Nr 3, 85, 113) sowie zur Rechtsanwaltschaft (Rechtsanwaltsord. § 5 Nr 3). Durch die Nr 4 werden nur die wegen Geisteskrankheit oder Verschwendung entmündigten Personen (vgl. CivProzO. §§ 593, 621) sowie solche, über deren Vermögen der Konkurs eröffnet ist, bis nach beendigtem Konkursverfahren (vgl. KonkO. § 98; Preuß. AusfGes. zur KonkO. v. 6. März 1879 §§ 51, 52. GesS. S. 109) getroffen. Arreste, einstweilige Verfügungen und Zwangsvollstreckungen, die auch eine Verfügungsbeschränkung in Bezug auf bestimmte Vermögensstücke zur Folge haben, gehören nicht hierher.

7. Dieselben Gründe, welche nach § 2 von der Berufung zum SchMAmte ausschließen, berechtigen auch zur Enthebung eines bestellten SchMannes von seinem Amte (§ 9).

8. Zum Amte eines Schöffen und Geschworenen sollen die Staats- und Reichs-Beamten sowie die dem aktiven Heere oder der aktiven Marine angehörenden Militärpersonen aus Rücksicht auf die allgemeinen Interessen des Reichs- oder des Staatsdienstes überhaupt nicht berufen werden (GerVerfGes. §§ 34, 85; Preuß. AusfGes. v. 24. April 1878 § 33). Zu SchMännern (wie zu Vormündern, vgl. § 22 der VormOrd.) können diese Personen zwar berufen werden, die vorgesetzten Behörden haben aber in jedem einzelnen Falle zu erwägen, ob das Interesse des Dienstes durch die Uebernahme des SchMAmtes gefährdet wird, und, wenn dies zu befürchten ist, ihre Genehmigung zu versagen.

9. In der Kommission des AbgH. wurde beantragt, im letzten Abs. des § 2 die Worte „Kommunal- oder" zu streichen, weil, wenn die Gemeindevertretung einen besoldeten Kommunalbeamten, den sie selbst durch ihre Wahl zu dieser Stellung berufen, auch noch zum SchMann wähle, kein Grund vorliege, denselben zu verpflichten, zur Uebernahme des SchMAmts erst noch die Genehmigung der Aufsichtsbehörde einzuholen. Der Antrag wurde jedoch zurückgezogen, nachdem die Vertreter der Staatsregierung darauf hingewiesen hatten, daß unter die hier gemeinten Kommunalbeamten auch die Beamten des Kreises und der Provinz und auch theilweise die Lehrer fallen. (KommBer. d. AbgH. S. 1706.)

Der Genehmigung bedürfen alle Personen, welche ein besoldetes Amt in der Gemeinde-, Amts-, Kreis-, Bezirks-, Provinzial- und sonstigen Kommunalverwaltung bekleiden, ferner nicht blos solche Beamte, welche die Gemeindeangelegenheiten verwalten, sondern auch sonstige Angestellte, insbesondere die Lehrer. Wer aber in der Kommunalverwaltung nur ein Ehrenamt bekleidet, bedarf keiner Genehmigung, z. B. die unbesoldeten Magistratsmitglieder.

10. Sämmtliche unmittelbare Staatsbeamte ohne Unterschied, ob sie Gehalt beziehen oder nicht, bedürfen der Genehmigung zur Uebernahme des SchMAmtes; also jeder mit einem staatlichen Anstellungsdekrete Versehene und mit dem Diensteid Belegte. Hierzu gehören namentlich auch die auf Wartegeld stehenden Beamten sowie die Referendarien und Assessoren. Daß zu den hier fraglichen Beamten auch die Beamten der Schulverwaltung gehören, ist in der Begründung des Entw. (S. 8) ausdrücklich anerkannt.

Lehrer an öffentlichen Schulen gehören nach Art. 23 der VerfUrk. v. 31. Janr 1850 zu den Staatsbeamten. Auch der unbesoldete Universitätsprofessor bedarf demnach der Genehmigung des Kultusministers Die Rechtsanwälte sind nicht mehr Staatsbeamte, wohl aber die Notare.

Den Preuß. Staatsbeamten stehen die Reichscivilbeamten gleich (vgl. RBeamtengeſ. v. 31. März 1873 § 19. RGesBl. S. 61). Mit Rücksicht hierauf ist in der Kommission des HerrH. von einer besonderen Bestimmung über die Reichsbeamten abgesehen (KommBer. S. 118).

11. In der Kommission des HerrH. wurde der Antrag gestellt, im Abs. 2 dem Worte „Staatsbeamte" das Wort „Militärpersonen" voranzustellen. Dagegen wurde bemerkt, daß durch den § 47 des RMilGes. v. 2. Mai 1874 (RGesBl. S. 45), welcher lautet: „Zur Annahme von Aemtern in der Verwaltung und Vertretung der kirchlichen oder politischen Gemeinden und weiterer Kommunalverbände bedürfen aktive Militärpersonen der Genehmigung ihrer Dienstvorgesetzten," — für die aktiven Militärpersonen die Sache bereits geregelt sei und es hier einer Wiederholung jener Bestimmung nicht bedürfe. Hierauf wurde der Verbesserungsantrag abgelehnt. (KommBer. d. HerrH. S. 118.) Wer zu den aktiven Militärpersonen gehört, bestimmt der § 38 des RMilGes. v. 2. Mai 1874. Beurlaubte Landwehr-Offiziere gehören nicht zu den Militärpersonen des Friedensstandes und bedürfen daher so wenig der Genehmigung ihrer vorgesetzten Militärbehörde zur Uebernahme des SchMAmtes als sie aus diesem Grunde dasselbe ablehnen dürfen (Reſk. des Min. d. Inn. v. 18. Aug. 1834. Schering Art. 11). Dagegen bedürfen Offiziere zur Disposition der Genehmigung. — Die Civilbeamten der Militärverwaltung bedürfen als Reichsbeamte der Genehmigung ihrer vorgesetzten Behörde (vgl. Anm. 10 Abs. 2).

12. Geistliche sollten nach den Reſk. des Min. d. geistl. Angel. v. 3. Septbr 1833 (Schering Art. 5) ihres Berufes wegen überhaupt nicht zu SchMännern ernannt werden. Dieses Verbot besteht nicht mehr. Mit Genehmigung ihrer vorgesetzten Behörde dürfen jetzt auch Geistliche zu SchMännern bestellt werden. Der Evang. Oberkirchenrath hat sich im CirkErlaß v. 18. Octbr 1879 (Kirchl. GesBl. S. 235) dahin ausgesprochen, daß ein Anlaß nicht vorliege, den Geistlichen die Genehmigung zur Uebernahme des SchMAmtes prinzipiell zu versagen, da sehr wohl Fälle denkbar seien, in welchen die Thätigkeit eines Geistlichen als SchMann der

geistlichen Wirksamkeit ganz unnachtheilig, ja sogar förderlich sein könne; daß das Königl. Konsistorium, als die zuständige Behörde, jedoch in jedem einzelnen Falle die in Betracht kommenden persönlichen und sachlichen, insbesondere auch örtlichen Verhältnisse mit Vorsicht zu erwägen und die Genehmigung nur da zu ertheilen habe, wo weder der betr. Geistliche selbst eine Beeinträchtigung seiner Amtswirksamkeit durch die neuen Geschäfte befürchte, noch auch sonst objektive Momente vorliegen, welche die Benachtheiligung kirchlicher Interessen in dieser Beziehung voraussehen lassen. Unter den besoldeten Beamten der Kirchenverwaltung sind nur die im Dienste der evangelischen Landeskirche und der katholischen Kirche Angestellten zu verstehen, da nur diese Kirchen eine besondere staatliche Beziehung haben (vgl. VerfUrk. v. 31. Janr 1850 Art. 12, 14). Anstellungen bei anderen mit Korporationsrechten versehenen Religionsgesellschaften, z. B. Altlutheranern, Mennoniten, Baptisten, Juden, gehören nicht hierher. Evangelischen Geistlichen hat das Konsistorium, katholischen der Bischof die Erlaubniß zur Uebernahme eines SchMAmtes zu ertheilen. Ist ein staatlich anerkannter Bischof oder Bisthumsverweser nicht vorhanden, so fehlt es an einer Person, welche die Genehmigung geben könnte; dem staatlich ernannten Kommissar steht dies Recht nicht zu (Ges. v. 20. Mai 1874 § 6. GesS. S. 135). Wer in der Kirchenverwaltung nur ein Ehrenamt bekleidet, bedarf keiner Genehmigung. (Vgl. Dernburg's Vormundschaftsrecht 2. Aufl. S. 157 f. Berlin, 1879.)

13. Den richterlichen Beamten hat die Genehmigung zur Uebernahme des SchMAmts der zunächst vorgesetzte Aufsichtsbeamte (vgl. AusfGes. v. 24. April 1878 § 78), also z. B. den Amtsrichtern und Landrichtern der Landgerichtspräsident, zu ertheilen. Nach den Reſk. des JustMin. v. 24. Octbr 1834 u. v. 2. Juni 1835 (Schering Art. 12) soll den richterlichen Beamten die Genehmigung zur Annahme der Wahl als SchMann in der Regel nicht versagt werden, sofern ihre übrigen Amtsgeschäfte keine Beeinträchtigung dadurch erleiden. Dabei ist als selbstverständlich bemerkt, daß ein richterlicher Beamter, welcher bei dem Rechtsstreite als SchMann betheiligt gewesen ist, sich demnächst, sobald dieselbe Sache zur richterlichen Entscheidung gelangen sollte, aller Einwirkung und Theilnahme dabei enthalten muß. Dies trifft auch nach § 41 Nr 6 CivProzO. noch zu. Bei der schweren Belastung mit Dienstgeschäften dürfte jetzt einem zum SchMann gewählten Richter wohl kaum noch die Genehmigung zur Uebernahme des SchMAmts ertheilt werden. Es liegt auch

§. 3.

In denjenigen Gemeinden, welche für sich Einen Schiedsmannsbezirk oder mehrere Schiedsmannsbezirke bilden, erfolgt die Wahl der Schiedsmänner durch die

---

umsoweniger Veranlassung dazu vor, als der Amtsrichter als solcher nach § 471 CivProzO. zu Sühneversuchen berechtigt ist.

Bezüglich der Subalternbeamten hat der JustMin. in dem Reskr. v. 15. April 1842 (Schering Art. 13) gebilligt, daß den Büreauvorstehern bei den Gerichten I. Instanz mit Rücksicht auf ihre Stellung zum Publikum und ihre vielfachen Dienstgeschäfte der Konsens zur Uebernahme des SchMAmts von der vorgesetzten Dienstbehörde verweigert ist, bezüglich der sonstigen Subalternbeamten bei den Gerichten sich aber dahin ausgesprochen, daß denselben, sofern nicht bei ihnen ebenfalls amtliche Rücksichten entgegenstehen, die Annahme der Wahl im allgemeinen Interesse des SchMInstituts der Regel nach zu gestatten sei. Dies wird auch ferner in Bezug auf die Gerichtsschreiber und Gerichtsschreibergehülfen zu beachten sein. Den bei den Amtsgerichten angestellten oder beschäftigten Subalternbeamten hat der aufsichtführende Amtsrichter die erforderliche Genehmigung zu ertheilen (AusfGes. v. 24. April 1878 § 79).

14. Wer die Genehmigung der vorgesetzten Behörde zu beschaffen hat, bestimmt der § 2 nicht. Da die betreffenden Beamten sich zu dem Amte eines SchMannes wohl nicht drängen werden und ein Zwang gegen sie zur Beibringung der Genehmigung beim Mangel einer entsprechenden Vorschrift nicht auszuüben ist, so wird der Wahlvorsteher, bevor er die Wahlverhandlungen dem Präsidium des Landgerichts einreicht (vgl. § 4 und Anm. 1 dazu), sich um die Genehmigung bei der vorgesetzten Behörde des Gewählten bewerben müssen. Ist diese Behörde der Präsident des Landgerichts, so kann der Wahlvorsteher zugleich mit der Einsendung der Wahlverhandlungen darum nachsuchen. Ist der Gewählte ein im unmittelbaren Staatsdienste stehender Beamter, so kann derselbe der erfolgten Genehmigung seines Vorgesetzten ungeachtet das SchMAmt ablehnen (SchO § 8 Nr 5).

15. Das Präsidium des Landgerichts darf die zu SchMännern Gewählten nicht eher bestätigen, bis die erforderliche Genehmigung beigebracht ist. Ist die Bestätigung gleichwohl erfolgt, so muß die Enthebung vom SchMAmte ausgesprochen werden, wenn die erforderliche Genehmigung nicht ertheilt wird (§ 9).

Gemeindevertretung (Versammlung der Stadtverordneten, der Repräsentanten, der Bürgervorsteher, der Gemeindeverordneten, der Bürgerausschußmitglieder, der Gemeindeausschußmitglieder), wo eine gewählte Gemeindevertretung nicht besteht, durch die Gemeindeversammlung, in selbstständigen Gutsbezirken durch den Gutsvorsteher.

Für die aus mehreren Gemeinden zusammengesetzten Schiedsmannsbezirke werden die Schiedsmänner durch die Kreisvertretungen, in der Provinz Hannover und in den Hohenzollernschen Landen durch die Amtsvertretungen gewählt.

Die Wahl erfolgt auf drei Jahre. Bis zum Amtsantritte des Neugewählten bleibt der bisherige Schiedsmann in Thätigkeit.

Zu § 3.

1. Die Wahl der SchMänner hat bisher in den verschiedenen Provinzen auf verschiedene Weise stattgefunden. In der Prov. Preußen wurde von den Landräthen und städtischen Polizeibehörden eine Wahlliste angefertigt, in welcher die geeigneten Personen Aufnahme fanden. In den Städten erfolgte alsdann die Wahl durch die Stadtverordneten-Versammlung, auf dem Lande unmittelbar durch die stimmberechtigten Eingesessenen. In den Prov. Brandenburg, Schlesien, Sachsen, Pommern und Posen wählten die stimmberechtigten Einwohner eines städtischen SchM.-Bezirks drei Kandidaten und aus diesen die Stadtverordneten den SchMann. Auf dem Lande dagegen geschah die Wahl von den Gutsbesitzern und von Wahlmännern aus den zum Bezirke gehörenden Gemeinden. In der Prov. Westfalen erfolgte die Wahl sowohl in den Städten als auf dem Lande durch die Gemeinde-

verordneten, und, wenn der SchMBezirk mehrere Gemeinden umfaßte, durch die Amtsversammlung. (Begründung des § 3 S. 8.)

2. Der § 3 des RegEntw. legte, nach dem Vorgange des § 35 des AusfGes. v. 24. April 1878, die Wahlen der SchMänner in die Hand der Kreisvertretungen, und wo solche nicht vorhanden sind, in die Hand der denselben entsprechenden Korporationen, nämlich in den Hohenzollernschen Landen in die Hand der Amtsvertretungen und in Hannover in die Hand der Amtsvertretungen und der zu einem Kollegium vereinigten Magistrate und Bürgervorsteher der einem Amtsverbande nicht angehörigen Städte. In der Begründung des § 3 (S. 8) heißt es: „Für ein allgemeines Gesetz empfiehlt sich die Beibehaltung einer direkten Betheiligung der Eingesessenen an der Wahl der Schiedsmänner nicht, da nach den gemachten Erfahrungen diese Wahlen das Interesse nur in geringem Maße erregen und eine ungenügende Betheiligung bei denselben leicht zu verfehlten Berufungen führen kann. Weniger Uebelstände sind bei den Wahlen durch die Gemeinde- bezw. Stadtverordneten hervorgetreten. Die Rücksicht auf eine Vereinfachung des Wahlgeschäfts und des nothwendigen Verkehrs zwischen dem Wahlkörper und der mit dem Rechte der Bestätigung bekleideten Behörde führt jedoch zu der Forderung größerer Wahlverbände, welche bei derselben Kenntniß aller in Betracht kommenden Verhältnisse die nöthige Unparteilichkeit besitzen, um aus den Bewohnern der Schiedsmannsbezirke die geeigneten Persönlichkeiten herauszufinden."

In der Kommission des HerrH. wurde zwar beantragt, in denjenigen Provinzen, in welchen das SchMInstitut hergebracht ist, es hinsichtlich der Wahl der SchMänner bei den bisherigen Vorschriften zu belassen und die Bestimmung des RegEntw. nur für die übrigen Provinzen beizubehalten; der Antrag wurde jedoch abgelehnt (KommBer. d. HerrH. S. 118). Bei der Berathung im Pleno des HerrH. wurde der Antrag wiederholt, aber ohne Erfolg (Verh. d. HerrH. S. 63—66).

Schon bei der ersten Berathung im AbgH. wurde die Ansicht ausgesprochen, der SchMann könne nur segensreich wirken, wenn er das Vertrauen der Gerichtseingesessenen genieße, und das genieße er nur dann, wenn er von den Gerichtseingesessenen selbst unmittelbar gewählt werde (Verh. d. AbgH. S. 520). In der Kommission des AbgH. gingen aus dem Bestreben, das Wahlrecht der Gemeinden möglichst zu wahren, verschiedene Anträge hervor. Die Mehrheit war darüber einig, daß in den selbstständigen Gemeinden d. h. in den Gemeinden, welche einen oder mehrere

SchMBezirke bilden, die Wahl der SchMänner durch diese Gemeinden beizubehalten, daß indeß die Wahl überall, wo zur Verwaltung der Gemeindeangelegenheiten zwei Organe berufen seien, nicht dem Organe der Verwaltung, sondern der Vertretung anheimzugeben sei; daß dagegen in den aus mehreren Gemeinden zusammengesetzten Bezirken die Kreis- bezw. Amtsvertretungen die tüchtigsten Wähler seien. Hiernach einigte sich die Mehrheit der Kommission dahin, dem § 3 die Fassung zu geben, welche er im Gesetze hat. Da in den Städten, in welchen Magistrat und Stadtverordnete vorhanden sind, der Ausdruck „Gemeindevertretung" beide Kollegien umfaßt, so ist in der Klammer im Abs. 1 deutlich gesagt, was unter dem Ausdruck „Gemeindevertretung" verstanden werden soll. Darüber waltete keine Meinungsverschiedenheit ob, daß als Vertreter einer Gutsgemeinde oder eines Gutsbezirks der Gutsvorsteher gelten müsse (KommBer. d. AbgH. S. 1704—1706). Im Pleno des AbgH. wurde der § 3 unverändert angenommen (Verh. d. AbgH. S. 1148), ebenso im HerrH. (Verh. d. HerrH. S. 135—138).

3. Die in der Klammer des Abs. 1 angegebenen genaueren Bezeichnungen der unter den allgemeinen Begriff der Gemeindevertretung fallenden Körperschaften entsprechen den provinziellen Verschiedenheiten.

Die zur Wahl der SchMänner berufene Gemeindevertretung ist die Stadtverordnetenversammlung: in den Städten der 7 östlichen Provinzen (Städteord. v. 30. Mai 1853, §§ 1, 10, 31, 35, 72, 74), der Prov. Westfalen (Städteord. v. 19. März 1856 §§ 10, 31, 35, 72, 74), der Rheinprovinz (Städteord. v. 15. Mai 1856 §§ 1, 9, 34), in Frankfurt a. M. (GemVerfGes. v. 25. März 1867 §§ 2, 25, 45), in den Städten und Flecken der Prov. Schleswig-Holstein (Ges. v. 14. April 1869 §§ 1, 10, 51, 94, 95); das Repräsentanten-Kollegium in den Städten Neuvorpommerns und Rügens (Ges. v. 31. Mai 1853 §§ 1, 5 II); die Versammlung der Bürgervorsteher in den Städten der Prov. Hannover (Rev. Städteord. v. 24. Juni 1858 §§ 4, 5, 80, 107); der Bürgerausschuß in den Städten Kurhessens (GemOrd. v. 23. Octbr 1834 § 36 Nr 3) und in den größeren Gemeinden Nassau's (GemOrd. v. 26. Juli 1854 §§ 27, 28); der Gemeindeausschuß in den Landgemeinden Hessen's (GemOrd. v. 23. Octbr 1834 §§ 36 Nr 3, 37, 64); die Versammlung der Gemeindeverordneten in den größeren Landgemeinden der Prov. Westfalen (LandGemOrd. v. 19. März 1856 §§ 1, 4, 23, 24, 26) der Rheinprovinz (Gemeinderath, Schöffenrath genannt;

GemOrd. v. 23. Juli 1845 u. 15. Mai 1856 §§ 1, 7, 44, 45, 49) und in den Landgemeinden der 7 östlichen Provinzen, welche dies beantragen (Ges. v. 14. April 1856 § 8); der Gemeinderath in den größeren Landgemeinden der Prov. Hannover (Ges. v. 28. April 1859 §§ 3, 22, 51, 52, 53, 54); die Gemeindeversammlung (d. h. die Gemeinde selbst, bestehend aus allen stimmberechtigten Gemeindemitgliedern) in denjenigen Landgemeinden Kurhessens, welche höchstens 50 stimmfähige Ortsbürger zählen (GemOrd. v. 23. Octbr 1834 § 37), in denjenigen Gemeinden Nassau's, welche nicht mehr als 1500 Seelen haben (GemOrd. v. 26. Juli 1854 § 27), in denjenigen Landgemeinden der Rheinprovinz und der Prov. Westfalen, welche nur 18 oder weniger stimmberechtigte Gemeindemitglieder zählen (GemOrd. v. 23. Juli 1845 u. 15. Mai 1856 § 45; LandGemOrd. v. 19. März 1856 § 24), in den kleineren Landgemeinden der Prov. Hannover (Ges. v. 28. April 1859 § 52), in denjenigen Landgemeinden der 7 östlichen Provinzen, in welchen eine Vertretung durch gewählte Gemeindeverordneten nicht eingeführt ist (Ges. v. 14. April 1856 § 8) und in den Gemeinden der Hohenzollernschen Lande (Ges. v. 6. Juni 1840 §§ 8, 9, 11). — Die betreffenden gesetzlichen Bestimmungen sind in der Anlage zum KommBer. d. AbgH. S. 1715 bis 1718 zusammengestellt. —

4. Ueber die Kreisvertretungen und Amtsvertretungen, welchen die Wahl der SchMänner in den aus mehreren Gemeinden zusammengesetzten SchMBezirken obliegt (§ 3 Abs. 2), vgl. Anm. 5 Abs. 2 zu § 1 (S. 23).

5. Besondere Bestimmungen über die Zusammenberufung der Wahlversammlungen, über die Stimmberechtigung, über die Wahl und die Feststellung des Resultats derselben bedurfte es für die SchMWahlen nicht, da in dieser Beziehung die allgemeinen Vorschriften der in Anm. 3 angeführten Gesetze über die Beschlüsse der betreffenden Versammlungen maßgebend sein sollen. Um besondere Wahlvorschriften entbehrlich zu machen, ist bezüglich der zusammengesetzten SchMBezirke das im Abs. 2 des § 3 enthaltene Auskunftsmittel getroffen.

Nach dem Reſk. des Min. d. geistl. Angel. v. 11. März 1834 (Schering Art. 8) dürfen die Wahlen der SchMänner nicht in den Kirchen vorgenommen werden.

6. Bisher hatte in den Städten die Stadtverordnetenversammlung das Wahlprotokoll dem Magistrate zu übersenden (Reſk. der Min. d. Just. u. d. Inn. v. 22. Septbr 1853. VMBl. S. 234). Der Magistrat reichte die Wahlverhandlungen der Regierung ein

und machte zugleich in denjenigen Städten, in welchen die Polizei von Königlichen Behörden verwaltet wird, dem Polizeipräsidenten (Polizeidirektor) von dem Ausfall der Wahl Mittheilung (Reskr. der Min. d. Just. u. d. Inn. v. 8. März 1851 u. v. 26. Febr 1852. Schering S. 11 Anm. 1). Ueber die Wahlen auf dem Lande geschah das erstere seitens des Landraths. Die Regierung theilte die Verhandlungen, wenn sie nichts zu erinnern fand, dem Obergerichte mit. Dem Obergericht stand weder in Beziehung auf die Förmlichkeit der Wahl, noch in Betreff der zu dem Amte eines Sch-Mannes erforderlichen Eigenschaften des Gewählten eine nochmalige Prüfung und Erörterung zu. Nur wenn wesentliche Mängel bei der Wahl hervortraten, sollte das Obergericht mit der Regierung zur weiteren Veranlassung Rücksprache nehmen (Reskr. d. JustMin. v. 27. Janr 1835 u. v. 16. Mai 1836. Jahrb. Bd 45 S. 230, Bd 47 S. 575). In dem Geltungsbereiche der Kreisord. v. 13. Decbr 1872 (GesS. S. 661) übte der Kreisausschuß die Funktionen der Regierung aus (Allg. Verf. v. 5. Juni 1874).

Seit dem 1. Octbr 1879 findet dies Verfahren nicht mehr statt. Der Wahlvorsteher (z. B. der Vorsitzende der Stadtverordnetenversammlung) übersendet die Wahlverhandlungen nach Erledigung der etwa geltend gemachten Ablehnungsgründe (§ 8) unmittelbar dem Präsidium des Landgerichts und diesem allein steht mit dem Bestätigungsrecht zugleich das Recht der Prüfung der Rechtmäßigkeit und Gültigkeit der Wahlverhandlung sowie der Qualifikation der Gewählten, wie es bisher der Regierung bezw. dem Kreisausschuß gebührte, zu (vgl. Anm 1, 2, 3 zu § 4 SchO), welches das Resultat seiner Prüfung in der Bestätigung des Gewählten oder in der Versagung der Bestätigung ausspricht. Gegen die Entscheidung des Landgerichtspräsidiums gibt es kein weiteres Rechtsmittel.

7. Nach dem MinReskr. v. 15. Decbr 1875 (JMBl. 1876 S. 16) sollte das Porto für den Schriftwechsel betreffend die Uebersendung der Wahlverhandlungen auf die Staatskasse übernommen werden. Da dergl. Portoausgaben zu den sächlichen Kosten des SchMAmtes zu rechnen sind, so könnte man geneigt sein, nach § 45 SchO diese Ausgabe den Gemeinden zur Last zu legen. Es wird jedoch der Gesichtspunkt entscheidend sein müssen, daß die Bestätigung der zu SchMännern Gewählten in Ausübung des staatlichen Aufsichtsrechts und daß deshalb jener Schriftwechsel ausschließlich im Staatsinteresse erfolgt. Es werden daher, wie bisher, die bezüglichen Sendungen von den Wahlvorstehern unter der Bezeichnung „Portopflichtige Dienstsache“ unfrankirt abzulassen und die von dem Präsidium des Landgerichts zu erlassenden Schreiben an die

Wahlvorsteher gemäß § 1a des Regul. v. 28. Novbr 1869 (JMBl. S. 254) zu frankiren sein (vgl. auch Allg. Verf. des JustMin. v. 22. Septbr 1879 zu § 1 Nr 3 Abs. 2. JMBl. S. 368).

8. Die Bestimmung der Amtsdauer auf drei Jahre entspricht den bisherigen Verordnungen (vgl. z. B. Verord. v. 7. Septbr. 1827 § 7 u. Verord. v. 26. Septbr 1832 § 8). Daß das Amt auch über diesen Zeitabschnitt fortdauert, bis der Nachfolger in Thätigkeit tritt, ist eine für die Gültigkeit der in diese Zwischenzeit fallenden Sühneverhandlungen wichtige Vorschrift, deren Unentbehrlichkeit aus der Erfahrung folgt. (Begründung des § 3 S. 8.)

9. Im AbgH. wurde beantragt, im § 3 Abs. 3 den Satz einzuschalten, daß der SchMann auch nach Ablauf der drei Jahre so lange im Amte bleibe, bis vom SchMann oder einem Wahlberechtigten des SchMBezirks auf Neuwahl angetragen werde. Der Antrag sollte bezwecken, daß der SchMann, wenn er sich kaum in seinem Amte zurecht gefunden habe und erst anfange, darin mit gutem Erfolge thätig zu sein und sein Amt lieb zu gewinnen, nicht wieder vor die Frage gestellt werde, ob er das lästige Amt wiederum drei Jahre lang übernehmen wolle. Der Antrag wurde jedoch abgelehnt. (Verh. d. AbgH. S. 1147 f.)

10. Die Wahl der neuen Schiedsmänner soll nach dem Reskr. der Min. d. Just. u. d. Inn. v. 22. Septbr 1844 § 3 (JMBl. S. 223) spätestens drei Monate vor dem Ablauf der dreijährigen Wahlperiode erfolgen.

11. Die Wahl eines SchMannes erfolgt auf die Dauer von drei Jahren, so daß auch derjenige SchMann, welcher innerhalb der allgemeinen Wahlperiode in Folge des Todes oder des Verziehens oder der Entlassung des bisherigen SchMannes gewählt wird, drei Jahre im Amte bleibt. Eine Wahl für eine kürzere Zeit, etwa bis zum Ablauf der allgemeinen Wahlperiode, ist in der SchO nicht zugelassen.

12. Wenn ein SchMann innerhalb der drei Jahre, für welche er gewählt worden ist, mit Tode abgeht, oder durch Veränderung seines Wohnsitzes oder aus andern Gründen (vgl. §§ 9 u. 2) verhindert wird, sein Amt noch ferner zu verwalten, so muß sofort die Wahl eines neuen SchMannes veranlaßt werden. Für die Zwischenzeit tritt in gleicher Weise, wie bei temporären Verhinderungen des SchMannes, der Stellvertreter ein und, wenn auch dieser verhindert oder dessen Stelle erledigt ist, muß die Aufsichtsbehörde durch Substitution sorgen (§ 11 SchO).

13. Die auf Grund der bisherigen Vorschriften berufenen SchMänner haben bis zum Ablaufe ihrer Amtsperiode ihre

§. 4.

Die zu Schiedsmännern Gewählten bedürfen der Bestätigung durch das Präsidium des Landgerichts, in dessen Bezirk sie ihren Wohnsitz haben.

Thätigkeit in Gemäßheit der SchO v. 29. März 1879 fortzusetzen (SchO § 48).

14. In Waldeck-Pyrmont tritt an die Stelle des § 3 Abs. 1 u. 2 folgende Bestimmung: „In denjenigen Gemeinden, welche für sich einen SchMBezirk oder mehrere SchMBezirke bilden, erfolgt die Wahl der SchMänner durch den Gemeinderath. — Für die aus mehreren Gemeinden zusammengesetzten SchM-Bezirke werden die SchMänner durch die Kreisstände gewählt." (Ges. v. 1. Septbr 1879 Art. 3; vgl. S. 15 Nr III 1.)

Zu § 4.

1. Allg. Verfügung der Min. der Justiz und des Innern v. 27. Aug. 1879, betr. die Ausführung der Schiedsmannsord. v. 29. März 1879 (JMBl. S. 304; VMBl. S. 209).

§ 1. Sobald die Wahl der SchMänner und Stellvertreter vollzogen und die etwa geltend gemachten Ablehnungsgründe erledigt sind, hat der Wahlvorsteher die Wahlverhandlungen dem Präsidium des Landgerichts, in dessen Bezirke die Gewählten ihren Wohnsitz haben, zu übersenden und alle auf deren Person bezüglichen, für die Bestätigung erheblichen Mittheilungen beizufügen.

Im laufenden Jahre findet diese Uebersendung am 1. Oktober statt.

§ 2. Versagt das Landgerichts-Präsidium die Bestätigung, so ist der Gewählte und der Vorsteher des Wahlkörpers, Letzterer behufs Vornahme einer Neuwahl, zu benachrichtigen. Erfolgt die Bestätigung, so veranlaßt der Landgerichts-Präsident die Vereidigung der Neugewählten durch das Amtsgericht ihres Wohnsitzes.

2. „Das Erforderniß der Bestätigung für die zu SchMännern Gewählten ist bestehendes Recht. Da die SchMänner ein öffentliches Amt bekleiden, welches dadurch, daß die von ihnen aufgenommenen Vergleiche vollstreckbar sind und die Vollstreckungsklausel der Regel nach von ihnen selbst ertheilt wird (§ 32), eine erhebliche Bedeutung gewinnt, so ist die Bestätigung derselben um so unerläßlicher, als die hiernach für das Amt erforderlichen Eigenschaften nicht füglich unter die Wahlvorschriften in erschöpfender Weise aufgenommen werden können. Das Bestätigungsrecht umfaßt zugleich das Recht der formellen Wahlprüfung und ist einer Gerichtsbehörde beigelegt, weil die Geschäfte des SchMAmts zu den gerichtlichen in naher Beziehung stehen." (Begründung des § 4 S. 8.)

3. Ueber das Recht der formellen Wahlprüfung vgl. Anm. 6 zu § 3 (S. 36 f). — In der Kommission des HerrH. wurde konstatirt, daß die Königl. Staatsregierung von der Auffassung ausgehe, das Landgerichtspräsidium habe vor der Bestätigung die Qualifikation des Gewählten zum SchMann nach allen Richtungen hin einer Prüfung zu unterziehen und in Folge dessen auch die Pflicht, die ihm nicht qualifizirt erscheinende Persönlichkeit von dem SchMAmte fernzuhalten (KommBer. S. 118 f). Ueber die Rücksichten, welche bei der Bestätigung maßgebend sein sollen, vgl. § 2 mit Anm.

4. Nach dem RegEntw. sollte die Bestätigung durch den Präsidenten des Landgerichts erfolgen. Im AbgH. glaubte man, wenn dem Präsidenten ein so weit gehendes Recht eingeräumt würde, dann müsse zur Ausschließung von Irrthümern oder Willkür eine Beschwerde gegeben werden; denn die Bestätigung müsse nicht etwa erfolgen, wenn die gesetzlichen Erfordernisse vorliegen, sondern sie könne ohne Angabe von Gründen versagt werden, so daß die Bestätigung von dem Präsidenten nach freiem Ermessen, sofern er die Person aus irgend einem Grunde nicht für geeignet halte, versagt werden könne (Verh. d. AbgH. S. 520). In der Kommission des AbgH. wurde die Frage wieder aufgeworfen, ob der Präsident über die Bestätigung oder Nichtbestätigung endgültig entscheiden solle. Der RegKommissar erklärte, zur Eröffnung eines Beschwerdeweges liege umsoweniger Veranlassung vor, als es an einem Beschwerdeführer fehle; denn weder der Wahlkörperschaft noch dem Gewählten könne ein Recht der Beschwerde zugestanden werden. Der SchMann habe auch Attribute der Staatsgewalt zu versehen und müsse daher hinsichtlich seiner Bestätigung auch von der Staatsbehörde abhängig sein. Erst durch das Zusammenwirken der Wahlkörperschaft und der

Staatsbehörde werde der SchMann ein solcher. Wirke in einem bestimmten Falle ein Theil nicht mit, so könne ihm ein anderer daraus keinen Vorwurf machen. Der Gewählte habe noch kein Recht und werde somit durch die Nichtbestätigung an einem Rechte auch nicht verletzt. Diese Auseinandersetzung erregte Widerspruch. Man hielt es für sehr wohl denkbar, daß die Bestätigung eines SchManns aus tendenziösen und unzureichenden Gründen versagt werde, welches Männern gegenüber verletzend sei, die sich des Vertrauens der Wählerschaft erfreuen. Die Bestätigung in die Hand des Landgerichtspräsidenten allein zu legen, gewähre nicht den genügenden Schutz gegen Willkür. Es wurden zwei Auskunftsmittel vorgeschlagen. Von einer Seite wurde unter Hinweis auf § 63 GerVerfGes. beantragt, das Präsidium des Landgerichts mit der endgültigen Bestätigung zu betrauen; von anderer Seite wurde beantragt, die Entscheidung über die Bestätigung zwar dem Präsidenten zu übertragen, aber den wahlberechtigten Körperschaften im Fall der Nichtbestätigung das Beschwerderecht bei dem Oberlandesgericht zu geben, bei dessen Entscheidung es dann bewenden solle. Die Kommission entschied sich für den ersten Antrag und lehnte den zweiten ab. (Komm-Ber. d. AbgH. S. 1706 f.) AbgH. und HerrH. haben der Aenderung zugestimmt. Ueber die Bestätigung der SchMänner entscheidet also in I. und letzter Instanz das Präsidium des Landgerichts. Mag die Bestätigung ertheilt oder versagt werden, ein Rechtsmittel ist für keinen Fall zugelassen.

5. „Das Präsidium des Landgerichts wird durch den Präsidenten als Vorsitzenden, die Direktoren und das dem Dienstalter nach, bei gleichem Dienstalter das der Geburt nach älteste Mitglied gebildet. Das Präsidium entscheidet nach Stimmenmehrheit; im Fall der Stimmengleichheit gibt die Stimme des Präsidenten den Ausschlag." (GerVerfGes. § 63 Abs. 2.)

6. Der Bestätigung der zu SchMännern Gewählten bedarf es stets, ohne Unterschied, ob dieselben zum ersten Male gewählt oder ob dieselben wieder gewählt und also bereits früher als SchMänner bestätigt sind.

7. Dem Präsidium des Landgerichts sind in der SchO nur zwei Funktionen übertragen, die Bestätigung der SchMänner (§ 4) und die Entscheidung über die Befugniß zur Niederlegung des SchAmtes (§ 8 Abs. 2). Das Recht der Aufsicht steht in I. Instanz dem Präsidenten des Landgerichts zu (§ 7). Ueber die Enthebung eines SchManns vom Amte entscheidet der I. Civilsenat des Oberlandesgerichts (§ 9 Abs. 2). Ueber die Befugniß zur Ablehnung des SchAmtes wird von der Körperschaft,

§. 5.

Die Schiedsmänner werden bei dem Amtsgerichte ihres Wohnsitzes auf die Erfüllung ihrer Obliegenheiten eidlich verpflichtet. Der Eid wird dahin geleistet:

„Ich schwöre bei Gott dem Allmächtigen und Allwissenden, die Pflichten eines Schiedsmanns getreulich zu erfüllen, so wahr mir Gott helfe."

Ist ein Schiedsmann Mitglied einer Religionsgesellschaft, welcher das Gesetz den Gebrauch gewisser Betheuerungsformeln an Stelle des Eides gestattet, so wird

---

welche die Wahl des SchManns bewirkt, endgültig entschieden (§ 8 Abs. 2).

8. Vgl. auch Anm. 7 zu § 5 SchO.

Zu § 5.

1. Allg. Verfügung der Min. der Justiz u. des Innern v. 27. Aug. 1879.

§ 3. Die erfolgte Vereidigung der in den Stadtbezirken gewählten SchMänner wird dem betreffenden Magistrate bez. Bürgermeister, der in den ländlichen Bezirken gewählten dem Landrathe, bez. Amtshauptmanne oder Ober-Amtmanne behufs Ausantwortung der Dienstsiegel und Protokollbücher an die SchMänner angezeigt. Vor der Ausantwortung sind die Protokollbücher auf der ersten Seite mit folgendem Vermerke zu versehen:

Protokollbuch des Schiedsmanns, welches aus — Seiten besteht.

Dem Schiedsmann — — zu — — zum amtlichen Gebrauch übergeben.

(Ort und Datum.)

(Siegel und Unterschrift des Bürgermeisters, Landraths 2c.)

die Abgabe einer Erklärung unter der Betheuerungsformel dieser Religionsgesellschaft der Eidesleistung gleichgeachtet.

Im Falle der Wiederwahl eines Schiedsmanns genügt die Verweisung auf den von ihm bereits geleisteten Eid.

Der zweite Satz des Vermerks ist hinter der letzten Eintragung eines im Gebrauche befindlichen Protokollbuches zu wiederholen, so oft dasselbe auf einen neuen SchMann übergeht.

2. Ueber die Protokollbücher vgl. § 28 mit Anm.; über die Beschaffung der Dienstsiegel Anm. 2 zu § 28. — „Nach den bisher ergangenen Bestimmungen (vgl. §§ 35 der Verord. vom 26. Septbr 1832 u. v. 7. Juni 1841) sollen die Amtssiegel der SchMänner den Königlichen Adler mit der Umschrift: „Amt des Schiedsmanns" tragen. Eine gleiche Bestimmung ist in die SchO v. 29. März 1879 nicht übergegangen. Es unterliegt aber keinem Bedenken, daß es bei dieser Form, welche den Fortgebrauch der vorhandenen alten Siegel ermöglicht, zu belassen. Eine besondere Bezugnahme auf den SchMBezirk erscheint hierbei nicht unbedingt erforderlich, da das Siegel stets nur neben der Unterschrift des SchManns zur Anwendung kommt." (Cirkular des Just-Min. u. des Min. d. Inn. v. 9. Juli 1879 Nr 5. BMBl. S. 207, JMBl. S. 236.)

3. „Der Wichtigkeit des Amtes entspricht es, daß die SchMänner auf die Erfüllung ihrer Obliegenheiten eidlich verpflichtet werden. Die Eidesleistung erfolgt bei dem am nächsten zu erreichenden Amtsgerichte. Der Zusatz bezüglich solcher Personen, welchen eine andere Betheuerungsformel an Stelle des Eides gesetzlich gestattet ist, stützt sich auf § 446 der D. CivProzO. und § 51 des D. GerVerfGes." (Begründung S. 8.) Es bezieht sich dies auf die Menoniten und Philipponen. Die ersteren müssen nach der Verord. v. 11. März 1827 (GesS. S. 28) ein die Zugehörigkeit zur Sekte der Menoniten bezeugendes und die übliche Bekräftigungsformel enthaltendes Attest der Aeltesten, Lehrer oder Vorsteher der Gemeinde beibringen und nach dieser Bekräftigungsformel die Versicherung mittelst Handschlags abgeben, welche dann mit der Eidesleistung gleiche Kraft hat; die letzteren müssen nach der durch Reskr. v. 28. Janr 1837 mitgetheilten KabOrd. v. 19. Novbr 1836 (Jahrb. Bd 49 S. 175) unter bestimmten Feierlichkeiten als Betheuerungsformel die Worte „Jey! Jey!" aussprechen.

4. In der Kommission des HerrH. ist der Antrag, die SchMänner durch Handschlag an Eidesstatt zu verpflichten, sowie der

Antrag, dieselben wie die Staatsbeamten nach Vorschrift der Verord. v. 6. Mai 1867 (GesS. S. 715) zu vereidigen abgelehnt (KommBer. d. HerrH. S. 119). Nach dem Reskr. des JustMin. v. 10. Mai 1869 (vgl. Schering Art. 19) soll es bei SchMännern, welche ein Amt im unmittelbaren oder mittelbaren Staatsdienste bekleiden und welche in dieser Eigenschaft bereits vereidigt worden sind, genügen, wenn sie auf den Amtseid verwiesen werden, ohne daß es noch erst der Ableistung des besonderen SchMEides bedürfe. Als dies in der Kommission des AbgH. zur Sprache gebracht wurde, erklärte der RegKommissar: „Den SchMEid sollten nach der Absicht der Staatsregierung auch Staatsbeamte leisten, weil sich der Amtseid auf die Pflichten des Beamten als SchMann nicht beziehe." Der Antrag, Staatsbeamte als SchMänner auf den von ihnen geleisteten Diensteid zu verpflichten, wurde auch dort abgelehnt. (KommBer. d. AbgH. S. 1707.) Das Reskr. v. 10. Mai 1869 ist hiernach nicht mehr anwendbar. Anderer Meinung scheint Zander (A. 4 zu § 5) zu sein.

5. Der Abs. 3 des § 5 fehlte im RegEntw. Nach der Absicht des Entwurfs sollte bei der Wiederwahl eines SchMannes weder eine nochmalige Vereidigung desselben, noch eine wiederholte Verpflichtung durch Verweisung auf den früher geleisteten Eid erforderlich sein; wenn jedoch zwischen der letzten Amtsperiode des SchManns und seiner Wiederwahl ein längerer Zeitraum verflossen sei, so sollte auch die Hinweisung auf den früher geleisteten Eid nicht genügen, sondern die Vereidigung von Neuem erfolgen müssen. In der Kommission des AbgH. wurde auf das Reskr. des JustMin. v. 14. Mai 1842 (Schering Art. 19 Abs. 2) hingewiesen, nach welchem bei den SchMännern, welche bereits früher als solche vereidigt worden sind, eine nochmalige Eidesleistung nicht erforderlich sein soll, sobald sie nach Ablauf der Wahlperiode aufs Neue gewählt werden, vielmehr es genügen soll, wenn sie auf den früheren Eid verwiesen werden. Im Anschluß hieran wurde der Abs. 3 dem § 5 hinzugefügt. (KommBer. d. AbgH. S. 1707.)

6. Einer Vereidigung der SchMänner auf die Verfassung bedarf es nicht, da diese nur bei Staatsbeamten vorgeschrieben ist und die SchMänner nicht zu den Staatsbeamten gehören (Reskr. des JustMin. v. 20. Aug. 1852 u. v. 20. Juli 1863. Schering Art. 18 Abs. 2).

7. Bisher erfolgte die Aushändigung des Protokollbuchs an den SchMann seitens der Polizeibehörde vor der Vereidigung des SchManns und die Legalisation des Protokollbuchs durch das Gericht. Es wurde deßhalb der SchMann vom Gericht zu

seiner Vereidigung mit der Aufforderung vorgeladen, sein Protokollbuch im Termine mitzubringen, und das Gericht legalisirte das Protokollbuch sofort im Vereidigungstermine und gab es dem SchMann alsdann sogleich zurück. (Reskr. v. 22. Septbr 1844 §§ 4, 6. JMBl. S. 223.) Das Verfahren gestaltet sich jetzt folgendermaßen: Nach erfolgter Wahl der SchMänner und deren Stellvertreter übersendet der Wahlvorsteher die Wahlverhandlungen dem Präsidium des Landgerichts; der Landgerichtspräsident veranlaßt nach erfolgter Bestätigung der Gewählten durch das Präsidium die Vereidigung bezw. Verpflichtung der Gewählten durch das Amtsgericht (Anm. 1 zu § 4); das Amtsgericht ladet die Gewählten lediglich zu ihrer Vereidigung bezw. Verpflichtung vor und übersendet demnächst das Protokoll über die Vereidigung der Neugewählten bezw. über die Verweisung der Wiedergewählten auf den von ihnen bereits geleisteten Eid dem Präsidenten des Landgerichts; dieser theilt der betreffenden Verwaltungsbehörde die Vereidigung mit; die letztere versieht das Protokollbuch mit dem vorgeschriebenen Vermerke und händigt dasselbe mit dem Dienstsiegel dem SchMann aus (Anm. 1 zu § 5).

8. Durch Cirkular v. 9. Juli 1879 Nr 3 (Anm. 6 zu § 1 S. 23 f) haben die Min. d. Inn. u. d. Just. angeordnet, daß die erfolgte Abgrenzung der SchMBezirke, nachdem die SchMänner bestellt und durch die betreffenden Gerichtsbehörden vereidigt sein werden (§§ 4, 5 SchO), zugleich mit den Namen der SchMänner durch die Amts- und Kreisblätter zur öffentlichen Kenntniß zu bringen sei. Diese Anordnung bezieht sich nur auf die erste Einrichtung des SchMInstituts. In dem Erlaß, welchen der Min. d. Inn. unterm 14. April 1880 im Einverständnisse mit dem JustMin. erlassen hat, ist es als dem Bedürfnisse genügend erachtet, wenn die Namen der gewählten SchMänner durch die lokalen Zeitungen bezw. durch die Kreisblätter, nicht aber auch durch die Regierungs-Amtsblätter bekannt gemacht werden (VMBl. S. 130). — Bisher konnte die Bekanntmachung entweder von der Regierung oder auch sofort vom Obergericht geschehen (Reskr. v. 27. Janr 1835. Jahrb. Bd 45 S. 230). Das Cirkular v. 9. Juli 1879 überläßt dem betreffenden Oberpräsidenten bezw. der Regierung zu Sigmaringen das Erforderliche zu veranlassen.

9. Einer besonderen Bestätigungsurkunde für den SchMann bedarf es nicht; wenn er jedoch eine solche verlangt, so wird ihm eine Bestallung kostenfrei von dem Präsidium des Landgerichts als der bestätigenden Behörde (§ 4) auszufertigen sein (vgl. Reskr. v. 27. Janr 1835. Jahrb. Bd 45 S. 230). Die Bestallung

§. 6.

Die Schiedsmänner haben bei Ausübung ihres Amts die Rechte der Beamten.

---

kann so gefaßt werden: „Der für den — Bezirk zum Schiedsmann gewählte X X ist von uns als solcher für den Zeitraum vom — bis — bestätigt. Ort und Datum. Das Präsidium des Königl. Landgerichts."

10. Der Schiedsmann muß sein Amtssiegel sorgfältig aufbewahren und dasselbe nur in amtlichen Angelegenheiten gebrauchen. Sobald sein Amt aufhört, hat er das Siegel und das Protokollbuch derjenigen Behörde, von welcher er beides empfangen hat, zurückzugeben (vgl. Instr. v. 1. Mai 1841 § 2; Reskr. vom 22. Septbr 1844 §§ 1 u. 2. JMBl. S. 222).

Zu § 6.

1. Diese Bestimmung fehlte im RegEntw. und die Motive enthalten sich einer Erörterung dieses Punktes. Nur in der Begründung des § 7 (Entw. § 6) findet sich die Bemerkung: „Die Würdigung aller in Betracht kommenden Verhältnisse führt zu einer Gleichstellung der SchMänner mit den bei einem Landgericht beschäftigten Beamten." Doch bezieht sich dies nur auf die Beaufsichtigung der SchMänner. (Vgl. Anm. 2 zu § 7.) In der Kommission des HerrH. machte sich im Allgemeinen die Meinung geltend, daß bei den Sühneverhandlungen wegen Beleidigungen die SchMänner zu den nothwendigen Organen der Justizverwaltung gehören und insofern ihnen die Beamtenqualität auch zugesprochen werden müsse. Dieser Meinung schloß sich der Vertreter des JustMin. an, machte aber darauf aufmerksam, daß es wohl nicht thunlich sei, besonders auszusprechen, daß die SchMänner öffentliche Beamte seien, weil sie dann unter das Disziplinargesetz für die nicht richterlichen Beamten fallen würden. Der Kommission lag eine Petition mehrerer SchMänner zu Berlin vor, welche ihre Bitte dahin gerichtet hatten, eine Bestimmung: daß die SchMänner in und bei Ausübung ihres Amtes die Rechte der Beamten haben, — in die SchO aufzunehmen, damit es vermieden werde, daß die SchMänner bei Verfolgung der ihnen in Ausübung ihres Amtes zugefügten Beleidigungen, wie

bisher so oft, auf den Weg der Privat-Injurienklage verwiesen würden. Auch innerhalb der Kommission wurde geltend gemacht, daß es sich viel mehr darum handle, dem in der Petition hervorgehobenen praktischen Bedürfnisse Abhülfe zu verschaffen, als um eine ausdrückliche Aussprache im Gesetz, daß die SchMänner Beamte seien und welcher besonderen Kategorie von Beamten sie beizuzählen seien. Dem entsprechend wurde der Antrag gestellt und angenommen, dem § 5 der Vorlage einen dem § 6 SchO entsprechenden § folgen zu lassen. Die Anwendbarkeit des § 196 des StrGesBuchs auf die den SchMännern in Ausübung ihres Berufs zugefügten Beleidigungen werde hierdurch außer Zweifel gestellt, den SchMännern ein erhöhter gesetzlicher Schutz gewährt, ihre Autorität befestigt und doch nicht weiter gegangen, als das praktische Bedürfniß erheische. Bei der zweiten Lesung wurde von dem Vertreter des JustMin. betont, daß der § 6 überflüssig sei, weil nach der ganzen Stellung, welche die SchMänner nach der SchO einnehmen würden, ein Zweifel darüber kaum aufkommen könne, daß sie wie andere Organe der Selbstverwaltung bei Ausübung ihres Amtes Beamte seien. Dem gegenüber wurde jedoch das Bedürfniß anerkannt, in irgend einer Weise das Verhältniß klar zu stellen, und der § 6 unverändert beibehalten. Von einer anderen Seite wurde das Bedenken erhoben, ob Angesichts des § 359 des StrGesBuchs bei der gewählten Fassung des § 6 den SchMännern die Bestimmung in § 196 des StrGesBuchs zu Gute kommen werde, und, um diesem Bedenken vorzubeugen, der Antrag eingebracht: im § 6 statt „Beamten" zu sagen „Staatsbeamten". Der Antrag wurde jedoch auf die Entgegnung abgelehnt, daß der § 359 des StrGesBuchs sich doch nur als eine Erklärung der in dem StrGesBuche selbst als Beamte bezeichneten Persönlichkeiten darstelle und daher keine Anwendung finde, wo ein anderes Gesetz bestimmten Persönlichkeiten die Rechte der Beamten beilege. (KommBer. d. HerrH. zu § 5 S. 119.) Im HerrH. wie im AbgH. wurde der § 6 nicht beanstandet.

2. Die SchMänner genießen hiernach unzweifelhaft des Schutzes des § 196 StrGesBuchs. Die Beleidigung eines SchManns bei Ausübung seines Amtes berührt stets das öffentliche Interesse und ist deßhalb die öffentliche Klage von der Staatsanwaltschaft zu erheben (StrProzO. § 416). Geschieht dies nicht, so bedarf es zur Erhebung der Privatklage seitens des SchManns nicht des Nachweises der erfolglos versuchten Sühne (StrProzO. § 420).

3. Da die SchMänner über ihre amtlichen Verhandlungen und über die bei Gelegenheit derselben zu ihrer Kenntniß kom-

§. 7.

Das Recht der Aufsicht über einen Schiedsmann steht zu:

1) dem Justizminister hinsichtlich sämmtlicher Schiedsmänner;

2) dem Oberlandesgerichts-Präsidenten hinsichtlich

---

menden Verhältnisse der Parteien ein unverbrüchliches Stillschweigen beobachten müssen (vgl. Instr. v. 1. Mai 1841 § 22. JMBl. S. 230), so dürfen sie, auch wenn sie nicht mehr im Amte sind, über Umstände, auf welche sich ihre Pflicht zur Amtsverschwiegenheit bezieht, in Civilprozessen und in Strafprozessen als Zeugen nur mit Genehmigung ihrer Aufsichtsbehörde oder der ihnen zuletzt vorgesetzt gewesenen Aufsichtsbehörde vernommen werden (CivProzO. § 341; StrProzO. § 53), und können sie in Civilprozessen (nicht auch in Strafprozessen, vgl. StrProzO. § 52) ihr Zeugniß über Thatsachen, welche ihnen bei Ausübung ihres Amtes anvertraut sind und deren Geheimhaltung durch die Natur derselben oder durch gesetzliche Vorschrift geboten ist, verweigern, wenn sie nicht von der Verpflichtung zur Verschwiegenheit von demjenigen entbunden sind, welcher ihnen die Thatsachen anvertraut hat (CivProzO. § 348 Nr 5, 350 Abs. 2; vgl. auch Reskr. d. JustMin. v. 9. Janr 1854 u. v. 3. Aug. 1861. Schering Art. 84).

4. Während der Dauer seines Amtes ist der SchMann zur Ablehnung oder früheren Niederlegung einer unbesoldeten Stelle in der Gemeindeverwaltung oder Vertretung berechtigt, wo die Gesetze die Verwaltung eines anderen öffentlichen Amts als Entschuldigungsgrund gelten lassen (vgl. Städteord. für die östlichen Prov. v. 30. Mai 1853 § 74 Nr 5. GesS. S. 261; für Westfalen v. 19. März 1856 § 74 Nr 5. GesS. S. 237; für die Rheinprov. v. 15. Mai 1856 § 79 Nr 5. GesS. S 406; Ges. für Schleswig-Holstein v. 14. April 1869 § 10 Nr 5 GesS. S. 589; GemVerfGes. für Frankfurt a. M. v. 25. März 1867 § 18 Nr 5. GesS. S. 401; LandGemOrd. für Westfalen v. 19. März 1856 § 78 Nr 5. GesS. S. 265).

5. Die SchMänner stehen nicht unter dem Beamtendisziplinargesetz. Das Disziplinargesetz für die SchMänner enthält der § 9 SchO. Auch in Bezug auf die Aufsicht über die SchMänner finden nicht die allgemeinen Bestimmungen für Beamte, sondern lediglich der § 7 SchO Anwendung.

der in dem Oberlandesgerichtsbezirk wohnenden Schiedsmänner;

3) dem Präsidenten des Landgerichts hinsichtlich der in dem Landgerichtsbezirk wohnenden Schiedsmänner.

In dem Rechte der Aufsicht liegt die Befugniß, die ordnungswidrige Ausführung eines Schiedsmannsgeschäftes zu rügen.

Beschwerden, welche den Geschäftsbetrieb oder Verzögerungen betreffen, werden im Aufsichtswege erledigt.

Zu § 7.

1. Allg. Verfügung der Min. der Justiz und des Innern v. 27. Aug. 1879.

§ 4. Der Landgerichts-Präsident hat von Zeit zu Zeit entweder in Person oder durch einen beauftragten Richter die gesammte Amtsverwaltung der SchMänner seines Bezirks einer Revision zu unterziehen.

Das Amtsgericht hat alljährlich in den ersten drei Monaten des Kalenderjahrs die Protokollbücher der SchMänner seines Bezirks und die besonderen Verzeichnisse der nicht verglichenen Sachen behufs Ermittelung ihrer ordnungsmäßigen Führung einzusehen. Ueber das Ergebniß ist eine Verhandlung aufzunehmen, welche von dem SchManne mitunterschrieben und dem Landgerichts-Präsidenten eingereicht wird. In dem Protokolle ist zu bemerken, wie viele Sachen im Laufe des verflossenen Kalenderjahres an bürgerlichen Rechtsstreitigkeiten, an Beleidigungen und an Körperverletzungen anhängig gewesen und wie viele davon durch Vergleich erledigt worden sind.

Eine Zusammenstellung des Ergebnisses dieser Ermittelungen wird nach Eingang sämmtlicher Protokolle dem Präsidenten des Ober-Landesgerichts eingereicht.

Allg. Verfügung der Min. der Justiz u. des Innern v. 11. März 1880 (JMBl. S. 52; VMBl. S. 50).

In Abänderung des § 4 der allg. Verfüg. v. 27. Aug. 1879 wird bestimmt: Von der Mitunterschrift des vom Amtsgerichte über die Revision der Bücher und Verzeichnisse aufgenommenen Protokolls durch den betreffenden SchMann ist Abstand zu nehmen, wenn die Beschaffung derselben eine Reise des Richters oder des SchMannes erforderlich machen würde.

2. Der § 7 überträgt das Recht der Aufsicht über die SchMänner zunächst dem Landgerichtspräsidenten ihres Wohnsitzes, während dasselbe nach den bisherigen Verordnungen von dem Appellationsgericht ausgeübt wurde. Dieselben Gründe, welche für die Uebertragung des Bestätigungsrechts an eine Gerichtsbehörde anzuführen sind, sprechen auch für die Zweckmäßigkeit der Uebertragung des Aufsichtsrechts an eine solche Behörde. Dagegen läßt sich weder aus der persönlichen noch der amtlichen Stellung der SchMänner ein Grund entnehmen, welcher es rechtfertigen könnte, dieselben direkt unter die Aufsicht einer Provinzialbehörde zu stellen. Die Würdigung aller in Betracht kommenden Verhältnisse führt vielmehr zu einer Gleichstellung der SchMänner mit den bei einem Landgerichte beschäftigten Beamten. Im Zusammenhange damit steht die Regelung des Instanzenzuges für die im Aufsichtswege zu erledigenden Beschwerden und die Bestimmung der für die Aufrechterhaltung eines ordnungsmäßigen Geschäftsgangs nothwendigen Befugnisse der Aufsichtsbehörde nach Maßgabe der Vorschriften über die Justizverwaltung. (Vgl. Begründung des § 6 Entw. S. 8.)

3. Nach § 6 des RegEntw. sollten in Betreff der Aufsicht über die SchMänner die §§ 78 Nr 1—3, 80 Abs. 1 u. 85 des AusfGes. v. 24. April 1878 entsprechende Anwendung finden. Hierdurch würden die SchMänner in der Beziehung den nicht richterlichen Beamten gleich gestellt sein, daß ihnen gegenüber die Erledigung eines Amtsgeschäfts durch Ordnungsstrafen bis zum Gesammtbetrage von 100 Mark zu erzwingen wäre.

In der Kommission des HerrH. erachtete man es zunächst für empfehlenswerth, die einschlagenden Bestimmungen auch in der SchO zum Ausdruck und zur Kenntniß zu bringen, und nicht auf die entsprechende Anwendung anderer Gesetze zu verweisen, weil in der gegenwärtigen Zeit die Bekanntschaft mit den vielen neuen Gesetzen weder bei den SchMännern noch beim Publikum vorausgesetzt werden könne. Der Vertreter des JustMin. erklärte sich dagegen, weil die Ressortbestimmungen fast nur die mit den Gesetzen bekannten Beamten interessiren und sich aus der Uebernahme von Bestimmungen aus einem allgemeinen Gesetze in ein Spezialgesetz für den Fall Unzuträglichkeiten ergäben, daß das allgemeine Gesetz geändert würde, da dann auch eine Aenderung des Spezialgesetzes folgen müsse. Diese letzteren Erwägungen erschienen der Kommission jedoch nicht maßgebend. Ein anderer Antrag richtete sich dahin, die Exekutivstrafen gegen die SchMänner in Wegfall zu bringen, weil die Wirksamkeit dieser Art von Zwangsmitteln zweifelhaft sei, ihre Anwendung aber dem Ehrenamte und dem Ehrgefühl, welches bei den SchMännern vorausgesetzt werden müsse, widerspreche, und weil dies Zwangsmittel entbehrlich sei, indem die Enthebung vom Amte nach § 9 SchO wegen grober Nachlässigkeiten und gewohnheitsmäßiger Verschleppung eintreten könne. Der Vertreter des JustMin. widersprach, indem er auf den Unterschied zwischen Geldstrafen im Disziplinarverfahren und Ordnungsstrafen im Aufsichtswege verwies und hinzufügte, daß nach den gemachten Erfahrungen diese letzteren Ordnungsstrafen im Interesse des betheiligten Publikums nicht entbehrt werden könnten. Auch diese Ausführungen fanden nicht den Beifall der Kommission. Es wurden vielmehr die Abs. 1 u. 2 des § 7 in derjenigen Fassung angenommen, welche sie im Gesetze haben (KommBer. d. HerrH. S. 119 f). In der Kommission des AbgH. wurde zwar die Wiederherstellung der Strafbefugniß der Aufsichtsbehörde beantragt, der Antrag wurde jedoch abgelehnt (KommBer. d. AbgH. S. 1707).

Die Aufsichtsbehörde hat also nur das Recht der Rüge, Ordnungsstrafen darf sie nicht verhängen. Wenn die Rüge gegen nachlässige oder renitente SchMänner nicht von Erfolg ist, so bleibt kein anderes Korrekturverfahren übrig, als sie nach Ablauf der dreijährigen Amtszeit nicht wieder zu bestätigen oder sie im Untersuchungsverfahren des § 9 ihres Amtes zu entheben. Auch die Rüge darf nur wegen ordnungswidriger Ausführung eines SchMGeschäfts ertheilt werden, nicht wegen anderer Ungehörigkeiten, welche sich der SchMann zu Schulden kommen läßt.

4. Der Abs. 3 des § 7 hatte nach dem Beschlusse der Kommission des HerrH. folgende Fassung: „Beschwerden, welche SchMAngelegenheiten, insbesondere den Geschäftsbetrieb oder Verzögerungen betreffen, werden im Aufsichtswege erledigt". In der Kommission des AbgH. wurde beantragt, die gesperrt gedruckten

Worte zu streichen, weil dieselben zu der Meinung Veranlassung geben könnten, daß auch Beschwerden in der Exekutionsinstanz im Aufsichtswege ihre Erledigung finden dürften. Der RegVertreter bemerkte, die Beschwerden in der Zwangsvollstreckung seien schon durch die CivProzO. dem Aufsichtswege entzogen und dem Instanzenzuge anheimgegeben; die Fassung des Abs. 3 sei demnach allerdings zu allgemein. Hiernach wurde die Streichung der bezeichneten Worte beschlossen (KommBer. d. AbgH. S. 1708).

Die Aufsichtsbehörde kann demnach nur solche Beschwerden erledigen, welche die ordnungswidrige Ausführung eines SchMGeschäftes, den Geschäftsbetrieb oder Verzögerungen betreffen. Außerdem werden im Aufsichtswege die Beschwerden gegen die Festsetzung von Geldstrafen gegen die im Sühnetermin unentschuldigt Ausgebliebenen erledigt (SchO § 22 Abs. 3). Sachliche Beschwerden gibt es in SchMSachen nicht zu entscheiden. Beschwerden in der Exekutionsinstanz können erst dann vorkommen, wenn das Verfahren nicht mehr in der Hand des SchMannes, dessen Thätigkeit mit der Ertheilung der vollstreckbaren Ausfertigung beendet wird, liegt, sondern bereits in die Hände des Gerichtsvollziehers bezw. des Vollstreckungsgerichts übergegangen ist. (Vgl. auch Anm. 7 u. 10 zu § 32 SchO.)

5. Der Instanzenzug geht bis zum Justizminister hinauf. In der Kommission des HerrH. ist der Antrag, das Justizministerium von der Entscheidung der Beschwerden zu entlasten und dem Präsidenten des Oberlandesgerichts die letzte Entscheidung zu übertragen, abgelehnt (KommBer. S. 120).

Ueber Beschwerden entscheidet in I. Instanz der Präsident des Landgerichts, gegen dessen Entscheidung findet die weitere Beschwerde an den Präsidenten des Oberlandesgerichts statt und gegen dessen Entscheidung ist die Beschwerde an den Justizminister gegeben.

6. Bei der ersten Berathung im AbgH. wurde die Auffassung ausgesprochen, daß nicht blos gegen die SchMänner sondern auch für dieselben es zulässig sein soll, den Schutz der oberen Instanzen anzurufen (Verh. d. AbgH. S. 522). Und in der Kommission des AbgH. wurde die Frage, ob auch dem SchManne das Recht der Beschwerde zustehe, dahin beantwortet, daß, wenn er in einer Instanz nach seiner Meinung Unrecht bekomme, er nicht abgehalten sei, die höhere anzurufen (KommBer. d. AbgH. S. 1708).

7. Die Beschwerde ist weder an eine Form noch an eine Frist gebunden. Auch ist die weitere Beschwerde nicht von be-

§. 8.

Zur Ablehnung oder Niederlegung des Amts eines Schiedsmanns vor Ablauf der Wahlperiode berechtigen folgende Entschuldigungsgründe:

1) das Alter von sechszig Jahren;
2) die Verwaltung des Schiedmannsamts während der voraufgegangenen drei Jahre;

---

stimmten Vorbedingungen, namentlich nicht davon abhängig gemacht, daß in der anzufechtenden Entscheidung des Beschwerdegerichts ein neuer selbstständiger Beschwerdegrund enthalten sei (vgl. CivProzO. § 531 Abs. 2); es kann vielmehr der zur Beschwerde Veranlassung gebende Fall stets zur Entscheidung in höchster Instanz gebracht werden. Dies findet auch Anwendung auf die dem SchManne ertheilte Rüge.

Die Beschwerde ist bei der zur Entscheidung berufenen Aufsichtsbehörde einzulegen. Wird die Beschwerde über den SchMann bei diesem selbst angebracht, so hat der SchMann die Beschwerdeschrift, mit deren Abfassung er sich selbstverständlich nicht zu befassen braucht, entweder dem Beschwerdeführer zur eigenen Beförderung an die Aufsichtsbehörde zurückzugeben oder der letzteren einzureichen.

8. Durch § 24 der Instr. v. 1. Mai 1841 sind sämmtliche Gerichte I. Instanz sowohl, als die Landrathsämter und Polizeibehörden angewiesen, der Aufsichtsbehörde des SchMannes unverzüglich genaue Anzeige zu machen, wenn sie wahrnehmen, daß ein SchMann sein Amt fehlerhaft verwaltet, die Grenzen desselben überschreitet, oder gar das Amt zur Bedrückung der Parteien mißbraucht.

Zu § 8.

1. Nach den bestehenden Verordnungen (vgl. z. B. Verord. v. 7. Septbr 1827 § 6 und Verord. v. 26. Septbr 1832 § 7) konnte der zum SchMann Gewählte die Wahl ablehnen, wenn ihm Entschuldigungsgründe zur Seite standen, die gesetzlich von der Uebernahme des Amtes eines Vormundes befreien. Inzwischen ist durch die VormOrd. v. 5. Juli 1875 § 23 das Ablehnungsrecht

3) anhaltende Krankheit;
4) Geschäfte, die eine lange oder häufige Abwesenheit vom Wohnorte mit sich bringen;
5) die Verwaltung eines unmittelbaren Staatsamts;
6) sonstige besondere Verhältnisse, die nach billigem Ermessen eine gültige Entschuldigung begründen.

Ueber die Befugniß zur Ablehnung wird von der Körperschaft, welche die Wahl des Schiedmanns bewirkt, und über die Befugniß zur Niederlegung vom Präsidium des Landgerichts endgültig entschieden.

---

der Vormünder neu geordnet und es sind die darnach geltenden Entschuldigungsgründe zur allgemeinen Uebertragung auf das Amt der SchMänner theils ungeeignet theils ungenügend. Es mußten daher entweder die zulässigen Gründe der Ablehnung einzeln aufgezählt oder es mußte nach dem früheren Vorgange der Anschluß an entsprechendere gesetzliche Vorschriften gesucht werden. Im § 7 des RegEntw. war der letztere Weg eingeschlagen und bestimmt, daß dieselben Gründe, welche zur Ablehnung oder Niederlegung eines unbesoldeten Amts in der zur Wahl berufenen Körperschaft berechtigen, auch zur Ablehnung oder Niederlegung des SchMAmts berechtigen sollen, indem vorausgesetzt wurde, daß diese Gründe dem SchMann bekannt seien oder ohne Mühe von ihm in Erfahrung gebracht werden können. (Begründung des § 7 Entw. S. 8.)

In der Kommission des HerrH. erachtete man es für empfehlenswerth, die Ablehnungs- und Niederlegungsgründe in der SchO genau anzugeben, weil bei der Verschiedenheit der Wahlkörperschaften (§ 3) diese Gründe verschiedene und im vollen Umfange schwerlich den gesetzgebenden Faktoren bekannte seien. Man hielt eine entsprechende Anwendung der in der Kreisord. v. 13. Decbr 1872 § 8 für den ähnlichen Fall gegebenen Vorschriften für angemessen und gab dem Abs. 1 des § 8 die Fassung, welche er jetzt hat. (KommBer. S. 120.)

2. Weiter wurde in der Kommission des HerrH. bemerkt, daß die RegVorlage gar nicht erkennen lasse, welche Instanz über die Ablehnung oder Niederlegung zu entscheiden habe. In dieser Beziehung machten sich verschiedene Ansichten geltend. Nach der einen Ansicht sollte über die Befugniß zur Ablehnung die Wählerversammlung, im Beschwerdewege die Regierung bezw. Landdrostei,

dagegen über die Befugniß zur Niederlegung im Aufsichtswege entschieden werden. Es wurde bemerkt, daß die Wahl des SchMannes lediglich Verwaltungssache sei und die Einwirkung der Gerichte bezw. der Aufsichtsinstanzen erst mit der Bestätigung des SchMannes beginne. Wolle man also nicht in das der Verwaltung zufallende Gebiet eingreifen, dann müsse man die Prüfung der von dem Gewählten etwa vorgebrachten Ablehnungsgründe den Wahlkörperschaften und den Verwaltungsbehörden überlassen. Erst wenn die Wahl zu Stande gekommen sei und der Gewählte die Wahl angenommen habe, könne dessen Präsentation bei dem Landgerichtspräsidenten zur Bestätigung erfolgen, der eigentlich, wenn keiner der Fälle des § 2 vorliege, die Bestätigung auszusprechen haben werde. Die Prüfung der für die Niederlegung angeführten Gründe gehöre aber bezüglich des bestätigten SchMannes selbstverständlich den Organen der Justizverwaltung. Dagegen wurde bemerkt, daß das Verfahren weitläufig werde, wenn über Ablehnung und Niederlegung verschiedene Instanzen entscheiden sollen. Der Landgerichtspräsident solle den gewählten SchMann nicht einfach bestätigen, sondern nur dann, wenn er selbst über dessen Qualifikation zum Amte kein Bedenken habe. Ein mit dieser Befugniß ausgestatteter Landgerichtspräsident müsse für ein ganz geeignetes Organ auch zur Prüfung der Ablehnungsgründe erachtet werden. Es wurde dem entsprechend beantragt, über die Befugniß zur Ablehnung und über die Befugniß zur Niederlegung im Aufsichtswege (§ 7) entscheiden zu lassen. Dies Verfahren mit einer bis an den Justizminister hinanreichenden Beschwerde schien einem anderen Mitgliede für zu weitläufig. Um an sich nicht nöthige Instanzen zu beseitigen, wurde beantragt, statt „im Aufsichtswege“ zu setzen „vom Landgerichtspräsidenten“. Bei der zweiten Lesung wurde, um den Beschwerdeweg unzweifelhaft auszuschließen, die Einschaltung des Wortes „endgültig“ beantragt. Aus der Kommission des HerrH. ging der Abs. 2 des § 8 in folgender Fassung hervor: „Ueber die Befugniß zur Ablehnung und über die Befugniß zur Niederlegung wird vom Landgerichtspräsidenten endgültig entschieden.“ (KommBer. S. 120.) Das Plenum des HerrH. beließ es hierbei.

Schon bei der 1. Berathung im AbgH. wurde der Grundsatz vermißt, daß man derjenigen Körperschaft, die gewählt hat, analog den Bestimmungen des § 8 der Kreisord. v. 13. Decbr 1872, auch die Kompetenz einräumen müsse, darüber zu befinden, ob die Ablehnung oder Niederlegung gerechtfertigt sei, zumal die Gründe 3, 4, 6 sich nur von solchen beurtheilen lassen, die vollständig über die Verhältnisse der in Frage kommenden Personen orientirt seien, also eine näher stehende Instanz jedenfalls geeigneter sei, als die im besten Falle nur durch die Berichte der unteren Organe bezw. der Verwaltungsbehörden orientirte Instanz des Landgerichtspräsidenten (Verh. d. AbgH. S. 521). In der Kommission des AbgH. nahm man diesen Gedanken auf und es wurde beantragt, über die Befugniß zur Ablehnung und zur Niederlegung die Wahlkörperschaft entscheiden zu lassen, jedoch mit Vorbehalt der Klage an das Verwaltungsgericht bezw. der Beschwerde an die Regierung. Der RegVertreter bemerkte dagegen, daß die Entscheidung über die Ablehnung und die Niederlegung nicht derselben Körperschaft übertragen werden könne, und daß die Klage beim Verwaltungsgericht in den hier fraglichen meist sehr einfachen Sachen ein zu umständliches Verfahren statuire. Die Kommission machte sich hierauf dahin schlüssig, über die Befugniß zur Ablehnung des Amts die Wahlkörperschaft, über die Befugniß zur Niederlegung desselben aber das Landgerichts-Präsidium entscheiden zu lassen, und zwar beiderseits endgültig, und endlich die Zulässigkeit der Klage an das Verwaltungsgericht abzulehnen. (KommBer. d. AbgH. S. 1708.) Das AbgH. und das HerrH. haben die Fassung des Abs. 2 nach dem Vorschlage der Kommission des AbgH. genehmigt (Verh. d. AbgH. S. 1148; Verh. d. HerrH. S. 66 ff, 136 ff).

3. Es muß hiernach unterschieden werden zwischen dem, was der Bestätigung des SchMannes voraufgeht, und dem, was erst nach der Bestätigung eintreten kann. So lange der SchMann vom Präsidium des Landgerichts noch nicht bestätigt ist, hat weder der Präsident noch das Präsidium eine Judikatur oder Kognition über den betreffenden SchMann. Die Ablehnung der Wahl wird aber von dem neu gewählten SchMann zu einer Zeit erstrebt, wo er die Bestätigung als SchMann vom Präsidium noch nicht erlangt hat. Ueber die Befugniß zur Ablehnung wird daher, wie bisher (vgl. z. B. Verord. v. 26. Septbr 1832 § 7), von der zur Vornahme der Wahl berufenen Körperschaft (§ 3) unanfechtbar entschieden. Von der Niederlegung des SchMAmtes kann dagegen erst dann die Rede sein, wenn der SchMann von dem Präsidium des Landgerichts bestätigt worden ist, und damit die Einwirkung des Gerichts begonnen hat. Ueber die Befugniß zur Niederlegung entscheidet demgemäß das Präsidium des Landgerichts, und zwar ebenfalls endgültig.

Hält die Wahlkörperschaft die von dem Gewählten vorgebrachten Ablehnungsgründe für gerechtfertigt, so hat der Wahlvorsteher sofort eine andere Wahl zu veranstalten. Wird die Weigerung für unbegründet befunden und bleiben auch die Vorhaltungen auf das Ehrgefühl des Gewählten, um ihn zur Annahme der Wahl zu vermögen, fruchtlos, so kann der Gewählte entweder zur Uebernahme des Amts gezwungen oder es kann davon abgesehen und zur Neuwahl geschritten und der Gewählte, welcher das Vertrauen seiner Mitbürger nicht zu würdigen weiß, mit den Strafen des § 10 SchO belegt werden.

Wird der Antrag des im Amte befindlichen SchMannes, ihn von der Fortführung seines Amtes zu entbinden, von dem Landgerichtspräsidium als begründet anerkannt, so hat das letztere dem Antrage statt zu geben und den Wahlvorsteher davon behufs Veranstaltung einer Neuwahl zu benachrichtigen. Wird die Niederlegung nicht genehmigt und beharrt der SchMann bei seiner Weigerung, das Amt fortzuführen, oder entzieht er sich thatsächlich der Verwaltung desselben, so ist er im Untersuchungsverfahren des § 9 seines Amtes zu entheben und er kann mit den Strafen des § 10 belegt werden (vgl. Anm. 2 Abs. 2 zu § 10). Das Präsidium des Landgerichts hat lediglich darüber zu entscheiden, ob die Niederlegung gesetzlich gerechtfertigt sei oder nicht. Die Enthebung vom Amte wegen Pflichtwidrigkeit kann nur vom I. Civilsenate des Oberlandesgerichts ausgesprochen werden. Zur Verhängung der Strafen des § 10 ist ausschließlich die Gemeindevertretung (§ 3) unter Genehmigung der ihr vorgesetzten Behörde befugt.

4. Dieselben Gründe, welche zur Ablehnung des Amtes berechtigen, können auch zur Niederlegung desselben führen. Es entspricht dies der Billigkeit und findet einen Vorgang im § 8 der Kreisord. v. 13. Decbr 1872 (Begründung des § 7 Entw. S. 8). Selbstverständlich kann der SchMann auch von dem Recht der Niederlegung Gebrauch machen, wenn einer der Gründe vorliegt, welche nach §§ 9 u. 2 zu seiner Enthebung vom Amte führen müssen (vgl. Anm. 1 zu § 9).

Zu 3. Hierher gehören natürlich auch Gebrechen, welche nicht als Krankheit bezeichnet zu werden pflegen, z. B. Erblindung, Taubheit und große Geistesbeschränktheit. Auch muß es sich um eine dauernde Krankheit handeln. Während einer akuten Krankheit des SchManns tritt dessen Stellvertreter (§ 11) ein.

Zu 4. Wer nicht im SchMBezirke wohnt, ist überhaupt nicht zum SchMann zu berufen (§ 2 Nr 2), und wer aus dem SchMBezirke verzieht, ist seines Amtes als SchMann zu entheben (§ 9). Wer im SchMBezirke seinen Wohnsitz hat, kann das

§. 9.

Ein Schiedsmann ist seines Amtes zu entheben, wenn Umstände eintreten oder bekannt werden, bei deren Vorhandensein die Berufung nicht erfolgen soll. Er kann auch aus anderen erheblichen Gründen seines Amtes enthoben werden.

Die Enthebung vom Amte erfolgt durch den Ersten Civilsenat des Oberlandesgerichts, in dessen Bezirk der Schiedsmann seinen Wohnsitz hat, nach Anhörung des Betheiligten.

SchMAmt ablehnen oder niederlegen, wenn seine Geschäfte eine lange oder häufige Abwesenheit vom Wohnorte mit sich bringen.

Zu 5. Staatsbeamte (vgl. Anm. 10 zu § 2 S. 29 f) können zwar mit Genehmigung ihrer vorgesetzten Behörde zu SchMännern bestellt werden (§ 2 Abs. 2), sie haben aber, wenn sie die Verwaltung eines unmittelbaren Staatsamts führen, keine Verpflichtung zur Uebernahme des SchMAmtes, können dasselbe vielmehr ablehnen und jederzeit, auch wenn sie bei Uebernahme des Amts bereits im unmittelbaren Staatsdienste standen, niederlegen. Das Ablehnungs- und Niederlegungsrecht steht nur den Staatsbeamten, nicht den Gemeindebeamten, mögen sie besoldet oder unbesoldet sein, zu. Es ergibt sich daraus eine Ungleichheit. Während die SchMänner eine unbesoldete Stelle in der Gemeindeverwaltung oder Vertretung ablehnen oder niederlegen können, während und weil sie das SchMAmt verwalten (vgl. Anm. 4 zu § 6 S. 48), sind die Gemeindebeamten zur Ablehnung und Niederlegung des SchMAmtes aus dem Grunde, daß sie ein Gemeindeamt verwalten, nicht befugt. Es wird jedoch unter Nr 6 dem billigen Ermessen der weiteste Spielraum gelassen und kann daher auch unter Umständen die Verwaltung eines besonders mühsamen Gemeindeamtes als Entschuldigungsgrund Berücksichtigung finden.

Zu § 9.

1. Motive.
2. Abgelehnte Anträge. S. 60.
3. Das Verfahren bei der Amtsenthebung. S. 61.
4. Suspension ist nicht mehr zulässig. S. 62.

1. Der erheblichen Gefahr, welche aus einer pflichtwidrigen Amtsverwaltung der SchMänner entspringen kann, wird, abge-

sehen von der Sorgfalt bei der Auswahl derselben, am sichersten durch ein einfaches und rasches Verfahren zum Zwecke der Enthebung vom Amte begegnet. Es bedarf keiner Rechtfertigung, daß die Gründe, welche der Berufung zu dem Amte eines Sch-Mannes entgegenstehen, auch zu einer Enthebung von demselben führen müssen, wenn sie während der Amtsdauer eintreten oder bekannt werden und der SchMann selbst von dem Rechte der Niederlegung seines Amtes keinen Gebrauch macht. Diese Gründe reichen aber nicht aus und sind insbesondere unanwendbar in allen den Fällen, in welchen die Amtsführung selbst Veranlassung bietet, gegen den SchMann einzuschreiten. Die Aufzählung der hiernach nothwendigen Entlassungsgründe stößt auf Schwierigkeiten und würde kaum in erschöpfender Weise möglich sein. Auch der Anschluß an die Vorschriften des Disziplinarges. vom 21. Juli 1852 würde dem hier vorliegenden Bedürfnisse nicht genügen, da dasselbe ein Einschreiten nur gegen die Beamten ermöglicht, welche Amtspflichten verletzen, oder durch ein unwürdiges Verhalten das erforderliche Ansehen und Vertrauen verloren haben, während die Möglichkeit der Entlassung eines SchMannes nicht auf die Fälle des eigenen schuldvollen Verhaltens beschränkt werden kann, vielmehr beispielsweise auch dann gegeben sein muß, wenn die Amtsführung eine unzureichende Bildungsstufe erkennen läßt. Es sind daher nur diejenigen Gründe angegeben, welche mit Nothwendigkeit zu einer Amtsenthebung führen müssen, im Uebrigen aber ist es dem freien Ermessen der zuständigen Behörde anheimgegeben, ob die für die Entlassung eines SchMannes sprechenden Umstände erheblich genug sind, um eine solche Maßregel zu rechtfertigen. Die volle Gewähr gegen den Mißbrauch einer so weit gehenden Befugniß mußte in der richtigen Wahl des Gerichtshofes gefunden werden, weshalb, analog der Vorschrift über die Amtsenthebung der Handelsrichter (§ 117 GerVerfGes.), die Entscheidung in die Hand des ersten Civilsenats der Oberlandesgerichte gelegt worden ist. Auf diese Weise wird es möglich, die SchMänner dem für nichtrichterliche Beamte anderweit vorgeschriebenen Disziplinarstrafverfahren ganz zu entziehen, ohne die Anforderungen, welche der Beruf ihnen auferlegt, zu beeinträchtigen. Der § 9 weicht damit zwar von den Bestimmungen der bisherigen Verordnungen ab, welche in den §§ 36 bis 38 für die Entfernung eines SchMannes vom Amte die Uebereinstimmung der Kreisversammlung und des Oberlandesgerichts verlangen. Allein diese Abweichung ist dadurch gerechtfertigt, daß das letztere Verfahren weder dem Interesse der

SchMänner, noch dem der öffentlichen Ordnung entspricht und schon wegen seiner Umständlichkeit nicht beizubehalten ist. (Begründung des § 8 Entw. S. 8 f.)

2. In der Kommission des HerrH. wurden verschiedene Abänderungsanträge gestellt. Von einer Seite wurde geltend gemacht, daß es der Natur eines Ehrenamtes und der Stellung einer Vertrauensperson nicht entspreche, wenn man die Entlassung aus anderen, im Gesetze gar nicht näher angedeuteten Gründen zulassen wolle. Dem wurde entgegengestellt, daß die Entlassung eines SchMannes auch aus anderen Gründen, namentlich bei zu Tage getretener Vernachlässigung des Amtes, nicht füglich entbehrt werden könne. Der Vertreter des JustMin. hob hervor, daß die Enthebung des SchMannes aus anderen Gründen bisher schon zulässig gewesen sei. Dagegen wurde wieder bemerkt, daß thatsächlich von einer Enthebung eines SchMannes aus anderen Gründen nichts bekannt sei und daß die Enthebung eines Handelsrichters nach § 117 GerVerfGes. nur aus den im 1. Satze des § 9 vorgesehenen Gründen erfolgen könne. Ferner sollte nach der Meinung des Mitgliedes, welches nur die im Satz 1 vorgesehenen Gründe gelten lassen wollte, über die Enthebung im Aufsichtswege nach Anhörung des Betheiligten entschieden werden. Von anderer Seite wurde vorgeschlagen, die Entscheidung in den Fällen des 1. Satzes der I. Civilkammer des Landgerichts und die Entscheidung nur in den Fällen des 2. Satzes der I. Civilkammer des Oberlandesgerichts zu übertragen. Es wurde ferner beantragt, die Entscheidung in allen Fällen der I. Civilkammer des Landgerichts zu überlassen, aber den Antrag des Staatsanwaltes zu fordern. Sämmtliche Anträge wurden jedoch abgelehnt und die RegVorlage mit erheblicher Majorität angenommen. (KommBer. d. HerrH. S. 120 f.)

In der Kommission des AbgH. wurde geltend gemacht, daß es sich mit Rücksicht auf das Ehrenamt des SchMannes empfehle, bevor das Verfahren auf Amtsentsetzung gegen ihn eingeleitet werde, ihn zur Niederlegung des Amtes aufzufordern, was wahrscheinlich stets schon zum Ziele führen und ein immerhin die Ehre verletzendes Verfahren wegen Amtsentsetzung überflüssig machen werde. Die nach dieser Richtung gestellten Anträge wurden jedoch abgelehnt, nachdem der Vertreter des JustMin. hervorgehoben hatte, das Verfahren gegen den SchMann solle eine Strafe sein; müsse der SchMann, welcher das Amt nicht gern führen wolle und dasselbe nach seiner Verpflichtung schlecht verwalte, zur Niederlegung aufgefordert werden, so lege er sein

Amt nieder und erreiche so leicht, was er von vornherein gewollt habe. (KommBer. d. AbgH. S. 1709.)

3. In allen Fällen muß also die Amtsenthebung vom I. Civilsenat des Oberlandesgerichts ausgesprochen werden, mag es sich um die Gründe des Satzes 1 oder des Satzes 2 des § 9 handeln. Dem Verfahren geht eine Aufforderung an den Sch-Mann, sein Amt niederzulegen, nicht vorher; vielmehr soll das Verfahren selbst eine Strafe sein und auch dann eintreten, wenn der SchMann unaufgefordert um seine Enthebung vom Amte nachsucht. Dies kann sich jedoch nur auf die anderen Gründe des Satzes 2 beziehen. Treten während der Amtsdauer des SchMannes Gründe ein, welche seine Berufung verhindern würden (§ 2), so ist das Enthebungsverfahren nicht nothwendig einzuleiten und durchzuführen, weil zur Bestrafung des SchMannes keine Veranlassung vorliegt; der SchMann ist vielmehr in solchem Falle, wie auch die Motive (Anm. 1) ausdrücklich anerkennen, berechtigt, sein Amt niederzulegen und vom Präsidium des Landgerichts (§ 8 Abs. 2) seine Entlassung zu erbitten.

Besondere Prozedurvorschriften sind nicht gegeben. Eine Mitwirkung der Staatsanwaltschaft findet nicht statt. Der Präsident des I. Civilsenats beraumt eine Sitzung zur Verhandlung an, sobald die Enthebung eines SchMannes vom Amte angezeigt erscheint, und ladet dazu den SchMann vor. Ein Präjudiz ist dem letzteren nicht zu stellen, da er zum Erscheinen und zu seiner Vertheidigung nicht gezwungen werden kann. Es wird zulässig sein, unter Umständen das Ortsgericht mit der Vernehmung des SchMannes zu beauftragen. Auch ist die Berücksichtigung einer schriftlichen Vertheidigung des SchMannes nicht ausgeschlossen. Ist die Sache spruchreif, so spricht der Civilsenat durch Beschluß die Enthebung des SchMannes vom Amte aus oder beschließt, daß der SchMann nicht von seinem Amte zu entheben sei. Der Beschluß ist dem SchMann in allen Fällen zu eröffnen. Lautet derselbe auf Enthebung, so muß er auch dem Landgerichtspräsidenten mitgetheilt werden, damit dieser die Neuwahl beim Wahlvorsteher in Antrag bringt. Der Beschluß ist unanfechtbar, da ein Rechtsmittel dagegen nicht zugelassen ist. Ergibt sich bei der Verhandlung, daß die Sache noch nicht hinreichend aufgeklärt ist, stellt insbesondere der SchMann die ihm zur Last gelegten Handlungen in Abrede, so kann der Gerichtshof weitere Ermittelungen durch Zeugenvernehmungen u. s. w. veranlassen und die Beweisaufnahme entweder selbst vornehmen oder sie einem Mitgliede übertragen oder das Ortsgericht darum ersuchen.

§. 10.

Wer sich ohne einen der im §. 8 enthaltenen Entschuldigungsgründe weigert, das Amt des Schiedmanns zu übernehmen oder das übernommene Amt während der vorgeschriebenen regelmäßigen Amtsdauer zu versehen, kann für einen Zeitraum von drei bis sechs

---

4. Bisher konnte das Obergericht über einen SchMann die Suspension vom Amte verhängen (Resk. des JustMin. vom 23. Juli 1836 u. v. 6. Juli 1849. Schering Art. 88). Das ist nicht mehr zulässig, da die Aufsichtsbehörde lediglich das Recht der Rüge hat (§ 7 Abs. 2) und als Disziplinarstrafe lediglich die dauernde, nicht auch die zeitweise Enthebung vom Amte zugelassen ist. Einer vorläufigen Enthebung vom Amte bedarf es nicht, weil das Verfahren vor dem Oberlandesgericht sofort eintreten kann. Wenn gegen einen SchMann wegen strafbarer Handlungen die gerichtliche Untersuchung eingeleitet ist, so wird dadurch das Verfahren zum Zwecke der Amtsenthebung nicht nothwendig ausgeschlossen oder aufgehalten. Da der SchMann bis zur Entscheidung des Strafrichters nicht vom Amte suspendirt werden kann, so wird dessen Amtsenthebung schon während der Dauer des Strafverfahrens sich als nothwendig erweisen, so oft der SchMann das Vertrauen seiner Mitbürger verloren hat. Wird der SchMann freigesprochen und wendet sich ihm das Vertrauen wieder zu, so kann er bei erster Gelegenheit zum SchMann gewählt und in sein früheres Amt wieder eingesetzt werden.

Zu § 10.

1. Dieser § fehlte im RegEntwurfe, der Abs. 1 ist bei der Berathung in der Kommission des AbgH. und der Abs. 2 bei der 2. Berathung im Pleno des AbgH. aufgenommen.

2. Bisher war es nicht Praxis, gegen den Gewählten Zwangsmittel anzuwenden, um ihn zur Annahme der Wahl zu vermögen; man ging vielmehr davon aus, daß die Ausübung eines Zwanges dem Zwecke des schiedsmännischen Berufes und dem Wesen desselben nicht entspreche. Man glaubte einen renitenten SchMann nicht gebrauchen zu können und zog es vor, zur Neu-

Jahren der Ausübung seines Rechtes auf Theilnahme an der Vertretung und Verwaltung seiner Gemeinde für verlustig erklärt und um $^1/_8$ bis $^1/_4$ stärker als die übrigen Gemeindeangehörigen zu den Gemeindeabgaben herangezogen werden. Die Beschlußfassung hierüber steht der Gemeindevertretung (§. 3) zu; der Beschluß bedarf der Genehmigung der der Gemeinde vorgesetzten Behörde.

Besitzern selbstständiger Gutsbezirke kann in dem vorgedachten Falle durch den Kreisausschuß eine Erhöhung der Kreisabgabe um $^1/_8$ bis $^1/_4$ auf drei bis sechs Jahre auferlegt werden.

---

wahl zu schreiten. (Vgl. Reskr. des Min. d. Inn. v. 30. Juli 1841, v. 1. Aug. 1853 u. v. 10. Mai 1855. Schering Art. 14 Abs. 2.)

In der Kommission des AbgH. wurde der Abs. 1 aufgenommen, um, im Anschluß an die dem Abs. 1 des § 74 der Städteord. v. 30. Mai 1853 bezw. dem § 10 der Städteord. für die Provinz Schleswig-Holstein v. 14. April 1869 entsprechende Bestimmung des § 8 SchO, eine dem letzten Abs. in den bezeichneten §§ der Städteordnungen entsprechende Strafvorschrift, wie sie auch in den § 5 des Ges. v. 8. März 1871 (GesS. S. 130) und in die §§ 8 u. 25 der Kreisord. v. 13. Decbr 1872 übergegangen ist, auch gegenüber renitenten SchMännern nicht zu entbehren. Man glaubte, für manchen SchMann werde die Existenz einer solchen Bestimmung schon ein genügendes Motiv sein, ihn zur Annahme der Wahl zu veranlassen. Es sei übrigens auch vorgekommen, daß SchMänner, welche gezwungen ihr Amt übernommen hätten, dessen ungeachtet solches pflichtmäßig verwaltet hätten. Der Abs. 1 des § 10 wurde namentlich deßhalb in seiner jetzigen Fassung angenommen, weil man es für nöthig erachtete, die Strafe der Heranziehung zur höheren Steuer auch dann eintreten zu lassen, wenn der SchMann gemäß § 9 wegen verweigerter Weiterführung des Amtes aus demselben habe entfernt werden müssen. (Komm-Ber. d. AbgH. S. 1708 f.) Im AbgH. wurde nicht verkannt, daß es mißlich sei, Männer in Ehrenämter hineinzuzwingen; man glaubte jedoch, daß, wenn es bedenklich sei, ob die Leute annehmen werden, die Gesetzgebung aber nöthige, Jemand für das SchM-Amt zu schaffen, ein gesetzlicher Zwang konzedirt werden müsse, und daß ein analoger Zwang anzuwenden sei, wie ihn die Kreisordnung gegenüber denen anwende, die sich weigern, sonstige Ehrenämter in der Gemeinde anzunehmen, da die ganze Stellung, welche die SchO dem SchMann anweise, die eines Ehrenbeamten in der Gemeinde sei. Es wurde ferner hervorgehoben, daß die im § 8 getroffenen Bestimmungen es zur zwingenden Nothwendigkeit machen, eine Folge der unbegründeten Verweigerung der Annahme eines Amts als SchMann festzusetzen; denn, wenn eine solche Folge nicht statuirt werde, so wäre es gar nicht nöthig gewesen, im § 8 unter sechs Nummern auf das Eingehendste die Voraussetzungen festzustellen, unter denen nur die Annahme abgelehnt werden könne, dann hätte es einfach genügt, dem SchMann die Berechtigung beizulegen, zu erklären, er danke, er nehme die Wahl nicht an. Es wurde deßhalb der Abs. 1 in der Fassung der Kommission beibehalten. (Verh. d. AbgH. S. 1148—1150.)

3. Bestände nur die Vorschrift des Abs. 1, so würden die Strafen nur gegen die Gemeindeangehörigen, nicht aber gegen die selbstständigen Gutsbesitzer angewendet werden können, was unbillig und ungerecht wäre. Die Stellung der Gutsbesitzer ist in der SchO eine doppelte. Einmal ist es möglich, daß das Gut allein einen SchMBezirk bildet, dann muß der Gutsbesitzer als solcher den SchMann beschaffen (§ 3 Abs. 1) und es versteht sich von selbst, daß ihm keine Strafe auferlegt werden kann. Das Gut kann aber auch Theil eines SchMBezirks sein, und da kann der Fall vorkommen, daß die Kreisvertretung, welche nach § 3 Abs. 2 den SchMann zu wählen hat, einen Gutsvorsteher, einen selbstständigen Gutsbesitzer zum SchMann bestellt, und daß dieser sich weigert. Gegen einen solchen kann der Zwang nach Abs. 1 nicht stattfinden, da er seine Gemeindeabgaben in seinem Gutsbezirk allein bezahlt. Dann würde die Sache so kommen, wie sie bisher gewesen ist, daß die Kreisvertretung nur einen Anderen wählen könnte, und fiele die Wahl dann auf einen Gemeindeangehörigen, so würde dieser in die üblere Lage kommen, daß er ohne Strafe nicht sagen könnte, wie der Gutsvorsteher, er nehme nicht an. Um diese Inkonsequenz zu vermeiden, ist im AbgH. der Abs. 2 hinzugefügt. Ganz konsequent ist freilich das Hülfsmittel auch nicht, denn dafür, daß ein Gemeindeamt ausgeschlagen wird, soll an den Kreis eine Strafe gezahlt werden, weil eine Gemeinde, an welche gezahlt werden könnte, nicht da ist. (Verh. d. AbgH. S. 1149 f.)

4. Eine zweite Inkonsequenz, welche dem § 10 vorgeworfen wurde, ist nicht beseitigt. Wenn die Vorschriften der Kreisordnung zur Anwendung gebracht werden sollen, so müßten sie auch

voll zur Anwendung gebracht werden: es müßte gegen die Straffestsetzung der Gemeindevertretung die Berufung an das Verwaltungsgericht zugelassen werden, wie sie im § 8 Abs. 6 der Kreisord. v. 13. Decbr 1872 gegen die Strafverfügung des Kreisausschusses gegeben ist. Das ist aber nicht geschehen, um nicht einen zu schwerfälligen Apparat anzuwenden. Man glaubte, die Bestimmung am Schlusse des Abs. 1, nach welcher der Strafbeschluß der Genehmigung der der Gemeinde vorgesetzten Behörde bedarf, gewähre eine hinlängliche Garantie, daß die Gemeinde nicht aus Chikane oder böswilliger Absicht Jemandem die Strafe auferlege. (Vgl. Verh. d. AbgH. S. 1149.)

5. Die der Gemeinde vorgesetzte Behörde, welche den Strafbeschluß der Gemeindevertretung zu genehmigen hat, entscheidet endgültig; ein Rechtsmittel findet gegen deren Entscheidung nicht statt. Die Genehmigung ist für die Beschlüsse der Gemeindevertretungen (vgl. Anm. 3 zu § 3 S. 35 f) in den Städten von der Regierung bezw. Landdrostei (Städteord. für die östl. Prov. v. 30. Mai 1853 §§ 74 Abs. 3, 76; Städteord. für Westfalen vom 19. März 1856 §§ 74 Abs. 3, 76; Städteord. für die Rheinprov. v. 17. Mai 1856 §§ 79 Abs. 4, 81, danach hat in Städten mit 10000 Einwohnern und weniger der Landrath die Genehmigung zu ertheilen; Städteord. für Hannover v. 24. Juni 1858 § 5; GemOrd. für Hessen v. 23. Octbr 1834 § 92, Verord. vom 22. Febr 1867 § 6; GemVerfGes. für Frankfurt v. 25. März 1867 § 18 Abs. 2; Ges. für Schleswig-Holstein v. 14. April 1869 § 10 Abs. 4), auf dem Lande im Geltungsbereiche der Kreisord. v. 13. Decbr 1872 von dem Kreisausschusse (Ges. v. 26. Juli 1876 § 60), in Westfalen, der Rheinprovinz, in Schleswig-Holstein, Kurhessen und Nassau von dem Landrathe (LandGemOrd. v. 19. März 1856 §§ 78 Abs. 3, 80; Ges. v. 15. Mai 1856 Art. 27 Abs. 3 u. 4, GemOrd. v. 23. Juli 1845 §§ 114, 115; Verord. v. 22. Septbr 1867 § 27; Verord. v. 22. Febr 1867 §§ 7, 8) zu ertheilen. Der Beschluß des Kreisausschusses, durch welchen einem selbstständigen Gutsbesitzer eine Erhöhung der Kreisabgabe auferlegt wird (§ 10 Abs. 2 SchO), bedarf einer höheren Genehmigung nicht.

6. Obwohl für zusammengesetzte SchMBezirke die SchMänner nach § 3 Abs. 2 durch die Kreis- bezw. Amtsvertretungen gewählt werden, sollen doch die Strafen des § 10 Abs. 1 nicht durch die Kreis- bezw. Amtsvertretungen, sondern durch die Gemeindevertretungen (§ 3 Abs. 1) festgesetzt werden.

7. Vgl. auch Anm. 3 zu § 8 S. 56 f.

§. 11.

Jeder Schiedsmann erhält einen Stellvertreter. Die Stellvertretung kann dahin geordnet werden, daß bestimmte Schiedsmänner sich wechselseitig vertreten.

Bei vorübergehender Behinderung oder gleichzeitiger Erledigung des Amtes des Schiedsmanns und des Stellvertreters ist die Aufsichtsbehörde ermächtigt, die einstweilige Wahrnehmung der Geschäfte einem benachbarten Schiedsmanne oder Stellvertreter zu übertragen.

Auf die Stellvertreter finden die §§. 2 bis 10 entsprechende Anwendung.

Zu § 11.

1. Die Bestimmung im Abs. 1 ist dem Reskr. des JustMin. v. 29. Octbr 1851 (JMBl. S. 352), der Verf. des Min. d. Inn. v. 12. Febr 1852 (VMBl. S. 30) und der Verf. des JustMin. v. 7. März 1852 (JMBl. S. 91 f), die im Abs. 2 dem Reskr. des JustMin. v. 21. Juni 1859 (Schering Art. 16 Abs. 3) entnommen.

2. „Für die ununterbrochene Besetzung des SchMAmtes hat bereits der § 3 die nächste Fürsorge getroffen, indem daselbst angeordnet worden ist, daß der SchMann so lange in Thätigkeit bleibt, bis sein Nachfolger eintritt. Diese Vorschrift reicht aber nicht aus, da sie die Fälle der Behinderung und der unvorhergesehenen Erledigung des Amtes nicht umfaßt. Es ist deshalb die Anordnung einer Stellvertretung erforderlich. In ausgedehnten und geschäftsreichen Bezirken wird es dem Bedürfnisse am meisten entsprechen, wenn der Stellvertreter aus den dazu geeigneten Bewohnern des SchMBezirks besonders gewählt wird. In dichtbevölkerten Bezirken und bei geringer Inanspruchnahme des SchMannes genügt es dagegen, wenn die zunächst wohnenden SchMänner sich wechselseitig vertreten. Letzteres kann insbesondere auch in solchen Bezirken zum Bedürfniß werden, in welchen es an geeigneten Personen zur Uebernahme des Amtes mangelt. Es ist dabei vorausgesetzt, daß die Anordnung einer wechselseitigen Vertretung durch die Aufsichtsbehörde nach

Anhörung der in Betracht kommenden Organe der Selbstverwaltung erfolgt." (Begründung des § 9 Entw. S. 9.)

3. In der Kommission des AbgH. ist der Antrag, im Abs. 2 statt „Aufsichtsbehörde" zu sagen „Landgerichtspräsident", abgelehnt (KommBer. 1709).

4. Mit dem SchMann wird zugleich dessen Stellvertreter gewählt, wenn zum Stellvertreter nicht ein SchMann bestellt wird. Der Stellvertreter bedarf der Bestätigung durch das Landgerichtspräsidium und muß ebenso vereidet werden, wie der SchMann. Der bestimmte Stellvertreter tritt, sobald der SchMann verhindert wird oder abgeht, für denselben ohne Weiteres ein, ohne daß es einer Anordnung der Aufsichtsbehörde bedarf. Er hat dieselbe sachliche und örtliche Zuständigkeit (§ 14), wie der SchMann selbst. Werden SchMann und Stellvertreter gleichzeitig behindert, so ist einer derselben verpflichtet, dem Landgerichtspräsidenten Anzeige davon zu machen und die Uebertragung der Geschäfte auf einen weiteren Stellvertreter zu beantragen. Die Anzeigepflicht geht auf den Wahlvorsteher (vgl. Anm. 1 zu § 4 S. 39) über, wenn SchMann und Stellvertreter auch an der Anzeige (z. B. durch Tod, Krankheit) verhindert sind. Die Anzeige muß ungesäumt erfolgen, da Privatklagen wegen Beleidigungen von den Gerichten nicht eher eingeleitet werden dürfen, als bis durch eine vom SchMann des Beklagten ausgestellte Bescheinigung die Erfolglosigkeit des Sühneversuchs nachgewiesen ist (vgl. StrProzO. § 420; SchO §§ 33 ff; vgl. Verf. des Just-Min. v. 29. Octbr 1851. JMBl. S. 354). Eine besondere Bestätigung solcher Stellvertreter oder eine wiederholte Verpflichtung derselben ist nicht erforderlich (vgl. Reskr. des Min. d. Inn. vom 27. Janr 1863 u. Reskr. des JustMin. v. 5. Febr 1863. Schering Art. 89 Abs. 4), es genügt vielmehr, daß der Landgerichtspräsident dem zur Vertretung ausersehenen SchMann oder Stellvertreter einfach die einstweilige Wahrnehmung der Geschäfte der Behinderten überträgt. (Vgl. auch Anm. 12 zu § 3 S. 38.)

5. Im Bezirk des Kammergerichts wurden bisher nach einer mit der Regierung in Potsdam getroffenen, vom Min. d. Inn. durch Reskr. v. 13. März 1852 genehmigten Vereinbarung für jeden SchMann zwei Stellvertreter aus demselben Bezirk gewählt (Schering S. 61 A. 1). Bis zum Ablaufe ihrer Amtsperiode können die beiden Stellvertreter ihre bisherige Thätigkeit fortsetzen (SchO § 48); alsdann wird man sich aber auch in jenem Bezirke mit einem Stellvertreter für jeden SchMann begnügen müssen (§ 11 Abs. 1).

Zweiter Abschnitt.

Die Sühneverhandlung über bürgerliche Rechtsstreitigkeiten.

§. 12.

In bürgerlichen Rechtsstreitigkeiten findet eine Sühneverhandlung nur über vermögensrechtliche Ansprüche statt. Der Schiedsmann hat sich der Sühneverhandlung auf Antrag einer oder beider Parteien zu unterziehen. Zur Stellung dieses Antrages ist keine Partei verpflichtet.

In Rechtsstreitigkeiten, deren Entscheidung den Auseinandersetzungsbehörden zusteht, findet eine Sühneverhandlung durch Schiedsmänner nicht statt.

Zu § 12.

1. „Nicht alle bürgerlichen Rechtsstreitigkeiten eignen sich zu einer schiedsmännischen Vermittelung; vielmehr sprechen Gründe sowohl öffentlicher als privater Natur dafür, die Auseinandersetzungsangelegenheiten sowie Streitigkeiten aus dem Personenrechte (z. B. Ehe- und Statussachen) von der Kompetenz der SchMänner auszuschließen" (Begründung des § 10 Entw. S. 9). Es soll daher der Sühneversuch nur über **vermögensrechtliche Ansprüche** stattfinden und auch nur über solche Ansprüche, deren Entscheidung **nicht den Auseinandersetzungsbehörden zusteht**. In letzterer Beziehung sind die Regulirung gutsherrlich-bäuerlicher Verhältnisse, die Ablösung von Grundgerechtigkeiten und Reallasten, die Gemeinheitstheilungen und Zusammenlegungen den SchMännern entzogen (vgl. GerVerfGes. § 14 Nr 2).

Der Ausdruck „vermögensrechtliche Ansprüche" kommt als ein technischer in den Reichsjustizgesetzen oft vor (vgl. GerVerfGes. § 23 Nr 1; CivProzO. §§ 21, 24, 40, 508, 649 Nr 4; EinfGes. dazu § 5), eine positive Begriffsbestimmung ist aber nirgends gegeben worden. Es sind darunter solche Ansprüche zu verstehen, deren Gegenstand ein vermögensrechtlicher, d. h. ein in Geld auflösbarer ist, im Gegensatze zu denjenigen Ansprüchen, welche lediglich Rechte der Person betreffen. In der Justizkommission sind Ansprüche aus Dienstverhältnissen und auch aus Schwängerungen für vermögensrechtliche Ansprüche erachtet (vgl. Protokolle S. 9, 507 f, in der Ausgabe von Hahn S. 531 f, 974). Bezüglich der letzteren ist aber zu unterscheiden, ob die aus der Vaterschaft hergeleiteten Ansprüche lediglich das vermögensrechtliche Interesse betreffen, also die Alimentationspflicht, das Erbrecht, die Abfindung der Geschwächten, welche allerdings auch die Vaterschaft zur Grundlage haben, oder ob in Verbindung damit zugleich die Feststellung der Vaterschaft beabsichtigt wird (vgl. Verord. v. 14. Decbr 1833 § 1. GesS. S. 302). Bei den Ansprüchen aus Dienstverhältnissen kommt es darauf an, ob die Streitigkeiten zwischen Herrschaften und Gesinde, zwischen Arbeitgebern und Arbeitnehmern lediglich den Geldpunkt betreffen, oder ob dieselben über den Antritt oder die Beendigung des Dienst- oder Arbeitsverhältnisses bestehen und geschlichtet werden sollen. Für die Beurtheilung der schiedsmännischen Kompetenz ist es nicht maßgebend, ob bei dem Rechtsstreite eine Statusfrage überhaupt mit ins Spiel kommt, ob bei der Beurtheilung Statusverhältnisse mit erwogen werden müssen, sondern was den Gegenstand des Vergleichs bildet. Soll die Statusfrage zum eigentlichen Gegenstande des Vergleichs gemacht werden, oder sollen mit den vermögensrechtlichen Ansprüchen zugleich die Statusverhältnisse festgestellt werden, so ist der SchMann nicht zuständig und hat seine Vermittelung abzulehnen. Sollen dagegen lediglich die vermögensrechtlichen Ansprüche den Inhalt des Vergleichs bilden, so ist der SchMann zuständig und darf aus dem Grunde, daß Statusverhältnisse die Voraussetzung des vermögensrechtlichen Anspruchs sind, seine Thätigkeit nicht versagen.

2. In einzelnen älteren Verordnungen (vgl. z. B. Verord. v. 26. Septbr 1832 § 14) ist der Sühneversuch in Ehesachen den SchMännern überwiesen, wenn er behufs Fortsetzung der Ehe angestellt wird. Dagegen wurde ein Vergleich, durch welchen eine gänzliche Ehescheidung oder auch nur eine einstweilige Trennung der Eheleute vor dem SchMann verabredet wird, nicht als gültig betrachtet und auch nicht als Ersatz des der gerichtlichen Scheidungsklage vorhergehenden geistlichen Sühneversuches (vgl. Verord. v. 28. Juni 1844 §§ 10—15. GesS. S. 184; Ges. v. 1. März 1869 §§ 10—13. GesS. S. 357) angesehen (vgl.

Schering Art. 50). Nach der Begründung des § 10 Entw. (S. 9) ist diese Ausdehnung auf das Personenrecht nicht beibehalten, weil auch nach der CivProzO. §§ 570—573 der schiedsmännische Sühneversuch nicht die Kraft und Bedeutung des bei Klagen auf Trennung der Ehe oder Herstellung des ehelichen Lebens vorgeschriebenen gerichtlichen Sühneversuchs haben kann. In der Kommission des AbgH. wollte ein Mitglied den SchMann auch ermächtigt wissen, Sühneversuche zwischen Eheleuten, wie bisher, anzustellen. Der Absicht wurde jedoch von dem Vertreter des JustMin. mit folgender Bemerkung entgegengetreten: „In der D. CivProzO. sei an die Stelle des geistlichen Sühneversuchs in Ehesachen der richterliche gesetzt worden, welcher durch den schiedsmännischen nicht ersetzt werden könne. Sollte ein SchMann dergl. Sühneversuche vornehmen, so handle er nicht in seinem Amte und ein etwa geschlossener Vergleich habe keinen Zwangserfolg. Ueberdies habe eine Verpflichtung, sich nicht wieder scheiden zu wollen, so wie so keine rechtliche Wirkung. Wollten dessen ungeachtet sich Eheleute behufs Herbeiführung einer Sühne unter ihnen der Hülfe des SchManns bedienen, so sei ihnen solches unverwehrt." Ein bestimmter Antrag wurde nicht gestellt. (KommBer. d. AbgH. S. 1709.) Der SchMann als solcher hat mithin seine Vermittelung in Ehesachen überhaupt abzulehnen, mag der Sühneversuch behufs Eingehung, Fortsetzung der Ehe, Regulirung der persönlichen Verhältnisse der Ehegatten oder behufs Trennung der Ehe nachgesucht werden.

3. In den bisherigen Verordnungen (vgl. Verord. vom 7. Septbr 1827 § 14; Verord. v. 26. Septbr 1832 § 14) war ausdrücklich bestimmt, daß Konkurs-, Liquidations-, Behandlungs-, Subhastations- (General-Moratorien), Wechsel-, Arrest-, sowie Vormundschafts-, Prodigalitäts- und Blödsinnigkeitserklärungs-Sachen von dem Beruf des SchMannes ausgeschlossen seien. Es ist die Aufnahme einer solchen Bestimmung in die SchO nicht für erforderlich erachtet, weil ein Theil dieser Streitsachen schon durch die allgemeine Beschränkung auf vermögensrechtliche Ansprüche der Sühneverhandlung entzogen sei und bei dem andern Theile die Zulassung eines außergerichtlichen Vergleichsverfahrens, soweit die Parteien überhaupt verfügungsfähig bleiben, auf kein Bedenken stoße (Begründung des § 10 Entw. S. 9). Zur Beseitigung einer Wechselstreitigkeit z. B. kann der SchMann einen in jeder Beziehung wirksamen Vergleich aufnehmen.

4. Daß die SchMänner nur zur Schlichtung streitiger

Angelegenheiten bestimmt und daß deßhalb von dem Wirkungskreise derselben alle Handlungen der freiwilligen Gerichtsbarkeit ausgeschlossen sind, ist bereits in Anm. 1 zu § 1 (S. 18 f) bemerkt. In dieser Beziehung ist noch Folgendes hervorzuheben:

Wenn der Beklagte die ganze Forderung des Klägers unbedingt und in allen Beziehungen anerkennt, ohne irgend einen Einwand dagegen zu machen, so ist dies kein Vergleich, sondern ein Anerkenntniß, zu dessen Aufnahme der SchMann nicht befugt ist und aus welchem die Zwangsvollstreckung nicht stattfindet (vgl. Anm. 3 zu § 32 SchO). Jeder Vergleich setzt seinem Begriffe nach voraus, daß der Gläubiger von seiner ursprünglichen Forderung etwas nachläßt und der Schuldner sich zu Handlungen oder Zugeständnissen erbietet, zu denen er an sich nicht verbunden ist. Diese Zugeständnisse brauchen sich nicht gerade auf den Hauptgegenstand der Forderung selbst (z. B. auf das Kapital) zu beziehen, vielmehr können sie auch bloße Nebenpunkte, wie die Zeit oder die Art der Erfüllung, die Zinsen, die Münzsorte u. dergl. betreffen (vgl. Allg. Landrecht I. 16 §§ 405, 409; Allg. GerOrd. I. 8 §§ 17, 18). Der Gläubiger kann z. B. dem Schuldner eine längere Zahlungsfrist gestatten oder Terminalzahlungen bewilligen, auf die Zinsen verzichten oder sich mit einem geringeren Zinssatze begnügen, und ebenso kann der Schuldner gegen Ermäßigung des Kapitals eine Pfand- oder sonstige Sicherheit bestellen, sich zur früheren Zahlung der Schuld verbindlich machen oder sich zu höheren Zinsen erbieten. Es muß nur kein reines und unbedingtes Anerkenntniß vorhanden sein.

Zu den Handlungen der freiwilligen Gerichtsbarkeit, mit deren Aufnahme die SchMänner sich nicht befassen dürfen, gehören auch die Erbvergleiche und Erbrezesse (MinReſk. vom 17. Aug. 1846. Zander S. 41 A. 6).

Es ist ebenfalls schon in Anm. 1 zu § 1 (S. 18 f) erwähnt, daß Erklärungen und Verträge, welche an und für sich als Handlungen der freiwilligen Gerichtsbarkeit von der Wirksamkeit der SchMänner ausgeschlossen sind, ausnahmsweise von den SchMännern aufgenommen werden dürfen, wenn sie den Gegenstand des Streits dergestalt betreffen, daß sie einen wesentlichen Bestandtheil des vom SchManne aufzunehmenden Vergleichs ausmachen, oder wenn sie zur Ausführung des Vergleichs nothwendig sind. Z. B.: A hat dem B versprochen, ihm seinen Garten für 1500 Mark zu verkaufen; B verlangt die Erfüllung dieses Versprechens, A verweigert dieselbe, weil das Versprechen nur mündlich erfolgt sei; beide vereinigen sich dahin, daß dem B der Garten für 1560 Mark überlassen werden soll. In diesem Falle kann sich der SchMann der Aufnahme des Kaufvertrages unterziehen, da der Vertrag selbst den Gegenstand des Streites ausmacht. (Resk. des JustMin. v. 2. Octbr 1841. Schering S. 27 A. 1. Das Resk. des JustMin. v. 14. April 1847, nach welchem der SchMann in einem solchen Falle eine beglaubigte Abschrift des Vergleichs dem betreffenden Grundbuchamte mittheilen und dies im Protokollbuche sowie in der den Parteien zuzustellenden Ausfertigung bemerken sollte, findet nach der AusfVerf. des JustMin. v. 2. Septbr 1872 Art. 14, JMBl. S. 178, seit dem Inkrafttreten der Grundbuchgesetze v. 5. Mai 1872 keine Anwendung mehr.) Oder: A verlangt von B ein Darlehn von 3000 Mark zurück; B hält sich zur sofortigen Zurückzahlung nicht verpflichtet und will die Schuld erst nach zwei Jahren berichtigen, erklärt sich aber bereit, dem A sogleich eine Forderung von 1800 Mark, die ihm C verschuldet, zu cediren und für den Ueberrest von 1200 Mark sein Haus zur Hypothek zu bestellen; A ist damit einverstanden. Hier kann der SchMann sowohl die Cession als auch die Hypothekenbestellung aufnehmen, weil beide Verhandlungen zur Ausführung des Vergleichs nothwendig sind. (Resk. des JustMin. v. 2. Octbr 1841. Schering S. 27 A. 2.) Aus einem solchen Vergleiche findet zwar die Eintragung im Grundbuche nicht statt, vielmehr bedarf es dazu der gerichtlichen oder notariellen Aufnahme oder Beglaubigung jener Cession und Eintragungsbewilligung (Grundbuchord. v. 5. Mai 1872 § 33); aber der Gläubiger kann auf Grund des Vergleichs die formelle Ergänzung der Erklärungen im Prozeßwege erzwingen. Der SchMann darf Verhandlungen, wie sie eben bezeichnet sind, immer nur mit den streitenden Parteien selbst aufnehmen, und nicht etwa dritte Personen, z. B. Realberechtigte des Grundstücks, deren Konsens vielleicht erforderlich ist, zu dem Vergleiche zuziehen (Resk. des JustMin. v. 15. März 1844. Schering S. 27 A. 2 Abs. 2). Ueberhaupt werden die SchMänner, sofern sie nicht etwa Rechtsverständige sind, am besten thun, in den gedachten Ausnahmefällen von der Ablehnungsbefugniß des § 17 Nr 2 SchO Gebrauch zu machen und sich mit der Sache gar nicht zu befassen, da nach den bisherigen Erfahrungen zu leicht Ueberschreitungen der Kompetenz vorkommen, welche zu vielfachen Verwickelungen Veranlassung geben.

Unter allen Umständen müssen sich die SchMänner der Aufnahme solcher Verträge enthalten, zu deren Rechtsbeständigkeit eine bloße Beglaubigung nicht genügt, bei denen vielmehr eine besondere Form, namentlich die gerichtliche oder notarielle Aufnahme oder Beglaubigung durch die in dem SchMBezirke geltenden Gesetze vorgeschrieben ist, wie z. B. in dem Geltungsbereiche des Allg. Landrechts bei Schenkungsverträgen, Verträgen zwischen Eheleuten, Erbverträgen, Testamenten, Ehegelöbnissen, Verträgen über die Kapitalisirung rückständiger Zinsen, und im Geltungsbereiche der Grundbuchgesetze v. 5. Mai 1872 bei allen zu einer Eintragung oder Löschung im Grundbuche erforderlichen Urkunden und Anträgen. Kommt eine Verabredung der Art bei einer schiedsamtlichen Vereinigung zur Sprache, so muß der SchMann sich begnügen, in seinem Protokollbuche gemäß § 25 Abs. 3 SchO über die Willenserklärung der Parteien einen kurzen Vermerk zu machen, wegen der Aufnahme selbst aber die Parteien an das Amtsgericht bezw. den Notar verweisen. Verhandlungen und Vergleiche, welche demungeachtet vom SchMann aufgenommen worden sind, haben nicht die Wirkung schiedsmännischer Vergleiche, sondern können nur den bloßen Privatverträgen gleich geachtet werden. (SchO § 16 Nr 2; vgl. auch Instr. v. 1. Mai 1841 § 6 Abs. 3, 4 u. 5.)

Ueber die Verwendung des erforderlichen Stempels vgl. §§ 40 u. 41 mit Anm.

5. Ob der Anspruch des Klägers zur Einleitung eines gerichtlichen Prozeßverfahrens geeignet ist oder nicht, kommt nicht in Betracht, vielmehr sind die SchMänner befugt, auch in solchen Streitigkeiten, bei welchen eine Klage vor Gericht sich nicht begründen lassen würde, Vergleiche zu versuchen und mit voller Wirkung abzuschließen. Dies gilt z. B. von dem Falle, wenn (im Geltungsbereiche des Allg. Landrechts) dem Anspruche des Klägers bei einem Gegenstande von mehr als 150 Mark ein blos mündliches Versprechen oder Abkommen zum Grunde liegt, oder wenn die Forderung bereits verjährt ist u. dergl. (Schering S. 25 A. 2.)

6. Es ist an dem allen bisherigen Verordnungen gemeinsamen Grundsatze festgehalten, daß der SchMann niemals von Amtswegen, sondern nur auf Antrag in Thätigkeit tritt, und daß die Anrufung dieser Thätigkeit lediglich auf dem freien Entschlusse der Parteien beruht. Mit einer einzigen später zu erörternden Ausnahme (vgl. § 22) ist jeder Zwang zum Versuche einer gütlichen Einigung vor Beschreitung des Rechtswegs unstatthaft. (Begründung des § 10 Entw. S. 9.) „Es steht in dem freien Entschlusse beider Theile“, so bestimmt der § 11 der

§. 13.

Für die Sühneverhandlung ist der Schiedsmann zuständig, in dessen Bezirk der Gegner des Antragstellers seinen Wohnsitz hat.

Ein an sich unzuständiger Schiedsmann wird jedoch durch ausdrückliche oder stillschweigende Vereinbarung der Parteien zuständig.

Verord. v. 26. Septbr 1832, „sich des Berufs des SchMannes zu bedienen; sie können zu jeder Zeit entweder ausdrücklich oder stillschweigend (durch Nichterscheinen im Termin) davon wieder abgehen.“ Und im § 9 der Instr. v. 1. Mai 1841 heißt es: „Dem SchMann steht kein Recht der Entscheidung zu; er soll die Parteien, welche sich mit ihren streitigen Angelegenheiten an ihn wenden, in Güte zu vereinigen suchen; er hat sich daher aller Zwangsmaßregeln gegen dieselben zu enthalten. Erscheint eine Partei auf seine Vorladung nicht, so ist anzunehmen, daß sie sich auf seine schiedsamtliche Vermittelung nicht einlassen will.“

7. Die SchMänner haben für ihre Sühneversuche in bürgerlichen Rechtsstreitigkeiten eine gefährliche Konkurrenz erhalten, indem nach § 471 CivProzO. auch vor dem Amtsrichter vor Einreichung der Klage ein Vergleich versucht werden kann. Die Parteien finden in dem Richter einen SchMann, bei welchem unzweifelhaft die größere Sach- und Rechtskenntniß vorauszusetzen ist. Zudem kann, wenn ein Vergleich nicht zu Stande kommt, in allen amtsrichterlichen Sachen der Prozeß sofort eingeleitet und vom Richter entschieden werden. Andererseits gewährt der Sühneversuch vor dem SchMann den nicht zu unterschätzenden Vortheil, daß die Verhandlungen und Vergleiche vor dem SchMann kostenfrei sind, während das Verfahren vor dem Richter Kosten verursacht. Auch fällt zu Gunsten des SchMannes in die Wagschale, daß der Amtsrichter in der Regel mit Geschäften zu schwer belastet ist, um öfteren Sühneverhandlungen die nöthige Zeit widmen zu können, wogegen der SchMann, wenn er sich für sein Amt interessirt, mit derjenigen Breite verhandeln kann, welche gerade Vergleichsabschlüssen so förderlich ist. Ob die Thätigkeit der SchMänner durch die Konkurrenz der Amtsrichter eine erhebliche Einbuße erleiden wird, hängt lediglich von den Persönlichkeiten beider ab.

§. 14.

Zu einer amtlichen Thätigkeit außerhalb seines Amtsbezirks ist der Schiedsmann nur im Falle der Stellvertretung (§. 11) befugt.

Zu §§ 13 u. 14.

1. „Die Parteien sind bei dem Vergleichsversuche nicht auf den SchMann des Bezirks, in welchem sie wohnen, beschränkt; sie können sich vielmehr an jeden beliebigen SchMann mit ihrem Anliegen wenden. Doch ist der fremde SchMann befugt, einen solchen Antrag abzulehnen." (Verord. v. 26. Septbr 1832 § 11.) „Es folgt daraus, daß auch die SchMänner mit fremden, nicht zu ihrem Bezirke gehörigen Personen, und namentlich mit auswärtigen Parteien, verhandeln und Vergleiche aufnehmen dürfen. Ebenso sind sie bei der Ausübung ihres Amtes nicht an ihre Wohnung gebunden, vielmehr können sie auch außerhalb derselben gültig verhandeln. Dagegen sind sie auf die Grenzen des ihnen angewiesenen Bezirks beschränkt und dürfen außerhalb derselben sich mit der Aufnahme von Verhandlungen nicht befassen." (Reskr. des JustMin. v. 22. Juni 1843 und v. 25. Novbr 1844. Schering Art. 42; StaatsMinBeschl. v. 8. Novbr 1862 Nr 1 u. 3. JMBl. S. 326.) Ganz dieselben Vorschriften enthalten mit etwas anderen Worten die §§ 13, 14, 17 Nr 1 SchO.

2. Im § 13 wird bestimmt, welcher SchMann für die Sühneverhandlung zuständig ist. Im Anschluß daran, daß für Klagen der allgemeine Gerichtsstand durch den Wohnsitz des Beklagten bestimmt wird (CivProzO. §§ 12 u. 13), ist im Abs. 1 zunächst der SchMann, in dessen Bezirk der Gegner des Antragstellers seinen Wohnsitz hat, für den an sich zuständigen erklärt. Diese Vorschrift bindet aber die Parteien nicht, vielmehr dient sie nur dazu, denjenigen SchMann zu bezeichnen, welcher sich der Sühneverhandlung unterziehen muß, wenn ihm keine Ablehnungsgründe zur Seite stehen. Es war deßhalb auch entbehrlich, auf die Fälle des doppelten und des durch Beruf oder Amt bestimmten Wohnsitzes, des Wohnsitzes abhängiger oder juristischer Personen u. s. w. näher einzugehen (vgl. jedoch § 35 mit Anm.). Greift der SchMann in dieser Beziehung fehl, indem er sich irrthümlich für zuständig hält, so kann daraus nur der Nachtheil erwachsen, daß er die Strafe für unentschuldigtes Ausbleiben im Termine zu Un-

§. 15.

Der Schiedsmann ist von der Ausübung seines Amtes kraft Gesetzes ausgeschlossen:

1) in Sachen, in welchen er selbst Partei ist oder in Ansehung welcher er zu einer Partei in dem Verhältniß eines Mitberechtigten, Mitverpflichteten oder Regreßpflichtigen steht;

---

recht angedroht oder festgesetzt hat (§§ 21 u. 22). Für die Gültigkeit des abgeschlossenen Vergleichs ist es von keiner Bedeutung, weil durch die Bestimmung im Abs. 2 der Prorogation ein weiter Spielraum eröffnet und darnach anzunehmen ist, daß die sachliche Einigung der Parteien zugleich auch die stillschweigende über die Zuständigkeit des SchManns enthält. Die Zulässigkeit einer solchen Einigung, sei sie nun eine ausdrückliche oder aus der beiderseitigen Einlassung von selbst sich ergebende, enthebt aber nicht nur den SchMann einer näheren Prüfung seiner örtlichen Zuständigkeit, sondern sie bietet auch den Parteien den Vortheil, daß sie ihren Streit vor denjenigen SchMann bringen können, zu dem sie das größte Vertrauen haben. Wenn hiernach auch in Ansehung der Parteien keine Einschränkung besteht, so soll nach § 14 eine solche doch in Ansehung des Ortes, wo der SchMann seine Geschäfte vornimmt, Platz greifen. Diese Bestimmung entspricht den Vorschriften, welche für andere öffentliche Urkundspersonen, namentlich auch für Notare bestehen (Allg. GerOrd. III 7 § 7). Sie begegnet der Gefahr einer mißbräuchlichen Ausdehnung des Amtes und sichert die Beaufsichtigung. Daß die Regel eine Ausnahme erleiden muß, wenn dem SchManne im Wege der Stellvertretung die Wahrnehmung der Geschäfte eines andern Amtsbezirks übertragen ist, bedarf keiner Rechtfertigung. (Begründung der §§ 11 u. 12 Entw. S. 9.)

3. Für die Wirksamkeit eines SchMVergleichs ist es von entscheidender Bedeutung, ob derselbe innerhalb der Grenzen des Bezirks des SchManns zu Stande gekommen und aufgenommen ist oder nicht. Die Befugniß des SchManns zur Ausübung seiner amtlichen Thätigkeit geht nicht über die Grenzen seines Bezirkes hinaus. Ein Vergleich, welchen der SchMann außerhalb seines Bezirkes aufnimmt, ist daher als SchMVergleich ungültig und es findet daraus die Zwangsvollstreckung (§ 32) nicht statt. Daran kann auch durch Vereinbarung der Parteien nichts geändert werden.

2) in Sachen seiner Ehefrau, auch wenn die Ehe nicht mehr besteht;

3) in Sachen einer Person, mit welcher er in gerader Linie verwandt, verschwägert oder durch Adoption verbunden, in der Seitenlinie bis zum dritten Grade verwandt oder bis zum zweiten Grade verschwägert ist, auch wenn die Ehe, durch welche die Schwägerschaft begründet ist, nicht mehr besteht;

4) in Sachen, in welchen er als Prozeßbevollmächtigter oder Beistand einer Partei bestellt oder als gesetzlicher Vertreter einer Partei aufzutreten berechtigt ist oder gewesen ist.

Zu § 15.

1. In den bisherigen Verordnungen fehlte es an einer Vorschrift über die Ausschließung des SchManns von der Beurkundung solcher Vergleiche, welche entweder sein eigenes Interesse berühren, oder bei welchen das Interesse naher Anverwandten und Klienten in Frage kommt. Dieser Mangel hat eine Unsicherheit über die Gültigkeit derartiger Vergleiche zur Folge gehabt, welche um so mehr beseitigt werden mußte, als eine gerichtliche Nachprüfung vor ihrer Vollstreckung, wie sie früher stattfand, mit dem neuen Zwangsvollstreckungsverfahren nicht mehr in Einklang zu bringen ist. Soll aber der schiedsmännische Vergleich fernerhin vollstreckbar bleiben, so muß er auch allen Erfordernissen einer öffentlichen Urkunde genügen, und zu diesen gehört in erster Linie die durch Abwesenheit jedes eigenen Interesses bedingte Glaubwürdigkeit des Ausstellers derselben. Der SchMann befindet sich hierbei in gleicher Lage wie der Notar, und die Fälle, in welchen dieser eine Verhandlung nicht aufnehmen darf (Ges. v. 11. Juli 1845 §§ 5 u. 6), müssen auch für jenen maßgebend sein. Bei der Formulirung derselben hat der § 41 Nr 1—4 CivProzO. zum Vorbilde gedient. (Begründung des § 13 Entw. S. 9.)

2. In der Kommission des HerrH. hielt man es nicht für nöthig, den SchMann in den Fällen der Nr 3 kraft Gesetzes

auszuschließen, wenn trotz des Vorhandenseins der Verwandtschaftsverhältnisse die Parteien ihr Vertrauen zu dem SchMann dadurch bethätigten, daß sie ihn freiwillig zur Schlichtung einer ausgebrochenen Streitigkeit anträten, indem man davon ausging, daß der SchMann eine Vertrauensperson der Parteien sein solle, daß es lediglich in dem Belieben der Parteien stände, sich an den SchMann zu wenden, sie in den hier vorliegenden Fällen auch den SchMann eines anderen Bezirks angehen könnten, wenn sie gegen die Unparteilichkeit des Bezirksschiedsmanns Bedenken trügen. Von anderer Seite wurden die in der Nr 4 aufgeführten Ausschließungsgründe für sehr weitgehende und nicht immer sofort klar zu Tage tretende erachtet. Der Vertreter des JustMin. führte dagegen aus, daß die Ausfertigungen der von den SchMännern abgeschlossenen Vergleiche die Eigenschaft öffentlicher Urkunden haben sollen, und daß deßhalb bei dem SchMann alle die Voraussetzungen zutreffen müssen, welche die Gesetze an diejenigen Personen stellen, die berufen seien, öffentliche Urkunden anzunehmen. Von den Bedingungen der Nr 3 u. 4 könne bei den SchMännern ebensowenig Abstand genommen werden, wie bei den Notaren. Der § 15 wurde darauf unverändert angenommen. (KommBer. d. HerrH. S. 121.)

In der Kommission des AbgH. wurde beantragt, in der Nr 3 die Worte „in der Seitenlinie u. s. w." ganz zu streichen, und andrerseits in derselben Nummer statt „bis zum dritten Grade verwandt" zu setzen „bis zum zweiten Grade verwandt." Es wurde angeführt, daß nach der Vorschrift der Nr 3 in einigen Gemeinden der SchMann in vielen Fällen verhindert sein werde, trotz Ersuchens der Parteien seine Thätigkeit eintreten zu lassen. Außerdem könne es kaum Bedenken haben, wenn Verwandte die Vermittelung des SchManns in Anspruch genommen, dem unter ihnen zu Stande gekommenen Vergleiche die volle Kraft einer vollstreckbaren schiedsmännischen Urkunde beizulegen. Die in den Motiven geschehene Verweisung auf die gleichen Bestimmungen der Notariatsord. v. 11. Juli 1845 §§ 5 u. 6 treffen nicht vollkommen zu. Der Notar müsse Eingangs des Aktes versichern, daß er mit den Parteien in dem angegebenen Grade nicht verwandt oder verschwägert sei. Ein SchMann habe dies nicht nöthig (§ 25). Der Vertreter des JustMin. wies demgegenüber darauf hin, daß die fragliche Bestimmung auch hinsichtlich der Zuständigkeit der Richter Geltung habe. Davon abzuweichen, sei ein bedenklicher Schritt. Man könne nicht sagen, daß der SchMann unparteiischer sei als die Beamten. Der SchMann solle fortan auf den Vergleich auch den Befehl der Zwangsvollstreckung setzen dürfen. Dies ihm auch zu Gunsten seiner nahen Verwandten zu gestatten, sei nicht rathsam. Im dritten Grade seien z. B. Neffen und Onkel verwandt. Die hier fraglichen Bestimmungen seien von Alters her in Geltung und könne zu Gunsten der SchMUrkunden nichts geändert werden. Seit langer Zeit seien bestimmte Punkte als solche festgestellt, wo die Glaubwürdigkeit beginne oder aufhöre. Bei der ersten Lesung wurde dem Antrage, statt des dritten Grades der Verwandtschaft den zweiten zu setzen, stattgegeben; bei der zweiten Lesung ging die Kommission indeß nach nochmaliger Erwägung der Gegengründe von ihrem Beschlusse wieder ab und stellte die Nr 3 nach der Vorlage wieder her. (KommBer. d. AbgH. S. 1710.)

3. In den Fällen des § 15 ist der SchMann wegen Hindernisse in seiner Person von der Ausübung seines Amtes kraft Gesetzes ausgeschlossen. Uebt der SchMann dieser Vorschrift zuwider seine Thätigkeit aus, so bewegt er sich außerhalb des Gesetzes und der ihm durch das Gesetz beigelegten Befugnisse und die aufgenommenen Vergleiche haben nicht die Bedeutung, welche das Gesetz den SchMVergleichen beilegt. Der Vertreter des JustMin. hat dies in der Kommission des AbgH. mit folgenden Worten bestätigt: „Ein schiedsmännischer Vergleich, bei welchem die Bestimmungen des § 15 nicht beachtet seien, brauche nicht erst angefochten zu werden, sondern sei von vornherein nichtig. Das solle aber nur besagen, daß der Akt kein SchMAkt sei, also kein Akt mit öffentlichem Glauben, auf Grund dessen eine Zwangsvollstreckung eintreten könne. Welche Bedeutung sonst dem Vergleiche beizumessen, hänge von seinem Inhalte ab. Er könne vielleicht als einfacher Vergleich Bestand haben; nur als schiedsmännische Urkunde solle er nicht in Betracht kommen. (KommBer. d. AbgH. S. 1710.) Vgl. auch Anm. 3 z. § 16 SchO.

Da in dem SchMVergleiche keine Angaben darüber zu machen sind, ob einer der Fälle des § 15 vorliegt (vgl. § 25), so läßt sich daraus nicht erkennen, ob derselbe nichtig und deßhalb die Zwangsvollstreckung nicht zulässig ist. Der mit der Zwangsvollstreckung befaßte Gerichtsschreiber oder Vollstreckungsrichter haben von Amtswegen nicht zu untersuchen, ob der Vergleich etwa den Vorschriften des § 15 zuwider aufgenommen ist, sie haben vielmehr, wenn der Vergleich mit der Vollstreckungsklausel versehen ist, die Zwangsvollstreckung auszuführen. Dem Schuldner bleibt es überlassen, die Gültigkeit und Vollstreckbarkeit des Vergleichs im Wege der Einwendung gegen die Zulässigkeit der

Vollstreckungsklausel gemäß § 668 CivProzO. anzufechten. (Vgl. auch Anm. 5 zu § 32 SchO.)

4. Zu Nr 1. Hier wird der SchMann wegen eigenen Interesses an der Sache ausgeschlossen. Ob der SchMann in der Sache Haupt- oder Nebenpartei ist, macht keinen Unterschied; die bloße Streitverkündigung (CivProzO. § 69) genügt jedoch nicht. Die Begriffe „Mitberechtigte, Mitverpflichtete“ sind im engeren Sinne zu verstehen. Der SchMann ist als Aktionär oder Besitzer von Obligationen einer Aktiengesellschaft von der Aufnahme eines Vergleichs, welcher die Rechtsverhältnisse der Gesellschaft betrifft, an sich nicht ausgeschlossen, sondern nur dann, wenn er in Bezug auf den streitigen Anspruch unmittelbar interessirt ist, oder wenn es sich um Individualrechte der Aktionäre handelt. Ebenso verhält es sich bezüglich der Mitgliedschaft bei einer Gemeinde oder Genossenschaft. Ist der SchMann gesetzlicher Vertreter oder Organ der Partei (z. B. Vorstand einer Aktiengesellschaft), so ist er die eigentliche Partei und als solche in allen Streitsachen derselben ausgeschlossen. Was die Regreßpflichtigkeit angeht, so ist nicht jede, auch die entfernteste Möglichkeit einer Haftbarkeit darunter zu verstehen, sondern nur eine solche, wodurch nach den konkreten Umständen ein unmittelbares Interesse für den SchMann begründet wird. In Sachen einer Person, deren Gläubiger oder Schuldner oder präsumtiver Erbe der SchMann ist, ist derselbe nicht ausgeschlossen. Daß der SchMann in den unter Nr 1 bezeichneten Verhältnissen zu beiden Parteien steht, wendet die Ausschließung nicht ab.

Zu Nr 2. Aus welchem Grunde die Ehe nicht mehr besteht, ob sie durch Tod, Scheidung, Nichtigkeitserklärung getrennt ist, ist gleichgültig. Der Brautstand ist als ein hinderndes Verhältniß nicht aufgeführt und schließt mithin die Amtsthätigkeit des SchMannes bei der Errichtung eines Vergleichs, bei welchem seine Verlobte oder deren Verwandte oder Verschwägerte betheiligt sind, nicht aus.

Zu Nr 3. Der Grad der Verwandtschaft oder Verschwägerung und die Bedeutung dieser Verhältnisse sind nach dem bürgerlichen Rechte zu bestimmen (vgl. z. B. Allg. Landrecht I. 1 § 45). Das bürgerliche Recht ist nur insofern erläutert und modifizirt, als eine Verschwägerung auch dann noch als vorhanden angenommen wird, wenn die Ehe, durch welche sie begründet ist, nicht mehr besteht (gegen das Obertribunal, vgl. Entsch. Bd 69 S. 251, Strieth. Arch. Bd 55 S. 197, Bd 75 S. 309). Auch hier wird die Ausschließung nicht dadurch beseitigt, daß

§. 16.

Der Schiedsmann soll die Ausübung seines Amtes ablehnen:

1) wenn er der Sprache der Parteien nicht mächtig ist;
2) wenn zur Gültigkeit der Willenserklärung der Parteien dem Gegenstande nach die gerichtliche oder notarielle Form ausschließlich erfordert wird;
3) wenn die Parteien dem Schiedsmanne nicht bekannt sind und auch nicht nachweisen können, daß sie diejenigen sind, wofür sie sich ausgeben;

---

der Richter zu beiden Theilen in den ausschließenden Verhältnissen steht. Unter „bis zum dritten bezw. zweiten Grade" ist gemeint: einschließlich des dritten bezw. zweiten Grades (vgl. Anm. 2 Abs. 2).

Zu Nr 4. Ueber den Begriff des gegenwärtigen und des gewesenen Prozeßbevollmächtigten vgl. CivProzO. §§ 74—85, des Beistandes § 86 das., des gesetzlichen Vertreters § 50 das.

(Der Inhalt der 4. Anm. ist zum größten Theile den Kommentaren der CivProzO. von Struckmann u. Koch, v. Wilmowski u. Levy und Endemann entnommen.)

Zu § 16.

1. An die in der Person des SchManns liegenden Hindernisse (§ 15) schließen sich im § 16 die Hindernisse an, welche in Ansehung der Parteien und des Gegenstandes der Verhandlung erwachsen können. Auch diese stimmen zum größeren Theile mit den Vorschriften überein, welche für Notare und Gerichte bei Ausübung der freiwilligen Gerichtsbarkeit gegeben sind; zum kleineren Theile stehen sie in Zusammenhang mit der Eigenthümlichkeit des SchMInstituts.

Zu Nr 1. Der SchMann soll nur mit solchen Personen verhandeln, deren Sprache er mächtig ist. Ist eine Partei oder

4) wenn Bedenken gegen die Geschäfts- oder Verfügungsfähigkeit der Parteien oder gegen die Legitimation der gesetzlichen Vertreter derselben bestehen;
5) wenn eine Partei blind oder taubstumm ist;
6) wenn eine Partei taub oder stumm ist und mit derselben eine schriftliche Verständigung nicht erfolgen kann.

---

sind beide Parteien der deutschen Sprache nicht mächtig, so darf der SchMann sich mit der Aufnahme des Vergleichs nur alsdann befassen, wenn er der fremden Sprache soweit kundig ist, um in derselben reden und schreiben zu können; denn er muß mit den Parteien mündlich verhandeln (§ 23) und das Protokoll in der Sprache der Parteien aufnehmen (§ 25 Abs. 2). Wenn der SchMann der fremden Sprache nicht mächtig ist, so muß er die Parteien an den Richter verweisen. In § 14 der Instr. v. 1. Mai 1841 war vorgeschrieben, daß der SchMann im Vergleichsprotokoll auf seinen Amtseid versichern müsse, er sei der fremden Sprache mächtig. Eine solche Vorschrift enthält die SchO nicht und ist daher auch nicht mehr zu beachten. Dolmetscher dürfen vom SchMann nicht zugezogen werden. „Die Zuziehung von Dolmetschern eignet sich für die Sühneverhandlung nicht, weil vereidete Dolmetscher in den von der Gerichtsstelle entfernten Amtssitzen der SchMänner selten zur Hand sind und die Zulassung unbeeideter selbst dann bedenklich erscheint, wenn sie mit ausdrücklicher Zustimmung der Parteien erfolgt. Ueberdies erfordert das Verfahren mit Dolmetschern eine größere Gewandtheit, als sie bei SchMännern in der Regel angetroffen wird, und verfehlt den Zweck der direkten Einwirkung auf die Parteien.“ (Begründung des § 14 Nr 1 Entw. S. 10.)

In der Kommission des HerrH. wurde die Ansicht vertheidigt, die Pflicht der Ablehnung sei im § 16 zu weit ausgedehnt und lasse sich nur bei den Nummern 2, 3 u. 4 anerkennen. Insbesondere müsse zu Nr 1 bemerkt werden, daß der SchMann der Sprache einer Partei vielleicht nicht mächtig sei, er sich aber doch mit der Partei verständigen könne, wie dies in Bezirken mit sprachlich gemischter Bevölkerung häufig vorkomme, sei es nun unmittelbar oder unter Zuziehung einer von der Partei zur Stelle gebrachten Mittelsperson. Zudem müsse es doch dem subjektiven

Ermessen des SchMannes anheimgestellt bleiben, ob er glaube, der fremden Sprache hinlänglich mächtig zu sein, um mit den Parteien verhandeln zu können. Seine Fähigkeit hierzu nachträglich auf prozessualischem Wege festzustellen, erscheine höchst bedenklich und dem SchMInstitute überhaupt nicht entsprechend. Finde dagegen der SchMann selbst, daß ihm die Verständigung mit den Parteien nicht gelinge, dann berechtige ihn dies, seine Thätigkeit abzulehnen. Es wurde beantragt, im Falle der Nr 1 nur das Ablehnungsrecht (wie im § 17) nicht aber die Ablehnungspflicht des SchManns eintreten zu lassen. Von anderer Seite wurde beantragt, den SchMann nur dann auszuschließen, wenn nicht ohne Zuziehung eines Dolmetschers mit den Parteien verhandelt werden könne. Vom Vertreter des JustMin. wurden die Abänderungsanträge mit dem Bemerken bekämpft, bei Nr 1 müsse an der Vorlage festgehalten werden, weil nach § 25 das Protokoll in der fremden Sprache aufzunehmen sei und dies nicht beobachtet werden könne, wenn der SchMann der fremden Sprache nicht mächtig sei. Schließlich sind alle Anträge abgelehnt und die RegVorlage unverändert angenommen. (KommBer. d. AbgH. S. 121 ff.)

Zu Nr 2, 5, 6. Das bürgerliche Recht kennt Fälle, in welchen nicht allein der öffentliche Glaube, sondern ausdrücklich auch die Gültigkeit des Rechtsgeschäfts von der gerichtlichen oder notariellen Form abhängt. Der Grund hierfür liegt entweder in der eingreifenden Bedeutung des Geschäfts, oder ist in der Fürsorge zu finden, den Betheiligten die Mitwirkung und den Rath eines Rechtsverständigen zu sichern. Unter Nr 2 wird dem SchMann die Pflicht auferlegt, seine Mitwirkung abzulehnen, wenn mit Rücksicht auf den Gegenstand des in Frage stehenden Geschäfts die strengere Form gefordert wird; unter Nr 5 u. 6 werden zwei Fälle hervorgehoben, in welchen der SchMann seine Thätigkeit versagen soll, weil mit Rücksicht auf bestimmte Eigenschaften der Kontrahenten die gerichtliche Form vorgeschrieben ist. „Die Ausschließung des SchManns von der Aufnahme solcher Vergleiche bedarf um so weniger einer Rechtfertigung, als derartige Sachen auf dem an sich beschränkten Felde seiner Thätigkeit nur selten vorkommen" (Begründung des § 14 Entw. S. 10).

a. Unter das Verbot Nr 2 fallen im Geltungsgebiete des Allg. Landrechts: die Aufhebung gerichtlich geschlossener Verträge (ALR I. 5 § 389); Verträge über die Verjährung (ALR I. 9 §§ 565, 566); Verträge über ältere als zweijährige Zinsenrückstände (ALR I. 11 § 820); Schenkungen mit Ausnahme der remuneratorischen

(ALR I. 11 §§ 1063, 1046 ff); Testamente, Erbverträge, Erbverzichte, Vollmachten zur Zurückforderung gerichtlich deponirter Testamente (ALR I. 12 §§ 66, 621, 654, 571; Ges. v. 11. Juli 1845 Nr 2. GesS. S. 495); Theilung des gemeinschaftlichen Eigenthums, wenn sie exekutorische Kraft haben soll (ALR I. 17 § 111); Verträge über die Eingehung einer allgemeinen Gemeinschaft des Erwerbes (ALR I. 17 § 178); Nutzungs-Pfandverträge (Antichresis; ALR I. 20 § 227); Bestellung eines Erbschatzes, sofern er durch Grundstücke oder ausstehende Kapitalien gesichert werden soll (ALR II. 1 § 282); Verträge über eheliche Gütergemeinschaft (ALR II. 1 §§ 356—358); Verträge, wodurch der unschuldige Ehegatte sich seiner gesetzlichen Abfindung begibt (ALR II. 1 § 824); Legitimation eines Brautkindes (ALR II. 2 § 597); Einkindschaftsverträge (ALR II. 2 § 721); Errichtung von Familienstiftungen und Familienfideikommissen (ALR II. 4 § 29); Verpachtung von Landgütern, sobald der jährliche Zins 600 Mark übersteigt und die Pachtzeit auf länger als ein Jahr festgesetzt ist (ALR I. 21 §§ 403—406); Ehegelöbnisse (ALR II. 1 §§ 82 ff). Der SchMann muß die Ausübung seines Amts ablehnen, wenn eines dieser Rechtsgeschäfte in den Vergleich aufgenommen werden soll, und die Parteien an das Amtsgericht verweisen.

b. Zum Schutz der Betheiligten müssen im Allg. Landrechte gerichtlich errichtet werden: die Verträge der Taubstummen und Blinden (ALR I. 5 § 171); die Verträge der blos Tauben oder blos Stummen, welche nicht schreiben und Geschriebenes nicht lesen können, mit denen also eine schriftliche Verständigung nicht möglich ist (Koch's ALR 7. Ausg. Anm. 2 zu § 171 I. 5); Verträge der Ehefrau, wodurch sie zum Vortheil des Mannes sich verbindlich macht (ALR II. 1 § 198); Erbverträge zwischen Eheleuten, wenn die Frau etwas aufgeben soll (ALR II. 1 § 441); Verträge, wodurch ein volljähriges Kind von dem Nachlaß der Eltern ausgeschlossen oder in Pflichttheile verkürzt werden soll (ALR II. 2 § 484). Gerichtlich oder notariell müssen abgeschlossen werden die der schriftlichen Form bedürftigen Verträge der Analphabeten und Sprachunkundigen (ALR I. 5 §§ 172, 179). Die letzteren sind bereits unter Nr 1 im § 16 SchO erwähnt.

Mit Blinden und Taubstummen darf der SchMann in bürgerlichen Rechtsstreitigkeiten (vgl. SchO § 36) überhaupt nicht verhandeln (SchO § 16 Nr 5). Blos Taube oder blos Stumme sind vertragsfähig, sofern sie ihren Willen deutlich und mit Zuverlässigkeit zu äußern vermögen, und bedarf es in diesem Falle der Beobachtung einer besonderen Form nicht (Allg. Landr. I. 5 § 24). Deshalb darf auch der SchMann mit solchen Personen verhandeln, wenn eine schriftliche Verständigung mit ihnen erfolgen kann (§ 16 Nr 6). Der Taube äußert sich mündlich und liest die schriftlichen Erklärungen des Gegners und die Fragen und Vorschläge, welche der SchMann zu thun und niederzuschreiben hat. Der Stumme hat seine Erklärungen niederzuschreiben und der Gegner und der SchMann äußern sich mündlich. Ist in dieser Weise eine Verständigung möglich, so schreibt der SchMann das Resultat der Verhandlung nieder und legt dem Tauben das Protokoll zur Durchsicht vor, während er dasselbe dem Stummen vorliest (§ 26). Es ist nicht vorgeschrieben und daher auch nicht erforderlich, daß der SchMann, wie es für die gerichtliche und notarielle Aufnahme bestimmt ist (Allg. GerOrd. II. 3 §§ 4, 5; NotarOrd. v. 12. Juli 1845 § 11), die dem Tauben gegenüber vom Gegner gemachten Vorschläge und Erklärungen und die Erklärungen und Vorschläge des Stummen wörtlich in das Protokoll niederschreibt bezw. vom Stummen niederschreiben läßt. Es ist auch nicht erforderlich, daß das Protokoll etwas über die Art und Weise, wie mit dem Stummen oder Tauben verhandelt ist, ergibt (and. Meinung ist Florschütz S. 57 § 14); dies geht schon daraus hervor, daß im § 36 SchO bei Sühneverhandlungen wegen Beleidigungen (vgl. Anm. 2) ein Vermerk im Protokoll nur in den Fällen des § 16 Nr 3—6, nicht aber auch in den Fällen vorgeschrieben ist, wenn mit schriftkundigen Tauben oder Stummen verhandelt worden. Es empfiehlt sich aber, wenigstens im Protokolle zu vermerken, daß mit dem Tauben oder Stummen eine schriftliche Verständigung erfolgt ist.

Von Personen, welche des Lesens und Schreibens unkundig oder durch einen Zufall am Schreiben verhindert sind, darf der SchMann Vergleiche aufnehmen, er muß dabei aber nach § 27 Abs. 2 SchO verfahren. Diese Befugniß ist dem SchMann beigelegt, weil sie „nicht nur keinem Bedenken unterliegt, sondern sich als ein Bedürfniß ergibt, nachdem die SchMänner unter die Urkundspersonen, wenn auch nur für bestimmte Rechtsgeschäfte, aufgenommen sind“ (Begründung a. a. O.).

Wenn den SchMännern auch nur in den Fällen des § 16 Nr 5 u. 6 die Ausübung ihrer Thätigkeit untersagt ist, so haben dieselben sich, abgesehen von dem Falle der Lesens- und Schreibensunfähigkeit, doch auch dann der Aufnahme von Vergleichen zu enthalten, wenn in denselben ein der gerichtlichen oder notariellen

Form zu seiner Gültigkeit bedürfendes Rechtsgeschäft aufgenommen werden soll (vgl. Anm. 4 Abs. 5 zu § 12 S. 72 f).

In der Kommission des HerrH. wollte man von einer Seite nur im Falle der Nr 2 die Ablehnungspflicht, dagegen in den Fällen der Nr 5 u. 6 nur ein Ablehnungsrecht des SchManns aus ähnlichen, wie den zu Nr 1 Abs. 2 angemerkten, Gründen statuirt wissen. Der Vertreter des JustMin. hielt jedoch die Aufnahme der Fälle der Nr 5 u. 6 in dem § 16 für durchaus nothwendig, weil nach den Vorschriften des Allg. Landrechts Blinde und Taubstumme ihre Verträge gerichtlich, die des Schreibens und Lesens Unkundigen die der schriftlichen Form bedürftigen Verträge vor Gericht oder Notar aufnehmen lassen müssen, wobei überall die Beobachtung einer Menge von Kautelen vorgeschrieben sei. Die Abänderungsverträge wurden abgelehnt. (KommBer. d. HerrH. zu §§ 14 u. 15 Entw. S. 121 ff.)

In der Kommission des AbgH. wurde zu Nr 5 beantragt, die Worte „blind oder" in Wegfall zu bringen, weil nicht abzusehen sei, weßhalb ein SchMann mit einem Blinden unter Zuziehung eines selbst gewählten Beistandes nicht sollte verhandeln können. Der Vertreter des JustMin. wies auf die in der Allg. GerOrd. enthaltenen umständlichen Vorschriften über die Verhandlung mit Blinden hin und erachtete es für unthunlich, hiervon abweichend den SchMännern die schwierigen Verhandlungen mit Blinden zu gestatten; die SchO wolle die Wirksamkeit der SchMänner auf einfache Rechts- und persönliche Verhältnisse beschränken, der SchMann solle daher nicht eintreten, wenn in der Persönlichkeit der Partei ein Umstand gegeben sei, welcher die Verhandlung besonders erschwere. Der Antrag wurde hiernach abgelehnt. (KommBer. d. AbgH. S. 1710.)

Zu Nr 3. „Wie jede andere Urkundsperson muß auch der SchMann die Ueberzeugung haben, daß die vor ihm auftretenden Personen diejenigen sind, wofür sie sich ausgeben. Wenn ihm dieselben also nicht persönlich bekannt sind, so hat er die Ausübung seines Amts abzulehnen, es sei denn, daß ihm ein überzeugender Beweis für die Personenidentität erbracht werde. Es ist davon Abstand genommen, die Art der Beweisführung in solchem Falle vorzuschreiben, insbesondere, wie dies in der NotarOrd. vom 11. Juli 1845 § 10 Nr 2 geschehen, dieselbe auf den Zeugenbeweis zu beschränken, weil angenommen werden muß, daß dem mit den Verhältnissen seines Amtsbezirks vertrauten SchManne mancherlei Mittel außerdem zu Gebote stehen, um sich die erforderliche Ueberzeugung zu verschaffen." (Begründung a. a. O.)

Im Protokolle ist zu bemerken, wie die Parteien ihre Legitimation geführt haben (§ 25 Nr 2).

Zu Nr 4. „Dasselbe gilt bezüglich des Erfordernisses der Geschäfts- und Verfügungsfähigkeit der Parteien, sowie der Legitimation etwaiger gesetzlicher Vertreter handlungsunfähiger Personen. Es liegt in der Natur der Sache, daß meistentheils hierfür ein positiver Beweis nicht geführt werden kann und die Prüfung des SchManns sich nur auf das Vorhandensein derjenigen gesetzlichen Bedingungen zu richten hat, aus welchen der Regel nach die persönliche Fähigkeit der Parteien sowohl im Allgemeinen als auch rücksichtlich der vorzunehmenden Handlung folgt. Es konnte daher auch hier in der Voraussetzung, daß dem SchManne die gesetzlichen Vorschriften bekannt sind, dabei bewenden, im Allgemeinen die Beseitigung der Bedenken oder die Ablehnung der Thätigkeit vorzuschreiben." (Begründung a. a. O.)

Die Voraussetzung, daß dem SchMann die betreffenden Vorschriften bekannt seien, trifft wohl nicht zu, auch glaubt dies der Verfasser der Begründung selbst nicht. Er bemerkt wenigstens in seinem Buche (Florschütz S. 55 f): „Wer handlungs- und verfügungsfähig ist, bestimmt das bürgerliche Recht. Die zur Anwendung kommenden Vorschriften desselben sind aber so mannigfach und je nach den in den einzelnen Landestheilen geltenden Bestimmungen so abweichend von einander, daß dem SchMann eine genaue Kenntniß derselben nicht zugemuthet werden kann." Nach Anleitung der Instr. v. 1. Mai 1841 § 12 mag hier nur Folgendes bemerkt werden.

Mit Minderjährigen, d. h. mit solchen Personen, welche das 21. Lebensjahr noch nicht zurückgelegt haben (Ges. v. 9. Decbr 1869. GesS. S. 1177; RGes. v. 17. Febr 1875. RGesBl. S. 71), mit Wahnsinnigen und Blödsinnigen, mit Blinden und Taubstummen, mit Verschwendern und anderen Personen, welche unter Vormundschaft oder Pflegschaft sich befinden, darf der SchMann nicht verhandeln. Erscheinen sie aber mit ihren Vormündern oder erscheinen die Vormünder allein, um für ihre Pflegebefohlenen einen Vergleich abzuschließen, so kann sich der SchMann nur alsdann darauf einlassen, wenn der Vormund seine Bestallung vorlegt. Ergibt sich aus derselben, daß mehrere Vormünder zur Vermögensverwaltung bestellt sind, so müssen die Mitvormünder zugezogen werden (Verord. v. 5. Juli 1875 § 30). Ist ein Gegenvormund bestellt, so bedarf es dessen Genehmigung, wenn der Vergleich eines der im § 41 VormOrd. bezeichneten Geschäfte betrifft. Der Genehmigung des Vormundschaftsgerichts oder des Familienraths (vgl. VormOrd. § 75) bedarf es in den Fällen des § 42 VormOrd. Der SchMann darf den Vergleich nicht eher aufnehmen, bis ihm die Genehmigung des Gerichts bezw. des Familienraths in Ausfertigung beigebracht ist. Behauptet ein Minderjähriger, daß er für großjährig erklärt sei, so muß er die Ausfertigung des betreffenden Beschlusses des Vormundschaftsgerichts vorlegen (vgl. VormOrd. § 61). Minderjährige Kinder in väterlicher Gewalt werden durch ihren Vater vertreten, minderjährige uneheliche Kinder in der Regel durch den Vater ihrer Mutter als ihren gesetzlichen Vormund (VormOrd. § 12 Abs. 2). Minderjährige Kinder, deren Vater noch am Leben ist, können ohne Beitritt der letzteren gültig Vergleiche schließen, wenn sie vom Vormundschaftsgerichte für großjährig erklärt sind und dies durch Vorlegung des gerichtlichen Beschlusses nachweisen (VormOrd. §§ 97, 98, 61). Die Entlassung des 20jährigen Sohnes aus der väterlichen Gewalt (Allg. Landrecht II. 2 § 216) hat nicht mehr die Wirkung einer Großjährigkeitserklärung; ein solcher Sohn kann daher auch nur unter Beitritt seines Vaters oder Vormundes einen Vergleich schließen.

Großjährige Söhne, deren Vater noch am Leben ist, können ohne Beitritt des letzteren nur alsdann einen gültigen Vergleich schließen, wenn sie durch Errichtung einer von den Eltern abgesonderten Wirthschaft oder durch Uebernahme eines Gewerbes oder eines öffentlichen Amtes oder durch ausdrückliche Erklärung des Vaters der väterlichen Gewalt entlassen worden sind (Allg. Landrecht II. 2 §§ 210, 212a, 212b). Der SchMann darf daher nur in diesen Fällen mit ihnen verhandeln; in den übrigen Fällen ist die Zuziehung des Vaters nothwendig.

Mit großjährigen unverheiratheten Töchtern, deren Vater noch am Leben ist, kann der SchMann überhaupt nur unter Zuziehung des Vaters verhandeln, es sei denn, daß die Tochter durch ausdrückliche Erklärung des Vaters der väterlichen Gewalt entlassen ist (Allg. Landrecht II. 2 § 230).

Verheirathete minderjährige Frauen können nur unter Beitritt ihres Vaters oder Vormundes und ihres Ehemannes, verheirathete großjährige Frauen nur unter Beitritt ihres Ehemannes Vergleiche schließen. Eine Ehefrau jedoch, welche unter ausdrücklicher oder stillschweigender Einwilligung ihres Ehemannes Handelsgeschäfte betreibt, kann über ihre Handelsgeschäfte selbstständig Vergleiche schließen; der SchMann muß daher mit ihr allein auch verhandeln (vgl. HandGesBuch Art. 7, 8, 9).

Obwohl nach § 51 der CivProzO. großjährige Personen, auch wenn sie unter väterlicher Gewalt stehen, und Frauen, auch wenn sie Ehefrauen sind, prozeßfähig sind, also ihre Prozesse selbstständig führen können, und auch aus den von ihnen vor dem Amtsgericht im Sühneverfahren abgeschlossenen Vergleichen die Zwangsvollstreckung stattfindet (CivProzO. §§ 471, 702 Nr 2): ist für den Abschluß von Vergleichen vor dem SchMann doch die Geschäfts- und Verfügungsfähigkeit der Parteien als Voraussetzung beibehalten.

Damit allen Zweifeln über die Verfügungsfähigkeit der Parteien vorgebeugt werde, ist es (wenn auch nicht zur Gültigkeit des Vergleichs erforderlich) zweckmäßig, daß der SchMann die persönlichen Verhältnisse derselben, namentlich ob sie großjährig oder minderjährig sind, ob sie unter Vormundschaft oder väterlicher Gewalt stehen, bei weiblichen Personen, ob sie verheirathet oder unverheirathet sind, u. s. w. im Protokoll kurz vermerkt. Eine förmliche Beweisführung ist indeß darüber nicht erforderlich; es genügt vielmehr, wenn die Angaben der einen Partei von der andern als richtig anerkannt werden und sonst nur keine Unwahrscheinlichkeiten enthalten. Ist der SchMann dennoch zweifelhaft, so muß er seine Vermittelung ablehnen und die Parteien an das Gericht verweisen.

Auch die Nr 3 u. 4 sind nicht unangefochten geblieben. In der Kommission des HerrH. wurde beantragt, dieselben im § 16 zu streichen und in den § 17 aufzunehmen, weil, wenngleich die Parteien dem SchMann nicht bekannt gewesen seien oder der SchMann Bedenken gegen die Geschäfts- und Verfügungsfähigkeit gehabt habe, der Vertrag an seiner Gültigkeit nichts verliere, wenn nur die Parteien wirklich diejenigen gewesen seien, für die sie sich ausgegeben hatten, oder wenn die Geschäfts- und Verfügungsfähigkeit wirklich vorhanden gewesen war. Ein fernerer Antrag richtete sich nur gegen die Fassung der Nr 4 und verlangte folgende Festsetzung: „wenn die Parteien der Geschäfts- und Verfügungsfähigkeit ermangeln oder die Vertreter derselben nicht legitimirt sind.“ Der Vertreter des JustMin. bekämpfte die Anträge und wurden dieselben schließlich auch abgelehnt. (KommBer. d. HerrH. S. 121 ff.)

2. Die Ablehnungspflicht des SchManns in allen unter Nr 1—6 des § 16 bezeichneten Fällen besteht nur für Sühneverhandlungen in bürgerlichen Rechtsstreitigkeiten. Bei den nach § 420 StrProzO. erforderlichen Sühneverhandlungen wegen Beleidigungen darf der zuständige SchMann die Ausübung seines

Amtes aus den unter Nr 3—6 angegebenen Gründen nicht ablehnen (SchO § 36).

3. In der Kommission des HerrH. hat sich die Diskussion weitläufig über die Frage verbreitet, ob die Beobachtung der Vorschriften in § 16 bei Strafe der Nichtigkeit der schiedsmännischen Vergleiche vorgeschrieben sei. Man meinte, wenn dies der Fall sei, dann wären diese Vorschriften mit Ausnahme eigentlich nur der Nr 2, 5 u. 6 viel zu weit gefaßt und gäben Anlaß zu der doch gewiß nicht wünschenswerthen gerichtlichen Anfechtung der SchMVergleiche. Insbesondere erscheine die Vorschrift in Nr 4 viel zu allgemein und unbestimmt gefaßt. Auch sei es doch sehr schwer, nachträglich festzustellen, ob und welche Bedenken der SchMann gegen die Geschäfts- und Verfügungsfähigkeit einer Partei gehegt, wenn er einen Vergleich wirklich protokollirt habe. Wolle man aber an die Verfechtung der Vorschriften die Nichtigkeit der Verhandlung knüpfen, dann müsse man dies im Gesetz ausdrücklich aussprechen, damit die Fassung dem Zweifel nicht Raum gebe, ob die Vorschrift nicht lediglich eine disziplinare sei. Um die Sache klar zu stellen, wurden mehrere Anträge zu dem Eingange des § 16 gestellt. — Es trat ferner die Meinung hervor, daß es doch bedenklich sei, einen schiedsmännischen Vergleich wegen Verstoßes gegen die Vorschrift in § 16 für absolut nichtig zu erklären, in der That könne er die Bedeutung eines schriftlichen Vertrags, ja sogar einer öffentlichen Urkunde behalten. Nur darauf scheine es anzukommen, daß man aus SchMVergleichen, bei deren Aufnahme gegen § 16 verstoßen sei, die Zwangsvollstreckung nicht zulasse. Wenn dem entgegengestellt würde, daß der SchMann, der sich eines solchen Verstoßes schuldig gemacht habe, zweifelsohne auch die Vollstreckungsklausel auf die Ausfertigung des Vergleichs setzen würde, und daß der Gerichtsvollzieher in den seltensten Fällen aus dem Vergleiche werde ersehen können, ob die Vorschriften im § 16 überall beobachtet seien, so daß der Vorschlag sich als wenig praktisch darstelle, so sei zu erwidern, daß in dem gedachten Falle die Partei doch die Befugniß habe, der Exekution durch Aufstellung der Behauptung ihrer Unzulässigkeit entgenzutreten. Der Antrag wurde dahin eingebracht, den Eingang des § 16 so zu fassen: „Der SchMann kann Vergleiche mit der ihnen im § 32 beigelegten Wirkung nicht vermitteln: 1) wenn u. s. w." — Von Seiten des Vertreters des JustMin. wurden alle Abänderungsanträge bekämpft und bemerkt, daß die RegVorlage davon ausgegangen sei, daß der SchMann in den Fällen des § 16 absolut ablehnen müsse,

und daß, wenn er in einem der Fälle des § 16 trotzdem einen Vergleich abschlösse, er niemals eine öffentliche Urkunde herstellen könne, die Zwangsvollstreckung aus einem solchen Vergleiche nicht statthabe, der Vergleich überhaupt ebenso nichtig sei, wie wenn der SchMann gegen § 15 verstoßen habe. Ein Zweifel hierüber könne kaum entstehen, wenn man die Bedeutung berücksichtige, welche dem Worte „soll" in der neueren Prozeßgesetzgebung beigelegt sei. Bei Aufstellung der einzelnen Punkte, über welche der SchMann vor Aufnahme des Aktes sich Gewißheit zu verschaffen habe, sei im Wesentlichen die NotarOrd. v. 11. Juli 1845 (GesS. S. 487) maßgebend gewesen. Verfehlte er sich bei einem dieser Punkte, dann würde der ganze Akt ungültig. Nur insofern dies in dem einen oder anderen Antrage unzweifelhaft ausgedrückt sei, könne demselben eventuell beigetreten werden. — Diesen Ausführungen wurde von verschiedenen Seiten mancherlei entgegengesetzt. Es zeige sich das Unthunliche, die SchMänner den mit juristischer Ausbildung versehenen Notaren gleichzustellen und von den ersteren die Beobachtung derselben Formalitäten zu verlangen, wie von den letzteren. Die Notariatsordnung verlange auch nicht die Beobachtung aller Formalitäten bei Strafe der Nichtigkeit des Aktes, sondern habe in den §§ 41 und 42 bestimmt die Förmlichkeiten bezeichnet, deren Verletzung den Instrumenten die Kraft der Notariatsurkunden nehme. Gerade eine derartige Bestimmung lasse die SchO vermissen. Wenn jetzt ein vor einem SchMann abgeschlossener Vergleich wegen eines Verstoßes gegen die Vorschriften in § 16 angefochten werden sollte, werde, auch wenn der Verstoß als vorhanden angenommen werden müßte, dennoch der Richter zu prüfen haben, ob der Vergleich Gültigkeit behalte, weil alle sonstigen im Gesetz für Abschluß des Vertrages vorgeschriebenen Förmlichkeiten erfüllt seien. Diese Förmlichkeiten seien in den verschiedenen Rechtsgebieten verschieden, namentlich in Betreff der Blinden, Tauben, Stummen und Taubstummen, weshalb im Gebiete des Landrechts die Fälle in Nr 5 u. 6 zum Theil schon durch Nr 2 gedeckt würden. Bei der zweiten Lesung wurden sämmtliche Abänderungen, welche der § 16 bei der ersten Lesung erlitten hatte, wieder aufgehoben und in ursprüngliche RegVorlage wieder hergestellt. (KommBer. d. HerrH. S. 121 ff.)

Im AbgH. wurde schon bei der ersten Berathung im Pleno gerügt, daß nicht erkennbar gemacht sei, welche civilrechtlichen Folgen von der Nichtbeobachtung derjenigen Bestimmungen, welche in den §§ 15 u. 16 für die Qualifikation resp. für die Erfordernisse, für die Voraussetzung der Thätigkeit des SchManns aufgestellt sind, abhängig seien. Wenn es möglich gewesen sei, wie es wirklich vorgekommen, daß von einem Preuß. Gerichte einem schiedsmännischen Vergleiche die Gültigkeit abgesprochen worden sei blos aus dem Grunde, weil, entgegen einer für Schlesien maßgebenden Bestimmung, einer schreibens- und lesensfähigen Partei nicht die Verhandlung zum eigenen Durchlesen zugestellt, sondern von dem SchManne lediglich vorgelesen worden sei, obwohl die Interessenten dieselbe unterschrieben haben und nirgends die Unrichtigkeit derselben behauptet worden sei: dann müsse es geboten erscheinen, solche Entscheidungen durch Aufnahme bestimmter Vorschriften zu verhindern. Es sei dies um so nothwendiger, als der RegVertreter in der Kommission des HerrH. eine höchst bedenkliche Auffassung vertreten habe. Die Notariatsordnung, auf die an verschiedenen Stellen als exemplifizirend hingewiesen sei, enthalte eine Bestimmung nicht, daß der ganze Akt ungültig werde, wenn der Notar sich gegen eine der bezüglichen Vorschriften verfehle, sondern im Gegentheile gebe die Bestimmung der NotarOrd. dahin, daß im Falle des Zuwiderhandelns gegen gewisse Vorschriften der Akt nicht die Kraft eines Notariatsaktes annehme. Ebenso sei auch in der Instruktion, die für die SchMänner in Schlesien erlassen sei, eine Bestimmung dahin, daß, wenn Verstöße gegen gewisse Vorschriften der Instruktion und der Schiedsmannsordnung vorkommen, die Exekution nicht ohne Weiteres vollstreckt werden könne, und selbst die Bestimmungen des Allg. Landrechts gehen nur dahin, daß, wenn z. B. die Formvorschriften für Analphabeten oder für der Deutschen Sprache nicht Kundige nicht beobachtet worden sind, der aufgenommene Akt nur die Kraft eines mündlichen Vertrages habe. Es sei aber nirgends gesagt, daß die ganze Verhandlung deßhalb ungültig sei. Es sei entschieden geboten, daß bei Berathung des Gesetzentwurfes klar gestellt werde, wie nach der Auffassung der legislativen Faktoren die Folgen der Nichtbeobachtung gewisser Vorschriften sich civilrechtlich gestalten sollen. (Verh. d. AbgH. S. 522 f.) — In der Kommission des AbgH. wurde beantragt, den § 16 als besonderen § in Wegfall zu bringen und die Nr 2, 5 u. 6 desselben dem § 15, die Nr 1, 3 u. 4 dem § 17 anzufügen und den § 15 sodann mit dem Zusatz zu schließen: „die diesen Vorschriften zuwider aufgenommene Verhandlung ist nichtig." Es wurde bemerkt, die Absicht der Regierung, daß SchMUrkunden, welche gegen die §§ 15 u. 16 verstoßen, nichtig sein sollen, gehe bei einigen Bestimmungen des § 16 jedenfalls zu weit und über das bestehende

Recht hinaus. Ein SchMVergleich solle nichtig sein, wenn der SchMann der Sprache der Parteien nicht mächtig gewesen sei. Diese Bestimmung mache in den Gegenden mit sprachlich gemischter Bevölkerung die Gültigkeit der Vergleiche zu unsicher. Der Vergleich solle ferner nichtig sein, wenn die Parteien dem SchMann unbekannt gewesen seien und sich nicht hätten legitimiren können. Es komme jedoch nur darauf an, ob sie wirklich diejenigen gewesen, welche als vertragschließend in dem Vergleiche aufgeführt worden seien. Endlich solle es einen Nichtigkeitsgrund abgeben, wenn Bedenken gegen die Geschäfts- und Verfügungsfähigkeit der Parteien bei dem SchMann obgewaltet hätten, während entscheidend doch nur sein könne, ob sie thatsächlich verfügungsfähig gewesen seien oder nicht. In den Fällen des § 15 solle der SchMann „kraft des Gesetzes" von der Mitwirkung bei einem Vergleiche ausgeschlossen sein. Diese Worte hätten hier keinen rechten Platz, da der SchMann der Mann des Vertrauens sei und deßhalb von einer Befangenheit desselben in den Fällen des § 15 nicht wohl die Rede sein könne. — Der Vertreter des JustMin. trat dem jedoch mit der Ausführung entgegen: Die Sonderung der fraglichen Bestimmungen in verschiedenen §§ sei sachgemäß und entspreche einem Vorgange der CivProzO. Die verschiedenen Gründe, welche sachlich und gegenständlich unter verschiedene Gesichtspunkte fielen, seien auch in verschiedenen Paragraphen auseinanderzuhalten. Was den § 15 besonders anlange, so stimme derselbe mit dem § 41 Nr 1—4 der CivProzO. überein, wo der Ausdruck gebraucht sei: „ein Richter ist von der Ausübung des Richteramts kraft Gesetzes ausgeschlossen" und wo die einzelnen Fälle ebenso wie hier aufgeführt seien. Der § 15 wolle verfügen: „Ein schiedsmännischer Vergleich, bei welchem die Bestimmungen des § 15 nicht beachtet seien, brauche nicht erst angefochten zu werden, sondern sei von vorn herein nichtig. Das solle aber nur besagen, daß der Akt kein SchMAkt sei, also kein Akt mit öffentlichem Glauben, auf Grund dessen eine Zwangsvollstreckung eintreten könne. Welche Bedeutung sonst dem Vergleiche beizumessen, hänge von seinem Inhalte ab. Er könne vielleicht als einfacher Vertrag Bestand haben; nur als schiedsmännischer Vergleich solle er nicht in Betracht kommen. Bei § 16 Nr 3 komme es darauf an, daß der SchMann die Ueberzeugung habe: die Parteien sind auch diejenigen, für welche sie sich ausgeben. Wie er sich die Ueberzeugung verschaffe, bleibe ihm ganz überlassen. Könne er sich aber diese Ueberzeugung nicht verschaffen, so solle er nicht mitwirken. Es sei zu vermeiden, daß einem schiedsmännischen Vergleiche gegenüber erst noch der

Erweis erbracht werden müsse, daß die in dem Vergleich aufgeführten Personen auch wirklich den Vergleich geschlossen haben." — Die gedachten Anträge wurden hierauf zurückgezogen. (KommBer. d. AbgH. S. 1709 f.)

In den beiden Häusern des Landtags ist bei den Plenarberathungen diese Frage nicht wieder erörtert.

Aus den vollständig mitgetheilten Verhandlungen ergibt sich unzweifelhaft, daß, ungeachtet mancher Meinungsverschiedenheiten, die Majorität in beiden Kommissionen sich doch schließlich die Auffassung des RegVertreters angeeignet hat. Die beiden Häuser des Landtages haben die §§ 15 u. 16 nach den Beschlüssen ihrer Kommissionen ohne jede Diskussion angenommen und damit jene Beschlüsse mit der ihnen zu Grunde liegenden Auffassung genehmigt. Wenn nun auch der Wortlaut des § 16 „soll ablehnen" nicht, wie der RegVertreter behauptet hat, nach der dem Worte „soll" in der neueren Prozeßgesetzgebung beigelegten Bedeutung zweifellos ausdrückt, daß Verstöße gegen die Vorschriften des § 16 die SchMVergleiche ungültig machen, da in der CivProzO. das Wort „soll" nicht imperativ sondern gerade instruktionell gebraucht wird (vgl. Begründung des Entw. der CivProzO. S. 22 in der Ausgabe von Hahn S. 126): so ist doch durch den allgemeinen Sprachgebrauch nicht unbedingt ausgeschlossen, daß auch mit dem Worte „soll" derselbe Begriff, wie mit dem imperativen „Muß", verbunden wird. Deßhalb wird man den § 16 aus der übereinstimmenden Auffassung der drei legislativen Faktoren interpretiren müssen, welche sich in den Auslassungen des RegVertreters kundgiebt. Danach soll das Zuwiderhandeln des SchManns gegen die Bestimmungen des § 16 ohne Unterschied die gleichen Folgen haben, wie ein Verstoß gegen die Vorschriften des § 15: wenn der SchMann in einem der Fälle des § 16 trotzdem einen Vergleich abschließt, so ist derselbe ebenso nichtig, wie wenn der SchMann gegen § 15 verstoßen hat. Die Nichtigkeit des Vergleichs in dem einen wie in dem andern Falle besteht aber nicht etwa darin, daß die Sache so angesehen wird, als ob gar nichts geschehen wäre; vielmehr ist der Vergleich nur als SchMAkt nichtig, also kein Akt mit öffentlichem Glauben, aus welchem die Zwangsvollstreckung stattfinden kann. Ob der Vergleich als einfacher Privatvertrag Bestand hat oder nicht, darüber wird in der SchO keine Bestimmung getroffen, das ist lediglich nach dem neben der SchO geltenden bürgerlichen Recht zu beurtheilen. Wenn also der SchMann in den Fällen des § 15 den Vergleich aufgenommen hat, so ist derselbe als schriftlicher

§. 17.

Der Schiedsmann kann die Ausübung seines Amtes ablehnen:

1) wenn seine Zuständigkeit lediglich auf der Vereinbarung der Parteien beruht;
2) wenn ihm die streitige Angelegenheit zu weitläufig oder zu schwierig erscheint.

Beschwerde gegen die Ablehnung findet nicht statt.

Vertrag vollständig gültig und es kann daraus geklagt werden, da die im § 15 angeführten Umstände auf die Gültigkeit eines schriftlichen Vertrages keinen Einfluß haben. Dasselbe gilt, wenn beide Parteien der Sprache mächtig sind, in welcher der Vergleich abgefaßt worden (§ 16 Nr 1), wenn die Parteien wirklich diejenigen Personen sind, welche den Vergleich abgeschlossen haben und in demselben als Kontrahenten benannt sind (§ 16 Nr 3), wenn die Parteien bei Abschluß des Vergleichs geschäfts- und verfügungsfähig oder die als gesetzliche Vertreter der Parteien den Vergleich schließenden Personen in Wirklichkeit deren gesetzliche Vertreter sind (§ 16 Nr 4). In allen diesen Fällen kann der Vergleich als schiedsmännischer nicht bestehen und wirken, weil der SchMann gegen das Gesetz gehandelt und dadurch das Vertrauen eingebüßt hat, dessen er als Urkundsperson bedarf, wenn dem von ihm aufgenommenen Akte der öffentliche Glaube beiwohnen soll. In diesen Fällen hat der SchMann lediglich als Privatperson den Vergleich aufgenommen und der Vergleich hat nicht mehr, aber auch nicht weniger Wirkung, als wenn er von irgend einer andern Privatperson, die nicht zugleich SchMann ist, aufgenommen wäre. In den Fällen der Nr 2, 5, 6 des § 16 hat der Vergleich zwar ebenfalls die Bedeutung einer Privaturkunde, aber er ist eben deßhalb, weil er nur diese Bedeutung hat, ungültig und gilt für nicht geschlossen; denn nach den Vorschriften des bürgerlichen Rechts, wenigstens des Allg. Landrechts (vgl. die in Anm. 1 zu Nr 2, 5, 6 angezogenen Bestimmungen), ist der Bestand des Vertrages selbst in jenen Fällen von der Beobachtung der gerichtlichen bezw. der gerichtlichen oder notariellen Form abhängig. Das Gleiche gilt im Falle des § 1 Nr 16 bezüglich derjenigen Partei, welche der Sprache, worin der Vergleich abgefaßt worden, unkundig ist (vgl. Allg. Landrecht I. 5 §§ 179, 172).

Zu § 17.

1. „So wichtig auch die freie Wahl der Parteien bezüglich der Person des SchManns für die Beförderung der gütlichen Einigung erscheint, so liegt es doch im Interesse des Instituts, das Amt des einzelnen nicht in unbilliger Weise zu beschweren und die ordnungsmäßige Erledigung derjenigen Geschäfte, welchen er sich nicht entziehen darf, dadurch zu beeinträchtigen. Der SchMann ist daher von der Pflicht entbunden, sich mit Sühneverhandlungen, für welche er an sich nicht zuständig ist (§ 13 Abs. 2), zu befassen. Ebenso ist es dem freien und gewissenhaften Ermessen des SchManns überlassen, bei Streitigkeiten, welche in thatsächlicher oder rechtlicher Beziehung erhebliche Schwierigkeiten bieten, also entweder einen zu großen Theil der ihm für seine amtliche Thätigkeit zu Gebote stehenden Zeit in Anspruch nehmen oder seine Kenntniß und Fassungsgabe überschreiten, seine Vermittelung abzulehnen.

„Unverkennbar liegt in einer so weitgehenden und der Rechtfertigung nicht bedürfenden Befugniß die Gefahr einer mißbräuchlichen Anwendung derselben. Trotzdem aber ist der Beschwerdeweg nicht eröffnet, weil die maßgebenden Gründe individueller Natur sind. Tritt eine beharrliche und grundlose Verweigerung der amtlichen Thätigkeit zu Tage, so ist in der Enthebung des SchManns von seinem Amte das Mittel der Abhülfe gegeben." (Begründung des § 15 Entw. S. 10.)

2. Die SchMänner müssen sich nicht mit der Schlichtung solcher Streitsachen befassen, zu deren Beurtheilung eine genaue Kenntniß der Gesetze erforderlich ist, oder deren Untersuchung und Erörterung ihnen zu schwierig oder zu weitläufig wird; vielmehr haben sie die Parteien damit an den ordentlichen Richter zu verweisen. Sie dürfen sich nicht etwa durch falsches Ehrgefühl oder Ueberschätzung ihrer Kräfte verleiten lassen, ihre amtliche Wirksamkeit auch auf solche Rechtsfälle auszudehnen, die ihre Sachkenntniß und Fassungsgabe überschreiten, indem sie sonst den Zweck ihres Berufs verfehlen und durch unbestimmte und mangelhafte Vergleiche zu um so verwickelteren Rechtsstreitigkeiten Veranlassung geben. (Instr. v. 1. Mai 1841 § 8.)

Um keinen unwirksamen Vergleich abzuschließen, hat der SchMann auch die Legitimation der Parteien zu prüfen, d. h. darauf zu achten, ob dieselben auch materiell über den Gegenstand des

Vergleichs zu verfügen berechtigt sind. Will z. B. Jemand über eine Forderung seines Erblassers einen Vergleich abschließen, so muß die Erbenqualität desselben aus einer letztwilligen Verfügung oder aus einer Erbbescheinigung und, wenn mehrere Erben vorhanden sind, aus einer Erbtheilungsverhandlung oder auf andere Art festgestellt werden. Oder will Jemand sich über eine Forderung, welche ursprünglich einem Dritten zustand, vergleichen, so hat er sich durch Vorlegung der Abtretungsurkunde als den jetzigen Eigenthümer der Forderung auszuweisen. Die Prüfung der Legitimation ist häufig mit Schwierigkeiten verbunden, denen der SchMann nicht gewachsen ist. Wenn der SchMann seiner Sache nicht ganz sicher ist, thut er besser, seine Mitwirkung abzulehnen, als einen Vergleich aufzunehmen, welcher sich hinterher als unwirksam erweist. Die Parteien halten sich nur zu oft für berechtigt, über eine Sache zu verfügen, obwohl sie es in der That nicht sind. Auf die bloßen Versicherungen der Parteien hin dieselben als legitimirt anzunehmen, ist daher nicht räthlich; so oft in dieser Beziehung Zweifel auftauchen, hat der SchMann vielmehr den Nachweis der Legitimation zu fordern, und, falls dieser nicht erbracht wird, die Parteien an den Richter zu verweisen. (Vgl. Schering Art. 46.)

3. Der SchMann hat sich, ehe er in die Verhandlung eintritt, darüber schlüssig zu machen, ob er die Ausübung seines Amtes ablehnen will. Auch wenn beide Theile die Aufnahme eines Vergleichs beantragen, hat der SchMann, dessen Zuständigkeit nicht nach § 13 Abs. 1 begründet ist, nicht (wie der Richter, vgl. CivProzO. §§ 38 ff) die Verpflichtung, sein Amt auszuüben. Er würde aber nicht pflichtgetreu handeln, wenn er es sich zur Regel machte, lediglich aus dem Grunde, daß er unzuständig sei, die Aufnahme von Vergleichen abzulehnen, und so die Parteien des Vortheils beraubte, ihren Streit gerade vor denjenigen SchMann bringen zu können, zu dem sie das größte Vertrauen haben (vgl. Anm. 2 zu §§ 13 u. 14 S. 75). Erscheint aber nur die eine Partei und wohnt der Gegner derselben nicht im Amtsbezirke des SchManns, so wird den SchMann kein Vorwurf treffen, wenn er die Sache abweist, da ihm nicht zugemuthet werden kann, einen Sühnetermin anzuberaumen und den Gegner dazu vergeblich zu laden, weil er denselben, auch wenn er unentschuldigt ausbleibt, nicht in Strafe nehmen darf (vgl. § 22).

Hat der SchMann die Verhandlung bereits eingeleitet und lehnt er erst dann seine weitere Vermittelung ab, so hat er hier-

§. 18.

Die Vertretung der Parteien durch Bevollmächtigte ist unzulässig. Gemeinden und Korporationen dürfen sich jedoch durch Bevollmächtigte aus ihrer Mitte vertreten lassen.

über einen kurzen Vermerk in das Protokollbuch einzutragen (§ 25 Abs. 3).

4. Da es nur in bürgerlichen Rechtsstreitigkeiten vorkommen kann, daß die Angelegenheit für den SchMann zu weitläufig oder zu schwierig ist, und da der Beleidigte zur Anstellung der Privatklage der Bescheinigung über den erfolglosen Sühneversuch nothwendig bedarf, so ist im § 36 bestimmt, daß der zuständige SchMann die Ausübung seines Amtes aus dem im § 17 Nr 2 angegebenen Grunde nicht ablehnen darf, wenn er nur zum Zwecke der nach § 420 StrProzO. erforderlichen Sühneverhandlung angegangen wird.

Zu § 18.

1. „Die SchMänner sollen durch sachgemäße Vorschläge und vertrauengewinnende Erörterung der Streitsache eine unmittelbare Einwirkung auf die Parteien ausüben. In Uebereinstimmung mit dem geltenden Recht (vgl. z. B. Verord. v. 7. Sptbr 1827 u. v. 26. Sptbr 1832 §§ 17) untersagt daher der § 18 die Verhandlungen mit Bevollmächtigten, da diese der Regel nach an Instruktionen gebunden sind und dadurch eine gütliche Vereinigung erschweren. Die älteren Verordnungen gestatten hiervon keine Ausnahme. Auf den Antrag der Schlesischen Stände, denen sich später noch Sachsen und Brandenburg anschlossen, wurde jedoch durch die Landtagsabschiede v. 16. Dezbr 1843 u. 27. Dezbr 1845 die Vertretung von Gemeinden und Korporationen durch bevollmächtigte Mitglieder derselben zugelassen und diese Ausnahme auch bei Einführung des Instituts in Westfalen beibehalten (vgl. JMBl. 1844 S. 153 bezüglich Schlesiens). Bei Aufnahme derselben in den § 18 ist man von der Voraussetzung ausgegangen, daß das Ablehnungsrecht des SchManns genügenden Schutz in allen Fällen gewährt, in denen der Legitimationspunkt zu große Schwierigkeiten bereitet." (Begründung des § 16 Entw. S. 10.)

2. Von der Regel, daß der SchMann mit Bevollmächtigten keinen Vergleich aufnehmen darf, ist auch zu Gunsten der Familienmitglieder der Parteien keine Ausnahme gemacht. Es kann daher weder der Sohn für den Vater, noch die Frau für den Mann, noch der Bruder für die Schwester bei den Verhandlungen des SchManns zugelassen werden (Instr. v. 1. Mai 1841 § 10). Auch der Ehemann muß in denjenigen Landestheilen, in welchen er nicht der gesetzliche Vertreter seiner Frau ist (vgl. § 16 Nr 4), als Bevollmächtigter seiner Frau zurückgewiesen werden. Bei der zweiten Berathung im AbgH. wurde beantragt, die Ehemänner allgemein als Vertreter ihrer Frauen zuzulassen, weil jede richtige Frau ihren Mann als den natürlichen Vertreter ihrer Interessen ansehe, weil man vielen Frauen nach ihrer ganzen Lebensstellung nicht zumuthen könne, sich persönlich zu der Verhandlung vor dem SchMann zu stellen, und weil erfahrungsgemäß bei allen Rechtshändeln mit Männern leichter zu verhandeln sei, als mit Frauen. Der RegKommissar bekämpfte den Antrag als eine Durchbrechung des Prinzips, daß die SchMänner unmittelbar auf die Parteien ihre Einwirkung ausüben sollen. Bei Ehefrauen, soweit sie selbstständig Verträge abschließen können, liege kein Grund zum Aufheben jenes Prinzips vor. Wenn deßhalb der Antrag schon bedenklich bei bürgerlichen Streitigkeiten sei, so würde es aber noch viel bedenklicher sein, bei Sühneverhandlungen über Beleidigungen und Körperverletzungen die Ehemänner für ihre Frauen auftreten lassen zu wollen; denn hierbei sei es von der größten Bedeutung, daß der Sühneversuch mit der Partei selbst stattfinde und keine Vertretung zugelassen werde. Der Antrag wurde abgelehnt. (Verh. d. AbgH. S. 1150 f.)

3. Die Ausnahme, daß Gemeinden und Korporationen sich vor dem SchMann durch Bevollmächtigte aus ihrer Mitte vertreten lassen können, ist darum gestattet, weil, wenn man Korporationen und Gemeinden an dem SchInstitut betheiligen will, sie dann auch nothwendigerweise Bevollmächtigte haben müssen (Verh. d. AbgH. S. 1151).

4. Wenn Stadt- oder Landgemeinden oder Korporationen (vgl. Allg. Landrecht II. 6 §§ 25 ff) bei Aufnahme eines schiedsmännischen Vergleichs sich durch einen Bevollmächtigten vertreten lassen, so muß der SchMann vor allen Dingen sorgfältig prüfen, ob der Bevollmächtigte zum Abschlusse des Vergleichs auch gehörig legitimirt ist. Er muß sich zu diesem Behuf die Vollmacht desselben vorlegen lassen und dabei Folgendes beachten:

§. 19.

Beistände der Parteien, mit Ausnahme der Beistände von Personen, welche des Lesens oder Schreibens nicht mächtig sind, können vom Schiedsmanne in jeder Lage der Verhandlung zurückgewiesen werden.

---

a) die Vollmacht muß stets im Original vorgelegt werden; bloße Abschriften sind nicht genügend;

b) die Vollmacht muß die ausdrückliche Bestimmung enthalten, daß der Bevollmächtigte befugt sein soll, für die Gemeinde oder Korporation einen Vergleich abzuschließen (vgl. Allg. Landrecht I. 13 § 102);

c) die Vollmacht muß von derjenigen Behörde oder Person ausgestellt sein, welche dazu nach den bestehenden Gesetzen oder Statuten befugt ist, und auch formell den Anforderungen der betreffenden Gesetze und Statuten entsprechen (vgl. die Städteord. für die östl. Prov. v. 30. Mai 1853 § 56 Nr 8, für Westfalen v. 19. März 1856 § 56 Nr 8, für die Rheinprov. v. 15. Mai 1856 § 53 Nr 8, für Frankfurt a. M. v. 25. März 1867 § 63 Nr 8, für Schleswig-Holstein v. 14. April 1869 § 60 Nr 7; die Gemeindeord. für die Rheinprov. v. 23. Juli 1845 § 102 u. Ges. v. 15. Mai 1856 Art. 1, LandGemOrd. für Westfalen v. 19. März 1856 § 65, Ges. für die östl. Prov. v. 14. April 1856 § 10 Nr 4, Verord. für Schleswig-Holstein v. 22. Septbr 1867 § 26).

Auf welche Weise die Legitimation des Bevollmächtigten geführt ist, hat der SchMann in dem Protokoll zu bemerken (§ 25 Nr 2). Er kann Abschrift der Vollmacht dem Vergleiche beifügen, nothwendig ist es aber nicht.

Ist die Legitimation irgend zweifelhaft, so bleibt dem SchMann nach § 17 Nr 2 SchO freigestellt, die Aufnahme des Vergleichs abzulehnen. In diesem Falle hat er einen kurzen Vermerk in das Protokollbuch einzutragen (§ 25 Abs. 3).

(Vgl. Instr. v. 14. Juni 1844 §§ 1—4. JMBl. S. 154, und Reskr. des JustMin. v. 6. April 1846.)

Zu § 19. „Für die Ausschließung von Beiständen der Parteien sprechen nicht gleich gewichtige Gründe, wie für die Ausschließung von Bevollmächtigten, weil jene den unmittelbaren Verkehr des SchManns mit den Parteien nicht verhindern. Immerhin können sie denselben aber beeinträchtigen und es ist daher gerechtfertigt, dem SchManne in ihrer Zulassung freie Hand zu geben (vgl. CivProzO. § 143). Daß dieses Recht nicht

§. 20.

Der Antrag auf Sühneverhandlung kann bei dem Schiedsmanne schriftlich eingereicht oder mündlich zu Protokoll gegeben werden. Derselbe muß den Namen, Stand und Wohnort der Parteien, eine allgemeine Angabe des Gegenstandes der Verhandlung und die Unterschrift des Antragstellers enthalten.

---

auf Fälle ausgedehnt werden kann, welche zu ihrer Gültigkeit die Zuziehung von Beiständen erfordern (§ 27), liegt in der Natur der Sache." (Begründnng des § 17 Entw. S. 10.)

Zu § 20.

1. Die §§ 20—24 handeln von dem Verfahren bis zur Feststellung des Vergleichs.

„Suchen die streitenden Parteien gemeinschaftlich und in Person die Vermittelung des SchManns nach, so wird in der Regel gleich zur Verhandlung geschritten oder doch der Verhandlungstermin mündlich verabredet werden können, ohne daß es einer besonderen Vorbereitung bedarf. Mangelt es dagegen an einem solchen Einverständnisse, so ist von dem einseitigen Antrage auf Sühneverhandlung nur dann ein Erfolg zu erwarten, wenn dem Gegner zugleich mit der Ladung zum Termin eine Benachrichtigung über die Person des Antragstellers und den Gegenstand der Verhandlung zugeht. Deßhalb verlangt der § 20 einen schriftlichen Antrag, sei es nun, daß derselbe sofort eingereicht oder nach dem mündlichen Vortrage des Antragstellers vom SchManne zu Protokoll genommen wird. Dieser Antrag erfüllt außerdem den Zweck, dem SchManne die nöthige Kenntniß der Sachlage im Allgemeinen zu verschaffen." (Begründung der §§ 18—22 u. des § 18 Entw. S. 10.)

2. Beim Erscheinen beider Theile kann der SchMann sofort in die Verhandlung eintreten. Er vernimmt beide Theile nur mündlich; prüft die etwa zur Stelle gebrachten Beweise, spricht seine Meinung darüber aus und macht den Parteien Vorschläge, wie ihr Streit durch einen Vergleich zu beendigen sein dürfte. Kommt ein Vergleich zu Stande, so nimmt er darüber ein Protokoll auf, welches in das Protokollbuch eingeschrieben wird

(§§ 25, 28). Der Antrag der Parteien auf Sühneverhandlung, die Vorschläge des SchManns sowie die mündlichen Erörterungen, welche dem Vergleiche vorangehen, bedürfen der schriftlichen Feststellung im Protokolle nicht; vielmehr wird in das Protokoll nur das Resultat der Verhandlung aufgenommen. Kommt ein Vergleich nicht zu Stande, so trägt der SchMann einen kurzen Vermerk hierüber in das Protokollbuch ein (§§ 25 Abs. 4, 28).

Schreitet der SchMann nicht gleich zur Verhandlung, so setzt er einen Termin zur Verhandlung fest und theilt denselben beiden Parteien mit. Der Protokollirung des Antrags bedarf es nicht. In der Regel wird eine mündliche Eröffnung über den Termin genügen, weil beide Parteien, wenn sie gemeinsam die Sühneverhandlung beantragen, den ernstlichen Willen haben, sich zu vergleichen und zu diesem Zwecke in dem angesetzten Termin sich einzufinden. Will der SchMann sich jedoch des Wiedererscheinens beider Theile versichern und sich die Berechtigung verschaffen, gegen den unentschuldigt Ausbleibenden eine Geldstrafe festzusetzen, so muß er den anwesenden Parteien eine schriftliche Ladung, welche die Strafandrohung enthält, einhändigen (§ 21).

3. Erscheint nur eine der Parteien, so bedarf es eines schriftlichen Antrags, welchen die Partei einreichen oder mündlich zu Protokoll geben kann. Ein solches Protokoll kann etwa so gefaßt werden: „Berlin, den 24. December 1879. — Es erschien der Schlächtermeister X von hier Friedrichstraße Nr 34 und erklärte: der Schneidermeister Y hier Wilhelmstraße Nr 86 verschuldet mir für erhaltene Fleischwaaren den Betrag von 70 Mark. Derselbe macht Gegenforderungen geltend, welche ich zum Theil nicht anerkenne. Ich wünsche mich gütlich mit ihm zu einigen und bitte um Anberaumung eines Termins zur Sühneverhandlung. — Vorgelesen, genehmigt, unterschrieben. X. — Geschehen wie vorsteht. A, Schiedsmann." Ueber das weitere Verfahren vgl. Anm. 4 zu §§ 21 u. 22 S. 107.

Der schriftliche Antrag bezw. das den Antrag enthaltene Protokoll wird nicht, wie Zander (S. 55) meint, zu den Belagsakten geheftet, sondern nach der ausdrücklichen Vorschrift in § 21 dem Gegner des Antragstellers mit der Ladung zugestellt. Gehen schriftliche Erwiderungen ein, so legt sie der SchMann bis zum Termine zurück und macht sie dann zum Gegenstande der mündlichen Verhandlung. Eine fernere Aufbewahrung derselben ist nicht erforderlich. (Vgl. Anm. 7 zu § 28 S. 128.)

§. 21.

Der Schiedsmann vermerkt auf dem Antrage oder einer Anlage desselben Zeit und Ort des Termins zur Verhandlung unter Androhung der Strafe für unentschuldigtes Ausbleiben (§. 22) und übergiebt das Schriftstück dem Antragsteller zur Behändigung an den Gegner oder läßt diesem das Schriftstück — unter entsprechender Benachrichtigung des Antragstellers — in zuverlässiger Weise zustellen.

§. 22.

Eine Partei, welche vor dem zuständigen Schiedsmanne in dem anberaumten Termine nicht erscheinen will oder kann, muß solches spätestens an dem dem Terminstage vorhergehenden Tage bei dem Schiedsmanne anzeigen.

Ist eine solche Anzeige nicht erstattet, so kann der Schiedsmann gegen die im Termine ausgebliebene Partei eine Geldstrafe von fünfzig Pfennigen bis zu einer Mark festsetzen.

Beschwerden gegen die Festsetzung werden im Aufsichtswege erledigt.

Zu §§ 21 u. 22.

1. Motive.
2. Die Ladung nach altem u. neuem Recht. S. 104.
3. Die Höhe der Geldbuße. S. 107.
4. Das Verfahren. Die Ladung. Deren Zustellung. Die Straffestsetzung. Beschwerde dagegen. Terminsverlegung. S. 107.
5. Anspruch auf Schadensersatz gegen den Nichterschienenen. S. 110.
6. Verweisung auf § 37. S. 110.

1. „Der Antrag dient nicht allein zur Benachrichtigung des Gegners bezüglich des erhobenen Anspruchs, sondern auch bezüglich des anberaumten Verhandlungstermins. Im Interesse der möglichsten Einfachheit ist jede aktenmäßige Ansammlung vorbereitender Schriftstücke fern zu halten. Der SchMann hat daher auf dem Antrage selbst oder einer Anlage desselben Zeit und Ort des Termins zu vermerken und die Ladung des Gegners dem Antragsteller zu überlassen. Spezielle Vorschriften darüber, wie diese

Ladung zu bewirken sei, sind entbehrlich, da es eines Beweises derselben der Regel nach nicht bedarf. Nur wenn der SchMann eine Partei wegen unterlassener Abmeldung in Strafe nehmen will (vgl. § 22), muß er sich vorher darüber Gewißheit verschaffen, daß dieselbe von der Terminsbestimmung und der Strafandrohung rechtzeitig Kenntniß erlangt hat. In diesem Strafverfahren wird aber der Beweis auf jede zulässige Weise geführt werden können.

„Die Bestrafung einer Partei wegen Nichtwahrnehmung eines vom SchMann anberaumten Termins steht anscheinend im Widerspruch mit dem Grundsatze der unbedingten Freiwilligkeit der Einlassung. Eine darauf bezügliche Vorschrift findet sich daher in den älteren Verordnungen nicht und ist erst in Folge lebhafter Klagen der SchMänner über den Zeitaufwand und die Belästigung, welche ihnen aus der ergebnißlosen Terminsanberaumung erwuchs, durch die Instr. v. 14. Juni 1844 (JMBl. S. 153) mit der Beschränkung auf die Person des Beklagten eingeführt. Da sie in der That nicht den Zweck verfolgt, den Sühneversuch durch Zwangsmittel zu begünstigen, sondern dazu dienen soll, das Ehrenamt des SchManns zu erleichtern und in der allgemeinen Achtung zu befestigen, so unterliegt nicht nur die Beibehaltung derselben keinem Bedenken, sondern es rechtfertigt sich auch die Ausdehnung auf die Person des Antragstellers, wenn dieser auch vermöge des Interesses, welches er durch die Erhebung des Antrages bekundet hat, seltener als die Gegenpartei zur Anwendung der Strafvorschrift Veranlassung bieten mag." (Begründung der §§ 19 u. 20 Entw. S. 10 f.)

2. Nach dem bisherigen Verfahren lud der SchMann, wenn die Parteien nicht unaufgefordert sich bei ihm stellten, auf den Antrag einer Partei dieselben zu einem Termin, sorgte für die Mittheilung der Terminsbestimmung an die Parteien und konnte die Gegenpartei bei unentschuldigtem Ausbleiben in eine an die Ortsarmenkasse zu entrichtende Buße von 50 Pfennigen nehmen (vgl. Schering Art. 53 Nr 2). Auf die Klage mancher SchMänner hin über die ihnen aus der Behändigung der Ladungen erwachsenen Beschwernisse wollte der Entwurf (§ 19) hier ein anderes System einführen. Es sollte nämlich die Ladung des Gegners lediglich von dem Antragsteller bewirkt werden und es fehlten demgemäß im § 19 des Entw. die Schlußworte: „oder läßt diesem das Schriftstück — unter entsprechender Benachrichtigung des Antragstellers — in zuverlässiger Weise zustellen." In der Kommission des HerrH. wurde die Zweckmäßigkeit dieses Ver-

fahrens, namentlich auch, daß der Antragsteller ebenso wie die Gegenpartei bei unentschuldigtem Ausbleiben in die Buße genommen werden könne, mehrfach in Zweifel gezogen. Daß den SchMännern die Besorgung der Ladungen beschwerlich werden könne, wurde zwar anerkannt, jedoch bemerkt, daß dies eben das Amt mit sich bringe. Ferner wurde bemerkt, daß durch die Möglichkeit, die Behändigung gegen Empfangsbescheinigung mittelst der Post herbeizuführen, vielfach eine Erleichterung für die SchMänner gegeben werde. Unter Umständen wurde es auch nicht für ausgeschlossen erachtet, die Behändigung an den Gegner durch den Antragsteller bewirken zu lassen. Dagegen wurde bemerkt, daß der Antragsteller vielfach gerade Anstand nehmen würde, seinen Gegner aufzusuchen, um ihm eine Ladung zu behändigen, und lieber auf die Thätigkeit des SchManns Verzicht leisten würde, als sich dieser Unannehmlichkeit auszusetzen. Damit beeinträchtige man aber die segensreiche Wirksamkeit des ganzen Instituts. Vorzuziehen sei, es im Wesentlichen bei dem bisherigen Verfahren zu belassen und nur dem SchMann bei der Art der Behändigung der Ladung möglichst freie Hand zu lassen. Eine Strafe gegen den unentschuldigt ausbleibenden Antragsteller festzusetzen, sei neu, ein Bedürfniß dazu nicht nachgewiesen, möglicherweise wirke dies abschreckend. Endlich erscheine es zu hart, die Frist zur Beibringung der Entschuldigung wegen des Ausbleibens im Termine mit dem dem Terminstage voraufgehenden Tage abschließen zu lassen, da sich die Hinderungsgründe häufig erst an dem Terminstage selbst einstellten. — In der Kommission erklärten sich mehrere Stimmen gegen die Bestrafung des unentschuldigt ausbleibenden Antragstellers, andere dafür. Mehrere Mitglieder billigten zwar die neuen Vorschläge des Entwurfs, wollten aber die Ladung des Gegners durch den Antragsteller nicht obligatorisch, sondern nur fakultativ hingestellt wissen, so daß der SchMann nach Besprechung mit dem Antragsteller selbst befinden solle, ob die Ladung nicht auf andere zweckentsprechende Weise zu bewirken sei. — Aus beiden Gesichtspunkten wurden Abänderungsanträge gestellt. Nach dem einen Antrage sollte der SchMann verpflichtet sein, die Ladung an den Gegner zuzustellen und, nur wenn derselbe nicht der zuständige SchMann sei, sollte er die Behändigung der Einladung an den Gegner dem Antragsteller überlassen können; ferner sollte nur der zuständige SchMann die Geldbuße und auch nur dem Gegner androhen können. Der andere Antrag beschränkte sich darauf, es in das Ermessen des SchManns zu stellen, ob er selbst die Zustellung der Ladung des Gegners besorgen oder dieselbe dem Antragsteller überlassen wolle. — Der Vertreter des JustMin. erklärte sich gegen beide Anträge und betonte, daß, weil nur der Antragsteller ein Interesse an der Behändigung habe, ihm zur Erleichterung des SchMAmtes namentlich wegen des Kostenpunktes die Insinuation der Ladung allein zu überlassen sei. Die Androhung einer Buße an den ausbleibenden Antragsteller sei von SchMännern mehrfach beantragt worden. Daß die Entschuldigungen an dem Tage vor dem Termine bei dem SchManne vorgebracht werden müssen, sei um deßwillen anzuordnen, damit der SchMann die andere Partei noch von dem Ausfallen des Termins in Kenntniß setzen könne. Ginge die Entschuldigung später ein, dann sei der SchMann noch nicht verpflichtet, die Buße festzusetzen. Bei der Abstimmung wurde der erste Antrag abgelehnt, der andere angenommen. — Bei der zweiten Lesung wurde bemerkt, daß die Sache durch die Beschlüsse der ersten Lesung nicht vollständig und nicht zweckentsprechend geregelt zu sein scheine. Der Antrag ginge in die Hand des Antragstellers oder in die Hand seines Gegners über, der SchMann behalte gar keine Piece zurück und könne sich selbst nur den Termin notiren. Werde ein schriftlich angebrachter Antrag vom SchMann mit dem Vermerke wegen des Termins und der Kosten dem Gegner z. B. durch die Post zugestellt, dann fehle noch die Ladung des Antragstellers. Alles dies ließe sich nur vermeiden, wenn man es bei der bisherigen Ladung der Parteien nach dem früher gestellten ersten Antrage belasse. Zur besseren Regelung der Sache wurden zwei neue weitere Anträge eingebracht, von welchen der den Entwurf mit dem Zusatze „oder läßt diesen u. s. w." aufrecht erhaltende angenommen wurde. (KommBer. d. HerrH. zu § 19 Entw. S. 123.)

In der Kommission des AbgH. wollte man die Sache möglichst einfach gestalten und dem SchMann überlassen, in welcher Form er laden wolle. Ein dahin gehender Antrag wurde jedoch abgelehnt. — Von anderer Seite wollte man im § 22 die bestimmte Frist für die Abmeldung streichen und statt dessen bestimmen, daß, wer nicht erscheinen wolle, dies so zeitig erklären müsse, daß der Gegner noch abbestellt werden könne. Es wurde bemerkt, bei der Fassung des § scheine angenommen zu sein, daß zwischen der Ladung und dem Terminstage immer einige Tage verlaufen würden; das treffe indeß häufig nicht zu. Es seien Ladungen zu einem Termine noch am Tage des Antrags oder zum nächsten Tage nicht selten, und in solchen Fällen sei dann die fragliche Bestimmung unausführbar. Dem wurde jedoch aus der Kommission entgegengestellt, daß auch der Chikane vorgebeugt und verhindert werden müsse, daß einer den andern unnütz zum SchMann gehen lasse, und seitens des Vertreters des JustMin., daß es sich bei der Vorschrift darum handle, die Fälle zu bestimmen, in welchen die Strafe des § 22 festgesetzt werden dürfe. Wer im Termin auszubleiben entschlossen sei, solle dies genügend zeitig mittheilen, damit ihn der SchMann nicht erwarte und der Antragsteller noch abbestellt werden könne. Werde hierfür ein bestimmter Termin nicht festgesetzt, so werde es häufig zu Berufungen gegen die Straffestsetzung kommen, was vermieden werden müsse. Der gestellte Antrag wurde abgelehnt. (KommBer. d. AbgH. S. 1710 f.)

3. Bisher (vgl. Instr. v. 14. Juni 1844 § 11) betrug die Geldbuße für die nicht rechtzeitige Anzeige des Nichterscheinens 5 Silbergroschen. Der Entw. des § 20 verblieb hierbei, obwohl von Seiten der SchMänner mehrfach Anträge gestellt worden sind, die Strafe zu erhöhen, weil für eine niedrige Bemessung der Strafe der Umstand spreche, daß die Parteien zumeist der unbemittelten Bevölkerung angehören (Begründung des § 20 a. a. O.). In der Kommission des AbgH. wurde beantragt, im Abs. 2 des § 22 hinter „50 Pfennigen" einzuschalten „bis eine Mark." Der Antrag wurde angenommen, obwohl der Vertreter des JustMin. dagegen bemerkte, daß man, sobald dem SchMann ein Libitum gestattet werde, einer Häufung der Beschwerden entgegensehen müsse, was man habe vermeiden wollen. (KommBer. d. AbgH. S. 1710 f.)

4. Der schriftliche Antrag oder das über den mündlichen Antrag aufgenommene Protokoll mit dem nach § 20 nothwendigen Inhalt geben dem SchMann Gelegenheit, sich mit dem Gegenstande des Streits bekannt zu machen und setzen ihn in den Stand, seine Zuständigkeit sowie die übrigen in Betracht kommenden Verhältnisse (vgl. 12—17) zu prüfen. Findet der SchMann seine Zuständigkeit begründet und steht der Sühneverhandlung auch sonst nichts entgegen, so beraumt er Zeit und Ort des Termins zur Verhandlung an und veranlaßt die Ladung der Parteien. Die Ladung setzt er auf den Antrag oder eine Anlage desselben etwa in folgender Weise: „Termin zur Sühneverhandlung am 10. Januar 1880 Morgens 11 Uhr in der Wohnung des Unterzeichneten. Der X (Antragsteller) und der Y (Gegner) werden dazu mit dem Eröffnen geladen, daß derjenige, welcher in dem Termine nicht erscheinen will oder kann, solches spätestens

am 9. Jaunar 1880 bei Vermeidung einer Geldstrafe von 50 Pfennigen bis zu einer Mark bei dem Unterzeichneten anzeigen muß. — Berlin, den 24. December 1879. — Z, Schiedsmann. Alte Jakobstraße Nr. 36 I." Dem Ermessen des SchManns ist es überlassen, ob er die Zustellung des Antrags und der Ladung an den Gegner dem Antragsteller überlassen oder ob er selbst dieselbe ausführen will. Dem letzteren wird der SchMann sich nicht entziehen können, so oft der Antragsteller Anstand nimmt, seinem Gegner die Ladung zu behändigen, und deßhalb den SchMann darum ersucht. Die Ladung der Parteien muß ohne Ausnahme schriftlich erfolgen. Dem Gegner des Antragstellers ist neben der Ladung der Antrag zu behändigen, damit er sich über den Grund der Ladung unterrichten kann. Stellt der Antragsteller die Ladung dem Gegner zu, so bedarf es des ersteren Ladung nicht, da auch die für ihn bestimmte Ladung sich auf den ihm behufs Behändigung an den Gegner übergebenen Schriftstücke befindet. Besorgt der SchMann die Ladung, so läßt er dem Antragsteller eine Abschrift der Ladung, welche er auf den Antrag gesetzt hat, und dem Gegner den Antrag mit der Ladung im Original zustellen. In welcher Weise der SchMann die Zustellung ausführen lassen will, hat er nach eigenem Ermessen zu bestimmen; er hat jedoch dafür zu sorgen, daß es in zuverlässiger Weise geschieht, da er, ohne Gewißheit über die wirklich erfolgte Zustellung zu haben, die angedrohte Strafe nicht festsetzen darf. Da der SchMann den Antrag und die Ladung aus der Hand gibt, so muß er sich den Termin und die Namen der Parteien notiren. In welcher Weise, ob durch Führung eines Terminskalenders (vgl. Anm. 7 Abs. 2 zu § 28) oder in anderer Form, er dies thun will, ist seinem Ermessen anheimgegeben; eine Vorschrift darüber enthält die SchO nicht. Der Antragsteller hat dem SchMann Schreibgebühren gemäß § 43 SchO zu entrichten und die durch die Zustellung veranlaßten baaren Auslagen (z. B. Botenlohn, Porto) zu erstatten (§ 44). Der SchMann kann die Protokollirung des Antrags und die Zustellung von der vorherigen Entrichtung der Schreibgebühren und Auslagen abhängig machen (§ 42); erforderlichenfalls kann er die Gebühren und Auslagen durch die Gemeindebehörde beitreiben lassen (§ 44 Abs. 2).

Wenn die eine oder die andere Partei oder beide Theile in dem Termine ausbleiben, ohne ihr Nichterscheinen spätestens acht Tage vor dem Terminstage dem SchMann angezeigt zu haben, so ist der letztere befugt (nicht verpflichtet), gegen die ausgebliebene

Partei, ohne Unterschied, ob sie der Antragsteller oder der Gegner ist, eine Geldstrafe von 50 Pfennigen bis zu einer Mark festzusetzen, jedoch nur dann, wenn er der zuständige SchMann ist, wenn also entweder der Gegner des Antragstellers in seinem Bezirke seinen Wohnsitz hat, oder wenn er, an sich unzuständig, durch ausdrückliche oder stillschweigende Vereinbarung bereits zuständig geworden ist (§ 13), und wenn er Gewißheit über die an den Ausgebliebenen erfolgte Zustellung der Ladung hat. Diese Gewißheit wird er durch die bloße Versicherung des Antragstellers, welchem die Zustellung der Ladung überlassen ist, nicht erhalten; Postempfangsschein oder Bescheinigung des Gegners reichen zum Nachweise aus, dagegen wird man den Posteinlieferungsschein über einen eingeschriebenen Brief nicht für genügend erachten dürfen, da aus demselben der Inhalt des Briefes nicht hervorgeht. Ist die Ladung erst am Terminstage erfolgt, so kann selbstverständlich von der Festsetzung einer Strafe keine Rede sein. Ob der SchMann gegen den Ausgebliebenen überhaupt eine Strafe festsetzen oder welchen Betrag der zulässigen Geldstrafe er festsetzen will, hat er nach seinem freien Ermessen zu bestimmen. Die Straffestsetzung kann so gefaßt werden: „Gegen den X wird auf Grund des § 22 SchO eine Strafe von 80 Pfennigen festgesetzt, weil derselbe in dem zur Sühneverhandlung mit dem Y auf den 10. Januar 1880 Morgens 11 Uhr anberaumten Termine, obwohl dazu geladen, nicht erschienen ist und auch sein Ausbleiben nicht (oder nicht rechtzeitig) angezeigt hat. (Ort, Datum, Unterschrift, Siegel.)" Die Straffestsetzung hat der SchMann der Gemeindebehörde behufs Einziehung der Strafe zur Gemeindekasse (§ 46), sowie dem Bestraften zuzustellen. Dem Letzteren steht das Recht der Beschwerde dagegen an den Präsidenten des Landgerichts, gegen dessen Entscheidung an den Oberlandesgerichtspräsidenten und gegen dessen Entscheidung an den Justizminister (§ 7) zu. Die Beschwerde ist an eine Frist nicht gebunden.

Geht vor dem Termine seitens einer Partei die Anzeige ein, daß sie nicht erscheinen werde, so hebt der SchMann den Termin auf und theilt dies dem andern Theile mit. Wird auf Verlegung des Termins angetragen, so setzt der SchMann unter Aufhebung des anstehenden Termins einen neuen Termin an und ladet dazu beide Theile in derselben Weise vor, wie es für die Ladung zum ersten Termine vorgeschrieben ist. Will der SchMann die Zustellung der Ladung demjenigen überlassen, welcher den Verlegungsantrag gestellt hat, so übergibt er demselben zu diesem Zwecke das Verlegungsgesuch mit der darauf gesetzten Ladung.

§. 23.

Die Verhandlung der Parteien vor dem Schiedsmanne ist eine mündliche. Der Schiedsmann hat Sorge zu tragen, daß dieselbe ohne Unterbrechung zu Ende geführt werde; erforderlichenfalls hat er den Termin zur Fortsetzung der Verhandlung sofort zu bestimmen.

---

5. Der Antragsteller kann von dem im Termine ohne Abmeldung ausgebliebenen Gegner Schadensersatz nicht beanspruchen, da der letztere dem Antragsteller gegenüber nicht verpflichtet ist, sich auf eine Sühneverhandlung einzulassen, es sei denn, daß er denselben zur Stellung des Antrags bei dem SchMann veranlaßt hat. Dagegen wird man dem Gegner gegen den ohne Anzeige ausgebliebenen Antragsteller einen Anspruch auf Ersatz des durch die Versäumniß erlittenen Schadens der Regel nach zubilligen müssen, weil der Antragsteller durch die Stellung des Antrags sich zum Versuch der Sühne verpflichtet hat. Die SchO berührt dieses Verhältniß nicht; es muß daher nach den Grundsätzen des bürgerlichen Rechts über die Verpflichtung zum Schadensersatz im Wege des ordentlichen Prozesses geurtheilt werden.

6. Ueber die Ladung zu der nach § 420 der StrProzO. erforderlichen Sühneverhandlung vgl. § 37 SchO.

Zu § 23.

1. Die Verhandlung der Parteien vor dem SchManne ist eine mündliche. Daraus folgt, daß die Parteien oder deren gesetzlichen Vertreter oder, soweit es nach § 18 gestattet ist, deren Bevollmächtigte vor dem SchMann in Person ihre Erklärungen abgeben müssen, daß daher der SchMann auf Grund schriftlicher Eingaben, brieflicher Anerkenntnisse oder sonstiger Korrespondenzen keinen Vergleich aufnehmen darf. Die Verhandlung muß ferner ohne Unterbrechung zu Ende geführt werden. Ein gültiger Vergleich kann daher nur dann vor dem SchMann zu Stande kommen, wenn beide Parteien zu gleicher Zeit vor ihm erscheinen. Wenn in dem einen Termine nur der Kläger erscheint und einen Vergleichsvorschlag macht, in dem nächsten Termin nur der Beklagte sich einfindet und den Vorschlag annimmt, so begründet dies keinen Vergleich, aus welchem die Zwangsvollstreckung

stattfindet; vielmehr hat die einseitig abgegebene Erklärung des Beklagten lediglich den Werth eines außergerichtlichen Anerkenntnisses. (Vgl. Resk. des JustMin. v. 28. Septbr 1840 und v. 22. Juli 1847. Schering Art. 58.) Wenn aber auch die Verhandlung nicht unterbrochen werden soll, so ist dadurch nicht ausgeschlossen, daß, wenn die erste Verhandlung nicht zum Abschluß des Vergleichs führt, der Sühneversuch fortgesetzt und daß zu diesem Zwecke ein anderer Termin zur Verhandlung angesetzt wird. Da beide Theile anwesend sind, kann der SchMann dieselben zum neuen Termin mündlich laden, muß aber auch in diesem Falle schriftlich unter Strafandrohung laden, wenn er eine Strafe gegen den unentschuldigt Ausbleibenden festzusetzen gedenkt (§ 22).

2. Von der Regel, daß mündlich verhandelt werden muß, ist eine Ausnahme zu machen, wenn die Parteien taub oder stumm sind. Mit solchen Personen wird schriftlich verhandelt, soweit es zur Verständigung erforderlich ist (vgl. Anm. 1 zu Nr 2, 5, 6 b Abs. 2 S. 410).

3. „Die Vorschläge des SchManns müssen durch Kenntniß der Sache geleitet werden. Er muß sich daher übereilter Einmischungen in die Angelegenheiten der Parteien enthalten und sich bemühen, durch unparteiische Theilnahme das Vertrauen der Interessenten zu gewinnen. Er darf keinen von ihnen übereilen und muß bei seinen Vorhaltungen und Vorschlägen selbst den Schein des Zwanges vermeiden." Diese Bestimmung der bisherigen Verordnungen (vgl. Verord. v. 7. Septbr 1827, v. 26. Septbr 1832, v. 7. Juni 1841 §§ 16 Abs. 2) versteht sich so sehr von selbst, daß sie in die SchO nicht wieder aufgenommen ist.

4. Der SchMann hat nur mit den Parteien, d. h. mit den an dem Rechtsstreite unmittelbar betheiligten Hauptparteien, zu verhandeln. Auf Interventionen und Streitverkündigungen (vgl. CivProzO. §§ 61 ff) darf er sich nicht einlassen, er muß vielmehr, sobald die Parteien auf die Zuziehung Anderer zum Streit antragen oder sich ihre Rechte an diese sichern wollen, die Sache an den Richter verweisen (vgl. Verord. v. 7. Septbr 1827, v. 26. Septbr 1832, v. 7. Juni 1841 §§ 22). Wird erst im Laufe einer schon bei ihm anhängigen Sache auf eine solche Zuziehung angetragen, so hat er im Protokollbuche gemäß § 25 Abs. 4 SchO den Abbruch der Verhandlung und dessen Grund kurz zu vermerken.

§. 24.

Der Schiedsmann kann im Einverständnisse mit den Parteien Zeugen und Sachverständige, welche freiwillig vor ihm erschienen sind, hören.

Zur Beeidigung eines Zeugen oder Sachverständigen und zur Abnahme eines Parteieides ist der Schiedsmann nicht befugt.

Zu § 24.

1. „Da der SchMann über die Streitigkeiten der Parteien nicht entscheidet, so ist eine förmliche Beweisaufnahme bei dem Sühneverfahren selbstredend ausgeschlossen. Mit Rücksicht hierauf gestatten die bestehenden Verordnungen (vgl. Verord. v. 7. Septbr 1827 u. v. 26. Septbr 1832 §§ 16) nur die Vorlegung von Urkunden und schriftlichen Zeugnissen, untersagen aber die Vernehmung von Zeugen und Sachverständigen. Insofern hierunter eine eidliche Vernehmung zu verstehen ist, leuchtet der Grund des Verbots ein. Dagegen liegt keine Veranlassung vor, unbeeidete mündliche Aussagen von Zeugen und Sachverständigen anders zu behandeln, als schriftliche. Wenn also die Parteien darüber einverstanden sind und Zeugen oder Sachverständige freiwillig erscheinen, so steht der Vernehmung derselben Nichts im Wege. Die Vorschrift ist dem § 861 der CivProzO. nachgebildet." (Begründung des § 22 Entw. S. 11.)

2. In der Kommission des AbgH. wurde der Antrag gestellt, dem Abs. 1 die Worte anzuschließen: „und sonstigen Beweis zu erheben", um dem Mißverständniß vorzubeugen, daß man den nach den bisherigen Verordnungen zulässigen Urkundenbeweis ausschließen wolle. Der Vertreter des JustMin. wies darauf hin, daß der § 24 dem § 861 der CivProzO. nachgebildet worden sei. Es habe nur deutlich gesagt werden sollen, was der SchMann, wenn er einen Zeugen- oder Sachverständigenbeweis erhebe, dabei unterlassen müsse; weiche man von der Fassung der CivProzO. ab, so rufe man dadurch die Meinung hervor, als habe etwas Verschiedenes gesagt werden sollen, was doch nicht in der Absicht

gelegen. Der Antrag wurde abgelehnt. (KommBer. d. AbgH. S. 1711.)

Hiernach ist es dem SchManne (wie dem Schiedsrichter nach der CivProzO.) gestattet, Beweis auch durch Einnahme des Augenscheins und durch Einsicht von Urkunden zu erheben.

3. Der SchMann darf Beweis nur dann erheben, wenn beide Theile damit einverstanden sind. Er hat daher nicht die Befugniß, von Amtswegen vorzugehen, sondern hat sich zunächst des Einverständnisses der Parteien zu versichern, ehe er zur Beweisaufnahme schreitet. Dem SchMann, dessen Beruf es ja lediglich ist, die Parteien in Güte zu vereinigen, ist die Beweisaufnahme nur zu dem Zwecke gestattet, sich in den Stand zu setzen, die gegenseitigen Ansprüche und Einwendungen der Parteien zu prüfen, sie über den Grund oder Ungrund ihrer Forderungen zu belehren und ihnen sachgemäße Vorschläge zur Beendigung ihres Streites durch Abschluß eines Vergleichs zu machen. Welches Gewicht auf die beigebrachten Beweismittel zu legen sei, muß der SchMann nach der Beschaffenheit derselben beurtheilen. Urkunden z. B., welche vor Gericht aufgenommen oder anerkannt sind, verdienen in der Regel vollen Glauben; auch die von anderen öffentlichen Behörden ausgefertigten Urkunden, z. B. Atteste und Verhandlungen derselben, sind im Allgemeinen als glaubwürdige Beweisstücke zu betrachten. Inwiefern Durchstreichungen, Radirungen, Einschaltungen oder sonstige äußere Mängel die Beweiskraft einer Urkunde ganz oder theilweise aufheben oder mindern, hat der SchMann nach freiem Ermessen nach den obwaltenden Umständen zu beurtheilen. (Vgl. CivProzO. §§ 380 ff.) Eine Privaturkunde hat der SchMann nur dann zu berücksichtigen, wenn sie von den Parteien als echt anerkannt wird oder wenn die Echtheit derselben sich mit Grund nicht bezweifeln läßt. Die vorgelegten Urkunden hat der SchMann den Parteien nach gemachtem Gebrauche zurückzugeben.

4. Die Beweismittel müssen dem SchMann von den Parteien beigebracht werden. Sind es Zeugen oder Sachverständige, so müssen sie freiwillig vor ihm erscheinen. Der SchMann hat nicht die Befugniß, gegen Zeugen oder Sachverständnisse Zwang ausüben. Er kann dieselben nicht unter Strafandrohung laden und ebensowenig den Ungehorsam der erschienenen Auskunftspersonen durch Zwangmittel brechen oder bestrafen. Alles, was dem SchMann zusteht, ist die Vernehmung der von selbst oder auf eine ohne Strafandrohung ergangene Aufforderung des SchMannes oder einer Partei erschienenen und zum Vernom-

§. 25.

Kommt ein Vergleich zu Stande, so ist derselbe zu Protokoll festzustellen.

---

menwerden bereiten Zeugen und Sachverständigen. Der SchMann ist auch nicht befugt, das Gericht um zwangsweise Ladung und Vernehmung anzugehen.

Auch gegen die Parteien darf der SchMann nicht zwangsweise vorgehen. Befindet sich die zum Beweise in Bezug genommene Urkunde nach der Behauptung des Beweisführers in der Hand des Gegners, so kann der SchMann zwar durch geeignete Vorstellungen die gütliche Vorlegung der Urkunde zu erreichen suchen, aber, so wenig der Gegner zur Vorlegung verpflichtet ist, sowenig ist der SchMann berechtigt, dem Gegner die Vorlegung unter Androhung irgend eines Rechtsnachtheils aufzugeben. Will der Gegner die Urkunde nicht vorlegen, so kann sie eben als Beweismittel nicht berücksichtigt werden; das ist die einzige Folge.

Noch weniger darf der SchMann es versuchen, einen Zwang gegen Dritte auszuüben. Ist z. B. der Augenschein auf dem Grundstücke eines Dritten einzunehmen, so muß sich der SchMann die Erlaubniß desselben zum Betreten des Grundstücks erbitten oder dem Beweisführer die Erlaubniß sich zu verschaffen überlassen. Kraft seines Amtes ist der SchMann nicht befugt, ohne Weiteres in ein fremdes Besitzthum einzudringen, und thut er es dennoch, so setzt er sich denselben Folgen aus, welche jede Privatperson beim unbefugten Eindringen in ein fremdes Besitzthum treffen würden. Oder beruft sich die Partei auf eine im Besitze eines Dritten befindliche Urkunde, so kann der SchMann dem Dritten die Vorlegung derselben nicht aufgeben; er hat vielmehr dem Beweisführer die Herbeischaffung derselben anheimzugeben.

5. Wenn die vor dem SchMann erschienenen Zeugen oder Sachverständigen Gebühren beanspruchen, so sind sie denselben von der Partei, welche die Gestellung bewirkt hat, zu zahlen (§ 44). Wird der SchMann um Ladung von Auskunftspersonen angegangen, so wird er gut thun, die Ladung von der vorherigen Entrichtung der zu machenden Auslagen abhängig zu machen (§ 42). Das gleiche Verfahren empfiehlt sich, wenn der SchMann eine Reise zum Zwecke der Einnahme des Augenscheins machen soll.

Das Protokoll wird in der Sprache der Parteien, und wenn nur eine Partei der deutschen Sprache mächtig ist, in dieser und der fremden Sprache aufgenommen.

Das Protokoll enthält:

1) den Ort und die Zeit der Verhandlung;
2) die Namen der erschienenen Parteien, gesetzlichen Vertreter, Bevollmächtigten und Beistände, sowie die Angabe, wie dieselben ihre Legitimation geführt haben;
3) den Gegenstand des Streits;
4) die Verabredung der Parteien.

Kommt ein Vergleich nicht zu Stande, so hat der Schiedsmann hierüber einen kurzen Vermerk aufzunehmen.

Zu §§ 25—28. „Diese §§ betreffen den Abschluß der Verhandlung durch Aufnahme des Protokolls über die erfolgte Einigung (§ 25 Abs. 1—3), woraus von selbst folgt, daß es einer protokollarischen Beurkundung nicht bedarf, wenn ein Vergleich nicht zu Stande kommt (§ 25 Abs. 4). Die Bestimmungen umfassen die Form und den Inhalt der Protokolle (§§ 25—27), sowie die Sicherung der letztern nach der Aufnahme (§ 28). Da es sich hierbei um die Herstellung einer öffentlichen Urkunde handelt, so dienen die Vorschriften über die Aufnahme von Handlungen der freiwilligen Gerichtsbarkeit zur Richtschnur." (Begründung der §§ 23—26 Entw. S. 11.)

Zu § 25.

1. Ueber den Gegenstand der Vergleiche vgl. Anm. zu § 12 (S. 68 ff).

2. „Das Protokoll ist in der Sprache der Parteien aufzunehmen. Damit schließt sich der § 25 an die Verord. für die Prov. Posen v. 7. Juni 1841 § 19 an und dehnt im Hinblick

darauf, daß auch noch in anderen Provinzen neben der deutschen eine fremde Sprache als Volkssprache vorkommt, diese singuläre Vorschrift auf das ganze Staatsgebiet aus. Es kann keine Frage sein, daß in allen Fällen, in welchen die Parteien der deutschen Sprache so weit mächtig sind, um sich von der Richtigkeit des in derselben aufgenommenen Protokolles selbst überzeugen zu können, die Aufnahme des letzteren in der deutschen Sprache erfolgen muß. Denn die allgemeine Landessprache ist die Sprache der Parteien auch dann, wenn die letzteren eine andere Sprache geläufiger sprechen und sich ihrer im gewöhnlichen Leben zumeist bedienen. Sobald aber beide Parteien der deutschen Sprache in dem vorbemerkten Umfange nicht mächtig sind, kann der erforderliche Schutz gegen Irrthum und Mißverständniß, ja selbst gegen absichtliche Fälschung der Willensäußerung von dem auf die einfachsten Formen beschränkten SchMInstitute nur dadurch gewährt werden, daß bei der Protokollirung der abgegebenen Erklärungen die den Parteien verständliche Sprache zur Anwendung kommt. In dieser Erkenntniß hat bereits das Ges. vom 28. Aug. 1876 im § 11 Nr 5 (GesS. S. 389) die Vorschriften über das Verfahren vor den SchMännern unberührt gelassen und es bedarf somit nur noch einer näheren Erwägung, ob nach Maßgabe des § 7 dieses Gesetzes, des § 187 des GerVerfGes. und der §§ 24 u. 25 des Ges. v. 11. Juli 1845 (GesS. S. 487) neben der fremden Sprache auch noch ein Protokoll in deutscher Sprache verlangt werden soll. Daß diese doppelte Protokollirung alsdann nothwendig wird, wenn die eine Partei in der deutschen, die andere in einer fremden Sprache verhandelt, folgt aus dem oben aufgestellten Grundsatze von selbst. In den Fällen aber, wo beide nur der fremden Sprache mächtig sind, kann nach demselben Grundsatze das in deutscher Sprache aufgenommene Nebenprotokoll nicht als die eigentliche Erklärung der Parteien gelten, sondern als eine Uebersetzung derselben nur soweit Werth und Gültigkeit haben, als es mit dem Hauptprotokolle übereinstimmt. Der Nutzen des Nebenprotokolls ist daher gering und wiegt abgesehen von der dem SchManne dadurch erwachsenden Mehrarbeit den Nachtheil nicht auf, welcher aus einer unrichtigen Uebersetzung erwachsen kann." (Begründung des § 23 Entw. S. 11.)

In der Kommission des AbgH. wurde von Abgeordneten aus Gegenden mit sprachlich gemischter Bevölkerung folgender Zusatz für nützlich erachtet und beantragt, denselben dem Abs. 2 hinzuzufügen: „Auf die Niederschreibung des Protokolls in der fremden Sprache kann verzichtet werden. Der Verzicht muß aus dem

Protokoll hervorgehen." Es komme nicht selten vor, wurde bemerkt, daß der SchMann sich zwar genügend mit einer Partei in der fremden Sprache zu verständigen vermöge, daß er aber außer Stande sei, das Resultat in der fremden Sprache ordentlich schriftlich wiederzugeben. Die Beibehaltung der Vorschrift, daß in dem fraglichen Falle das Protokoll nothwendig auch in der fremden Sprache niedergeschrieben werden müsse, werde die Wirksamkeit des Instituts der SchMänner in den bezeichneten Gegenden beeinträchtigen. Auch gestatte die jetzt geltende Gerichtsordnung bei Prozeßhandlungen zwischen Parteien verschiedener Sprachen auf die Führung des s. g. Nebenprotokolls in der fremden d. h. nicht deutschen Sprache Verzicht zu leisten. — Der Vertreter des JustMin. bemerkte: Wenn die Parteien verschiedene Sprachen redeten, so solle für jeden nur das in seiner Sprache aufgenommene Protokoll verpflichtend sein. Es komme darauf an, daß die Parteien auch wüßten, was sie unterschrieben. — Der Antrag wurde abgelehnt. (KommBer. d. AbgH. S. 1712.) — Der SchMann, welcher der fremden Sprache nicht so mächtig ist, um das Protokoll in derselben ordentlich aufnehmen zu können, hat also seine Mitwirkung abzulehnen und die Parteien an das Gericht zu verweisen (vgl. SchO § 16 Nr 1 mit Anm. S. 81 f).

3. „Unter Nr 1 bis 4 sind die wesentlichen Bestandtheile jedes Vergleichsprotokolls aufgeführt. Sie sind an sich verständlich und durch den Zweck, welchen die Protokollirung verfolgt, geboten, stimmen daher nicht nur mit den Vorschriften über gerichtliche Protokolle (CivProzO. § 145; Allg. GerOrd. II. 2 § 43), sondern auch mit den bisherigen Anforderungen an die schiedsmännischen Protokolle (vgl. Verord. v. 7. Septbr 1827, v. 26. Septbr 1832, v. 7. Juni 1841 §§ 19) übereın." (Begründung des § 23 Entw. S. 11.)

Zu Nr 1. Die Angabe des Orts ist erforderlich, um beurtheilen zu können, daß der SchMann seine örtliche Zuständigkeit nicht überschritten hat (vgl. §§ 13 u. 14 und Anm. 3 dazu S. 76). So lange der SchMann sich mit seiner Amtsthätigkeit innerhalb der Grenzen seines Bezirks hält, ist es ohne Bedeutung, ob er in seinem Wohnorte oder in einem anderen Orte, ob er in seiner Wohnung oder in seinem Amtslokal oder in einer fremden Behausung oder im Freien den Vergleich aufgenommen hat. Nur im Falle der Stellvertretung darf der SchMann außerhalb seines Bezirks einen Vergleich aufnehmen (§ 14). — Der Ort und das Datum bilden die Ueberschrift des Protokolls.

Zu Nr 2. Vgl. Anm. 1 zu Nr 3 u. Nr 4 des § 16 (S. 86 ff) und Anm. 4 zu § 18 (S. 99 f). — Das Protokoll selbst beginnt mit der Benennung der erschienenen Parteien unter Angabe ihrer persönlichen Verhältnisse, soweit dieselben auf ihre Dispositionsfähigkeit von Einfluß sind. Ist die eine oder andere Partei dem SchManne unbekannt, so muß derselbe im Protokolle vermerken, auf welche Art er sich von ihrer Identität versichert hat. Geschieht dies mittels Rekognition durch einen Dritten, so muß der SchMann das Protokoll oder den Rekognitionsvermerk von diesem unterzeichnen lassen.

Zu Nr 3. Der Gegenstand des Streites muß genau bezeichnet werden, es muß namentlich deutlich angegeben werden, worin die Forderung besteht, und aus welchem Rechtsgeschäft dieselbe entsprungen ist. Die Angabe des Schuldgrundes ist nicht blos deshalb nothwendig, um künftigen Zweifeln und Prozessen vorzubeugen, sondern auch aus dem Grunde, weil sonst ganz nichtige Forderungen (vgl. z. B. Allg. Landrecht I. 16 §§ 414, 415) durch den Vergleich des SchMannes zur exekutivischen Beitreibung gebracht werden könnten. Während die Angabe des Fundaments der Forderung in dem Reff. des JustMin. v. 11. April 1839 (JMBl. S. 132) nur für räthlich, nicht aber zur Vollstreckbarkeit des Vergleichs für nothwendig erachtet war, ist dieselbe in dem Reff. des JustMin. v. 9. Febr 1847 (Schering Art. 64) zur Vollstreckbarkeit des Vergleichs für nothwendig erklärt. Der SchMann muß daher das Vergleichsprotokoll nicht etwa in der Art aufnehmen: „A erkennt an, dem B 100 Mark schuldig zu sein", sondern er muß z. B. sagen: „A erkennt an, dem B für gelieferte Waaren (oder für geleistete Dienste, oder als Darlehn u. dgl.) die Summe von 100 Mark zu verschulden", und muß dabei die Waaren oder die Dienste selbst genauer bezeichnen (vgl. Reff. v. 9. Febr 1847). Auch ist es zweckmäßig, das Protokoll so einzurichten, daß daraus ersichtlich ist, daß über den Gegenstand des Vergleichs auch wirklich ein Streit unter den Parteien obgewaltet, daß also die Forderung des Klägers bei dem Verklagten auf irgend eine Weise Widerspruch gefunden habe und demnächst eine Vereinigung zwischen beiden Theilen erfolgt sei, damit erkennbar gemacht wird, daß der SchMann sich nicht mit der Aufnahme eines bloßen Anerkenntnisses oder mit einer Handlung der freiwilligen Gerichtsbarkeit befaßt und somit seine Befugnisse überschritten habe (vgl. Anm. 4 zu § 12 S. 70 f und Anm. 3 zu § 32).

Zu Nr 4. „Der Vergleich selbst muß so klar als möglich

nach der Einigung der Parteien aufgenommen werden; es muß namentlich darin ausgesprochen sein, was der Eine zu fordern und der Andere zu erfüllen hat; der bloße Vermerk: „daß die Parteien sich verglichen haben“ ist ganz nutzlos; aus einem solchen Vergleiche kann keine Exekution vollstreckt werden. Ferner muß in dem Vergleiche genau angegeben werden, wann die Erfüllung geschehen soll. Erklärungen, wie z. B. „sobald als möglich, oder gelegentlich, oder nach Kräften erfüllen zu wollen“, sind zu unbestimmt und zur Zwangsvollstreckung nicht geeignet. Werden dem Schuldner Terminalzahlungen bewilligt und will sich der Gläubiger, wie dies in der Praxis gewöhnlich geschieht, das Recht vorbehalten, bei dem Ausbleiben einer Terminalzahlung sofort den ganzen noch rückständigen Betrag zu verlangen, so hat der SchMann in dem Vergleich ausdrücklich zu bemerken, daß sich der Schuldner, falls er eine Terminalzahlung nicht innehalten sollte, der Exekution auf den ganzen noch übrigen Rückstand unterwerfe. Ist dies nicht geschehen, so kann der Gläubiger die Exekution immer nur auf Höhe der jedesmal ausgebliebenen Terminalzahlung nachsuchen.“ (Schering Art. 66 u. 67.)

4. Muster eines Protokolls. Der nachstehende Entwurf eines Protokolls enthält die Verhandlung mit einem Unbekannten, einem Tauben und einem Analphabeten.

Nr 51. Berlin den 10. Juni 1880.

Vor dem unterzeichneten Schiedsmann erschienen:

1. Der Tischlermeister X von hier Schumannstraße Nr 4,
2. Der Dachdeckermeister Y von hier Friedrichstraße Nr 67,
3. Der Rentier Z von hier Wilhelmstraße Nr 101.

Die beiden ersteren sind dem Schiedsmann bekannt, der Rentier Z wurde durch den herbeigerufenen bekannten Barbier A rekognoszirt. Gegen die Dispositionsfähigkeit der Erschienenen ist nichts zu erinnern.

Der Tischlermeister X ist taub, kann aber schreiben und Geschriebenes lesen. Es wurde mit demselben in der Weise verhandelt, daß die Erklärungen und Vorschläge des Dachdeckermeister Y und des Rentiers Z sowie des unterzeichneten Schiedsmanns niedergeschrieben und dem X zum Durchlesen vorgelegt wurden, worauf derselbe sich mündlich äußerte.

Der Dachdeckermeister Y kann weder lesen noch schreiben und wählte deßhalb den Barbier A zu seinem Beistande.

Der Tischlermeister X und der Dachdeckermeister Y erklärten, daß sie dem Rentier Z die sämmtlichen Tischler- und Dachdeckerarbeiten zu dem Hintergebäude seines Wohnhauses Wilhelmstraße

Nr 101 für den vereinbarten Preis von 1200 Mark gemeinschaftlich geliefert haben, daß Z auch bereits 800 Mark gezahlt habe, die Zahlung des Restes aber verweigere.

Der Rentier Z will die rückständigen 400 Mark erst dann zahlen, wenn an Stelle der aus schlechtem Holze gelieferten Hausthür eine andere fehlerfreie geliefert und das Dach, welches an verschiedenen Stellen schadhaft und undicht, gebessert sei.

Der Tischlermeister X und der Dachdeckermeister Y stellten dies in Abrede und baten den Tischlermeister B und den Dachdeckermeister C als Sachverständige zu hören. Der Rentier Z war damit einverstanden.

Der Dachdeckermeister Y holte die genannten Sachverständigen herbei. Der Schiedsmann begab sich mit denselben und den Parteien zu dem Hause Wilhelmstraße Nr 101, wo die Sachverständigen die angeblich fehlerhaften Arbeiten besahen und sich darüber äußerten. Die letzteren entfernten sich dann.

In die Wohnung des Schiedsmanns zurückgekehrt, verglichen sich die Parteien, wie folgt:

1. Der Rentier Z zahlt binnen 8 Tagen dem Dachdeckermeister Y noch 70 Mark und dem Tischlermeister X noch 210 Mark und verzichtet auf alle Ansprüche aus der Fehlerhaftigkeit der erwähnten Tischler- und Dachdeckerarbeiten.
2. Der Dachdeckermeister Y und der Tischlermeister X erklären sich durch diese Zahlungen wegen ihrer Restforderung von 400 Mark für befriedigt und verzichten auf ihre weiteren Ansprüche.
3. Von den durch den Tischlermeister X den Sachverständigen gezahlten 6 Mark Gebühren erstattet ihm der Rentier Z binnen 8 Tagen 3 Mark.

Der Tischlermeister X bat um Ausfertigung des Protokolls.

Das Protokoll ist den Parteien vorgelesen und dem Tischlermeister X zur Durchsicht vorgelegt. Dasselbe ist von den Parteien genehmigt und von X und Z unterschrieben, von Y unterkreuzt.

X. Z. Handzeichen × × × des Dachdeckermeisters Y,
bescheinigt durch
A.

Geschehen wie oben.
D, Schiedsmann.

Dem Tischlermeister X ist die beantragte Ausfertigung sofort ertheilt.

25 Pfennige Schreibgebühren sind bezahlt.
D. 10/6 80.

5. Die Vorschläge des SchManns sowie überhaupt die mündlichen Erörterungen, welche dem Vergleiche vorausgehen, und die Aussagen der etwa vernommenen Zeugen und Sachverständigen gehören nicht in das Protokoll; vielmehr wird nur das Resultat der Verhandlung darin aufgenommen. In Fällen, wo der Vergleich lediglich auf der Abschätzung eines Sachverständigen beruht, wird es sich aber empfehlen, die Abschätzung mit aufzunehmen.

6. In der Kommission des HerrH. wurde von einem Mitgliede bemerkt, daß wohl nicht alle im § 25 aufgeführten Erfordernisse des Protokolls für absolut wesentliche zu erachten seien. Es wurde entgegnet, daß schon aus der Fassung „das Protokoll enthält" abzunehmen sei, wie die hier für das Protokoll aufgestellten Erfordernisse gar nicht als wesentliche hingestellt seien, dergestalt, daß ihre Nichtbeachtung oder nicht vollständige Beachtung noch nicht die Nichtigkeit der ganzen Verhandlung nach sich ziehen müßte. Auch wurde darauf verwiesen, daß bei einem aus diesem Anlaß etwa entstehenden Streite der Richter im gegebenen Falle doch zu beurtheilen haben werde, ob die nach den Landesgesetzen für einen Vertrag gegebenen Vorschriften beobachtet seien, worauf dann wieder entgegnet wurde, daß bei einem derartigen Streite nicht blos die allgemeinen Bestimmungen der Landesgesetze, sondern auch die besonderen Vorschriften der SchO für maßgebend würden erachtet werden müssen. Der Vertreter des JustMin. hat sich bei dieser Erörterung nicht betheiligt. (KommBer. d. HerrH. S. 124.) Vgl. Anm. 5 zu § 32 SchO.

7. Im RegEntw. fehlte der letzte Absatz im § 25. In der Kommission des HerrH. wurde in Folge dessen darauf aufmerksam gemacht, daß, wenn in der angemeldeten Streitsache ein Vergleich nicht zu Stande komme, der SchMann hierüber auch nicht einmal in den Beiakten zu dem Protokollbuche einen Vermerk zu machen habe. Dies weiche ohne Grund von dem bisherigen Verfahren ab. Derartige Notizen gewährten nicht allein ein statistisches Interesse, sondern gereichten auch der Aufsichtsinstanz bei Prüfung der jährlichen Uebersichten über die Thätigkeit der SchMänner zur Unterlage für die Beurtheilung der Qualifikation und Dienstführung der einzelnen SchMänner. Um diese zweckmäßige Einrichtung zu erhalten, wurde die Hinzufügung des Schlußabsatzes beantragt. Der Vertreter des JustMin. erklärte, daß es in der Absicht des Entwurfs gelegen habe, die Fälle, in denen ein Vergleich nicht zu Stande komme, gar nicht zu konstatiren, da dies für die Statistik nicht von Interesse sei. Auch habe das Protokollbuch nicht die Bestimmung, darin festzustellen,

wann ein Vergleich nicht zu Stande gekommen sei. Auf das letztere wurde entgegnet, daß nach dem Antrag die Aufnahme des Vermerks in das Protokollbuch gar nicht angeordnet werde, vielmehr ein Vermerk in den Beiakten gemeint sei. Von anderer Seite glaubte man, die desfallsigen Anordnungen füglich der Instruktion überlassen zu können. Die Kommission entschied sich für die Annahme des Zusatzantrages. (KommBer. d. HerrH. S. 124.)

In der Kommission des AbgH. wurde beantragt, den letzten Absatz wieder zu streichen. Derselbe belästige die SchMänner ganz überflüssig. Komme ein Vergleich nicht zu Stande, so habe es keinen Zweck, daß der SchMann hierüber einen schriftlichen Vermerk mache. Es werde von SchMännern nicht selten unterlassen, zustandegekommene Vergleiche zu protokolliren und zwar ohne Schaden. Die Parteien wünschten öfter gar nicht, daß ihrer Sache wegen etwas geschrieben werde. Noch weniger erscheine es geboten, in bürgerlichen Rechtsstreitigkeiten nicht zustandegekommene Vergleiche zu protokolliren. Anderseitig wurde die Vorschrift für nützlich gehalten, da sie den SchMann nöthige, über seine Thätigkeit Buch zu führen. Auch könne die Beobachtung der Vorschrift der Kosteneinziehung eine erkennbare Grundlage gewähren, indem der SchMann seine Kostenforderung durch die Verweisung auf die Notiz zu rechtfertigen vermöge. Der Absatz wurde aufrecht erhalten. (KommBer. d. AbgH. S. 1712.)

8. Der Aufnahme eines Vermerks bedarf es nur dann, wenn der SchMann mit den Parteien bereits verhandelt hat und seine Bemühungen, einen Vergleich zu Stande zu bringen, erfolglos gewesen sind. Hat der SchMann gleich von Anfang an jede Vermittelung von seiner Seite abgelehnt, so kann von dem Zustandekommen oder Nichtzustandekommen eines Vergleichs noch gar keine Rede sein und es wird ein Vermerk nicht aufgenommen; denn über die Ablehnung seiner Mitwirkung soll der SchMann jetzt so wenig, wie bisher, etwas niederschreiben.

Der Vermerk muß den Tag der Verhandlung, den Namen und Wohnort der Parteien, den Gegenstand des Streits und den Grund, weßhalb kein Vergleich zu Stande gekommen ist, enthalten (vgl. Instr. v. 1. Mai 1841 § 3). Die Unterschrift der Parteien ist nicht erforderlich, da diese im § 27 nur für das Protokoll, nicht auch für den Vermerk vorgeschrieben ist. Der Vermerk könnte so lauten: „Am 10. Juni 1880 erschienen vor dem unterschriebenen Schiedsmann auf ergangene Ladung der Mäkler X und der Kaufmann Y von hier. Der erstere verlangte für die

§. 26.

Das Protokoll ist den Parteien vorzulesen oder zur Durchsicht vorzulegen. In dem Protokolle ist zu bemerken, daß dies geschehen und die Genehmigung erfolgt sei.

Vermittelung des Kaufs des Hauses Nr 10 Ritterstraße eine Vergütung von 1000 Mark. Der letztere wollte nur 500 Mark zahlen. Die Sühne wurde versucht, es kam aber kein Vergleich zu Stande — oder: es ergab sich jedoch, daß die Angelegenheit dem SchMann zu verwickelt war, und lehnte derselbe deßhalb die weitere Ausübung seines Amtes ab. Z. Schiedsmann."

Bisher wurde der Vermerk in das Protokollbuch eingetragen (vgl. Verord. v. 7. Septbr 1827, v. 26. Septbr 1832, v. 7. Juni 1841 § 24 bezw. § 25). Dieses Verfahren wird auch ferner beizubehalten sein, obwohl man in der Kommission des HerrH. gemeint hat, der Vermerk solle zu den Beiakten genommen werden (Anm. 7 Abs. 1). Bezüglich des Vermerks über die Erfolglosigkeit des Sühneversuchs wegen Beleidigungen ist im § 38 Abs. 3 ausdrücklich vorgeschrieben, daß derselbe in das Protokollbuch eingetragen werden soll. Eine Bestimmung, wie es in bürgerl. Rechtsstreitigkeiten zu halten sei, fehlt. Da die aktenmäßige Ansammlung von Schriftstücken beim SchManne grundsätzlich vermieden werden soll (vgl. Anm. 1 zu §§ 21 u. 22 S. 103 f), so wird man füglich alle Vermerke über nicht zustandegekommenen Vergleiche, wenngleich die Erfolglosigkeit des Sühneversuchs in bürgerl. Rechtsstreitigkeiten nicht die Bedeutung hat, wie die wegen Beleidigungen, in das Protokollbuch mit der fortlaufenden Nummer eintragen. Uebrigens genügt auch die Eintragung der erforderlichen Angaben in das nach § 4 Abs. 2 der Allg. Verf. vom 27. August 1879 (Anm. 1 zu § 7 S. 49) von dem SchManne zu führende Verzeichniß der nicht verglichenen Sachen, und bedarf es daneben eines besonderen Vermerks nicht (vgl. auch Anm. 7 zu § 28).

Zu § 26. In den bisherigen Verordnungen (vgl. Verord. v. 7. Septbr 1827, v. 26. Septbr 1832, v. 7. Juni 1841 §§ 18) war das eigene Lesen des Protokolls seitens der Betheiligten vorzugsweise gefordert und nur das Vorlesen desselben bei Verhandlungen mit Analphabeten vorgeschrieben. Der § 26 SchO gibt dem Ermessen des SchMannes und der Parteien anheim, das eine oder andere Verfahren einzuschlagen, je nachdem es den

§. 27.

Das Protokoll ist von den Parteien und dem Schiedsmanne durch Namensunterschrift zu vollziehen.

Jede Partei, welche nicht unterschreiben kann, muß einen Beistand wählen, welcher für sie die Verhandlung mit seiner Namensunterschrift vollzieht oder die von ihr beigefügten Handzeichen beglaubigt. Der Schiedsmann hat dabei zu vermerken, von welcher Partei und aus welchem Grunde die eigenhändige Unterschrift unterblieben ist.

Fähigkeiten und Wünschen der Parteien am meisten entspricht, und schließt sich damit an den § 148 der CivProzO. an. (Vgl. Begründung des § 24 Entw. S. 11.) Personen, welche nicht lesen und schreiben können, hat der SchMann also das Protokoll stets vorzulesen, Personen, welche taub sind, muß er dagegen das Protokoll zum eignen Durchlesen geben. Im Uebrigen kann er es machen, wie er oder die Parteien es vorziehen. (Vgl. das Muster in Anm. 4 zu § 25 S. 119 f.)

Zu § 27.

1. Motive.
2. Verfahren mit einer schreibensunfähigen Partei.
3. Der Beistand. S. 125.
4. Verfahren, wenn eine Partei auch ein Handzeichen nicht machen kann. S. 125.

1. „Die Unterschrift der Parteien, durch welche späteren Angriffen auf die Echtheit der Protokolle vorgebeugt werden soll, erfolgt auf die sicherste und den Parteien geläufigste Weise durch die Beifügung ihres Namens. Ist diese direkte Betheiligung an der Herstellung des Protokolles nicht zu erreichen, so muß die fehlende eigene Unterschrift durch diejenige eines selbstgewählten Beistandes ergänzt werden. Hiervon absehen, hieße den SchMännern eine größere Glaubwürdigkeit als den richterlichen Beamten einräumen (Anh. § 68 zu § 19 I. 10 Allg. GerOrd.)." (Begründung des § 25 Entw. S. 11.)

2. Ergibt sich bei dem Abschlusse einer Vergleichsverhandlung, daß eine Partei nicht unterschreiben kann, sei es, daß sie des Schreibens unkundig, oder durch Zufall am Schreiben verhindert ist, so tritt nicht die Pflicht für den SchMann ein, seine Mitwirkung abzulehnen (vgl. Anm. 1 zu § 16 Nr 2, 5, 6b Abs. 3 S. 85), sondern die Partei (nicht etwa, wie bisher, der SchMann)

muß einen Beistand wählen, welcher anstatt ihrer die Verhandlung mit seiner Namensunterschrift (nicht mit der Namensunterschrift der Partei) vollzieht und die von der letzteren eigenhändig beigefügten Handzeichen (drei Kreuze oder drei Nullen u. s. w.) beglaubigt, d. h. bescheinigt, daß die Handzeichen von der Partei gemacht worden sind (vgl. das Muster in Anm. 4 zu § 25 S. 120). Ist diese Vorschrift nicht beobachtet, so ist die Verhandlung für diejenige Partei, welche nicht schreiben kann, unverbindlich, denn es fehlt dann ihre Unterschrift sowohl wie der zulässige Ersatz derselben. Daß der Beistand bei der Vorlesung des Protokolls zugegen sein muß, ist nicht vorgeschrieben, vielmehr ist im Abs. 2 des § 27 die Mitwirkung des Beistandes lediglich auf die Herstellung eines Ersatzes für die fehlende Unterschrift der Partei beschränkt.

3. Jede Partei, welche nicht unterschreiben kann, muß einen Beistand wählen. Wenn beide Parteien nicht schreiben können, so muß jede derselben einen besonderen Beistand wählen. Bisher konnte unter mehreren, gemeinschaftliche Sache machenden Personen derjenige, welcher zu schreiben und Geschriebenes zu lesen im Stande war, die Handzeichen seines Streitgenossen, dem diese Fähigkeit ermangelte, bescheinigen, ohne daß es eines weiteren Beistandes bedurfte (Instr. v. 1. Mai 1841 § 13 Abs. 2). Das wird auch jetzt noch zulässig sein, wenn die unfähige Partei ihren Streitgenossen als Beistand wählt, da dieselbe in der Wahl der Person ihres Beistandes nicht beschränkt ist.

4. Im § 27 ist der Fall nicht vorgesehen, daß die Partei auch ein Handzeichen nicht machen kann, weil ihr z. B. beide Hände fehlen. Daß der SchMann in einem solchen Falle seine Mitwirkung ablehnen soll, ist nicht vorgeschrieben, vielmehr wird in der Begründung des § 16 unter Nr 2 ausdrücklich der Fall, daß eine Partei durch Zufall am Schreiben verhindert wird, demjenigen gleichgestellt, daß eine Partei des Lesens und Schreibens unkundig ist, und für beide Fälle die Amtsthätigkeit des SchMannes zugelassen. Es wird daher, wie dies auch bei Aufnahme von Notariatsurkunden nach dem Ges. v. 11. Juli 1845, in welchem ebenfalls der Fall, daß ein Betheiligter auch ein Handzeichen nicht machen kann, übergangen ist, angenommen worden (vgl. Erk. des ObTrib. v. 22. Novbr 1854. Entsch. Bd 29 S. 245, Strieth. Arch. Bd 14 S. 333), gestattet sein, daß der SchMann nach Vorschrift des § 177 I. 5 Allg. Landrechts verfährt, indem er dem gewählten Beistand die Unterschrift des Unfähigen in dessen Namen leisten läßt und, daß dieses geschehen sei, bescheinigt.

§. 28.

Die Protokolle werden der Zeitfolge nach in ein ausschließlich dazu bestimmtes Buch (Protokollbuch) eingeschrieben und mit einer fortlaufenden Nummer versehen.

Vollgeschriebene Protokollbücher sind an das Amtsgericht, in dessen Bezirk der Schiedsmann wohnt, zur Aufbewahrung abzugeben.

Zu § 28.

1. „In diesem § wird eine Einrichtung aufrecht erhalten, welche sich seit dem Bestehen des Instituts bewährt hat und in dasselbe aus der Verordnung v. 9. Febr 1817 über die Justizverwaltung im Großherzogthum Posen (GesS. S. 45) übergegangen ist.

„Ein dem SchManne amtlich überliefertes und gegen mißbräuchliche Benutzung geschütztes Protokollbuch bietet für die unveränderte Erhaltung und Aufbewahrung der urschriftlichen Verhandlungen größere Sicherheit als deren aktenmäßige Sammlung. Ueberdies wird dadurch eine umfassende Uebersicht und eingehende Prüfung der schiedsmännischen Thätigkeit auf die einfachste Weise ermöglicht. Die Numerirung der Protokolle dient zur Feststellung der Entstehungszeit der Verhandlungen und erleichtert die Kontrole der Ausfertigungen." (Begründung des § 26 Entw. S. 11 f.)

2. „Die Beschaffung der Protokollbücher und Siegel ist Sache der Gemeinden, welche nach § 45 SchO die sächlichen Kosten des SchAmts zu tragen haben. Behufs Sicherung der vorschriftsmäßigen Gestalt der Bücher und Siegel erscheint es jedoch wünschenswerth, daß die Kommunalaufsichtsbehörden sich Namens der Gemeinden (auf deren Kosten), wo eine Neubeschaffung derselben erforderlich ist, derselben unterziehen." (Cirkular des JustMin. u. des Min. d. Inn. v. 9. Juli 1879 Nr 6. VMBl. S. 207, JMBl. S. 236.)

Die Protokollbücher werden den SchMännern nach ihrer Vereidigung von den betreffenden Gemeindebehörden ausgeantwortet. Jeder neue SchMann erhält nicht ein neues Protokollbuch, vielmehr wird ihm das Protokollbuch seines Vorgängers, sofern es noch hinreichend leeren Raum enthält, zur weiteren Benutzung eingehändigt, nachdem es mit dem vorgeschriebenen Vermerke versehen ist. Sobald das Protokollbuch vollgeschrieben ist, hat sich der SchMann von der betreffenden Gemeindebehörde ein anderes zu erbitten, welches vor der Aushändigung vorschriftsmäßig zu legalisiren ist. (Vgl. Anm. 1 zu § 5 S. 42.)

3. Nach § 1 der Instr. v. 1. Mai 1841 mußten die Protokollbücher der SchMänner mit fortlaufender Seitenzahl versehen und die letzten sechs Bogen, welche zum Verzeichniß der Auslagen und Kopialien bestimmt waren, in neun näher bezeichnete Kolonnen eingetheilt werden. In denjenigen Provinzen, in denen das SchMannsinstitut am 1. Octbr 1879 bereits bestand, sind die bisherigen Protokollbücher beibehalten. „Doch kann von der Eintheilung der letzten sechs Bogen in Zukunft Abstand genommen werden, da es genügt, wenn der SchMann die Gebühren, welche er nach §§ 42—44 SchO zu erheben berechtigt ist, gleich unter der aufgenommenen Verhandlung im Protokollbuche liquidirt." In denjenigen Provinzen, in denen das Institut der SchMänner noch nicht bestand, mußten neue Protokollbücher beschafft werden. „Ueber die Gestalt dieser Bücher enthält der § 28 SchO keine näheren Vorschriften. Es ist daher hauptsächlich nur darauf zu achten, daß dieselben dauerhaft gebunden und aus dauernd haltbarem Schreibpapier gefertigt werden. Die einzelnen Blätter sind fortlaufend zu paginiren." (Cirkular des JustMin. u. des Min. d. Inn. v. 9. Juli 1879 Nr 4. VMBl. S. 207, JMBl. S. 236.)

4. Jeder SchMann muß sein Protokollbuch mit Sorgfalt und Ordnung führen; es dürfen in demselben weder Korrekturen noch Rasuren vorgenommen, am wenigsten aber Blätter ausgeschnitten werden. Sobald sein Amt aufhört, hat er das Protokollbuch und das Siegel derjenigen Behörde, von welcher er beides empfangen hat, zurückzugeben. An dieselbe Behörde muß der SchMann ein vollgeschriebenes Protokollbuch abliefern. (Vgl. Instr. v. 1. Mai 1841 § 2; Reskr. v. 14. Janr 1839. JMBl. S. 43; Reskr. v. 22. Septbr 1844 § 2. JMBl. S. 222.)

5. In das Protokollbuch werden die Originalprotokolle über die zu Stande gekommenen Vergleiche eingeschrieben, die Anträge der Parteien auf Anberaumung eines Vergleichstermins gehören nicht hinein (KommBer. d. HerrH. zu § 26 S. 124). In das Protokollbuch sind auch kurze Vermerke über bürgerliche Rechtsstreitigkeiten, in denen kein Vergleich zu Stande gekommen ist

(§ 25 Abs. 3), weil die Parteien nicht zu vereinigen waren, oder weil dem SchManne die streitige Angelegenheit zu weitläufig oder zu schwierig wurde (§ 17 Nr 2), oder weil er die Ausübung seines Amtes ablehnen mußte oder sollte (§§ 15, 16), oder weil sich ergab, daß die Angelegenheit zu den von seiner Funktion ausgeschlossenen gehörte (§ 12), aufzunehmen (vgl. Instr. v. 1. Mai 1841 § 3 und Anm. 8 zu § 25 S. 122). Ferner hat der SchMann über die Verhandlung und die Ausstellung der Bescheinigung über erfolglose Sühneversuche wegen Beleidigungen im Protokollbuche einen Vermerk zu machen (SchO § 38 Abs. 3). Die vom SchManne aufgenommenen Verhandlungen werden nach ihrer Zeitfolge unter fortlaufenden Nummern eingetragen (§ 38 Abs. 1).

6. Bei der Wichtigkeit, welche die Protokollbücher haben, muß für die sichere Aufbewahrung und dauernde Zugänglichkeit derselben Sorge getragen werden. Mit Rücksicht auf den Wechsel in der Person und den Verhältnissen der SchMänner wird in der Hand der letzteren nur das noch in Benutzung befindliche Buch belassen, während die älteren Bücher in die Obhut des Gerichts, als einer durch ihre Organisation allen Anforderungen der Dauer und Zuverlässigkeit entsprechenden Behörde, zu geben sind. Demgemäß haben bereits die JustMinReſk. v. 14. Janr 1839 (JMBl. S. 43) und 22. Septbr 1844 § 2 (JMBl. S. 222) bestimmt, daß vollgeschriebene Protokollbücher beim Abgange des SchMannes der Polizeibehörde und von dieser an die Gerichte abzugeben seien. Diese Vorschrift ist aus Gründen der Zweckmäßigkeit im § 28 SchO dahin geändert, daß nicht der Zeitpunkt der Amtsniederlegung, sondern derjenige der Inangriffnahme eines neuen Protokollbuchs für die Abgabe des alten entscheidet. Auch ist im Anschlusse an die neue Organisation der Gerichte an Stelle des Kreisgerichts das Amtsgericht für die Aufbewahrung bestimmt, weil dieses dem SchManne und den Betheiligten am nächsten steht. (Begründung des § 26 Entw. S. 12.) Der SchMann gibt das vollgeschriebene Protokollbuch der Gemeindebehörde, von welcher er dasselbe erhalten hat, zurück und diese liefert es an das Amtsgericht zur Aufbewahrung ab.

7. Im Interesse der möglichsten Einfachheit des Verfahrens soll jede aktenmäßige Ansammlung vorbereitender Schriftstücke fern gehalten werden. Es ist deßhalb im § 21 vorgeschrieben, daß die Anträge auf Sühneverhandlung nach Anberaumung des Termins dem Antragsteller zurückgegeben oder dem Gegner zugestellt werden. (Vgl. § 21 mit Anm. 1.) Der SchMann ist also nicht verpflichtet, außer dem Protokollbuch ein besonderes Aktenstück zu

§. 29.

Die Parteien oder deren Rechtsnachfolger erhalten auf Verlangen Abschrift oder Ausfertigung des Protokolls.

---

halten, wie es § 4 der Instr. v. 1. Mai 1841 angeordnet hat. Es ist aber selbstverständlich nicht unzulässig, daß der SchMann, wenn er es für erforderlich erachtet, mit den Schriftstücken, welche er des Aufbewahrens für werth hält, Akten anlegt. In welcher Weise er die Akten anlegen und führen will, bleibt seinem Ermessen überlassen, und es kann von ihm die Beobachtung der Vorschriften im § 4 der Instr. v. 1. Mai 1841 nicht verlangt werden. Bisher mußte der SchMann bei Beendigung seines Amts auch die Belagsakten der Behörde einhändigen. Dieser Verpflichtung ist derselbe, auch wenn er Akten gehalten hat, überhoben, weil die Aufbewahrung lediglich des Protokollbuchs vorgeschrieben ist.

Wie sich aus § 4 Abs. 2 der Allg. Verf. v. 27. Aug 1879 (Anm. 1 zu § 7) ergibt, hat der SchMann ein besonderes Verzeichniß der nicht verglichenen Sachen zu führen. Ein bestimmtes Formular ist bis jetzt für dieses Verzeichniß nicht vorgeschrieben. Es werden folgende Angaben genügen: Namen und Wohnort der Parteien, Gegenstand des Streits, Grund des Nichtzustandekommens des Vergleichs unter Hinweis auf die Nummer des Protokollbuchs. Florschütz (S. 52, 75) schlägt die Verbindung des Verzeichnisses mit dem Terminskalender und dafür folgendes Schema vor: Terminsstunde, Namen des Antragstellers und des Gegners, Gegenstand des Streits, Ergebniß der Sühneverhandlung (z. B.: Vergleich PrB. Nr 12, oder: neuer Termin am 10. Februar, oder: ohne Erfolg PrB. Nr 13).

8. Ueber die Folgen des Unterbleibens der Eintragung des Vergleichs in das Protokollbuch vgl. Anm. 5 Abs. 1 am Ende zu § 32.

Zu § 29.

1. Ausfertigung des Protokolls.
2. Auszugsweise Ausfertigung. S. 130.
3. Einfache Abschrift. S. 130.
4. Mehrere Ausfertigungen. S. 130.
5. Wer die Ausfertigungen ertheilt. S. 131.

1. Aus dem Protokoll soll eine öffentliche Urkunde hergestellt werden. Was dazu gehört, geht aus § 380 CivProzO. hervor. Nach den in Preußen bisher gültigen Vorschriften für die Herstellung öffentlicher Urkunden, insbesondere den Tit. 2—4 II Allg. GerOrd. sowie der NotarOrd. v. 11. Juli 1845, ferner nach der Rheinischen NotarOrd. v. 25. April 1822, den NotarOrdnungen

für Hannover und Frankfurt, sowie endlich der ReichsNotarOrd. v. 1512, ist diese Form eine verschiedene. Ueberall treten zwei Systeme hervor; nach dem einen wird den Parteien die Urschrift der aufgenommenen Verhandlung, nach dem andern eine auf Grund der in der Hand der instrumentirenden Beamten verbleibenden Urschrift anzufertigende besondere Urkunde ausgehändigt. Dem letzteren Systeme folgen die Allg. GerOrd. und die Notar-Ord. v. 11. Juli 1845. Die SchO schließt sich im § 29 ebenfalls demselben an. Die Allg. GerOrd. kennt nur die Ausfertigung der gerichtlich aufgenommenen Protokolle und läßt beglaubigte Abschriften nur von schon vorhandenen Urkunden, also von Ausfertigungen, zu (II. 2 § 49, II. 3 § 27). Im Anschluß daran und an die bisherigen SchMOrdnungen (vgl. Verord. v. 7. Septbr 1827, v. 26. Septbr 1832, v. 7. Juni 1841 §§ 26) werden die SchMUrkunden als Ausfertigungen, nicht als beglaubigte Abschriften der Protokolle ertheilt. In der Kommission des HerrH. ist der Antrag, für die SchMUrkunden die beglaubigten Abschriften an die Stelle der Ausfertigungen zu setzen, abgelehnt (KommBer. S. 124 ff).

2. Auszugsweise Ausfertigungen dürfen nicht ertheilt werden. Im § 27 des RegEntw. war dies besonders durch den Zusatz ausgedrückt: „Eine auszugsweise Ausfertigung wird nicht ertheilt." Dieser Zusatz wurde jedoch in der Kommission des HerrH. mit der Bemerkung gestrichen: es ergebe sich dessen Inhalt schon daraus, daß in die Ausfertigung das SchMProtokoll, also doch das ganze Protokoll, aufgenommen werden müsse (KommBer. S. 124 ff).

3. Nach § 27 des RegEntw. sollten nur Ausfertigungen ertheilt werden. In der Kommission des HerrH. wurde eine Vorschrift darüber vermißt, daß den Parteien auch einfache Abschriften des Protokolls gegeben werden dürfen, und der Zusatz „Abschrift oder" hinzugefügt (KommBer. S. 124 ff).

4. In zahlreichen Fällen ist ein Bedürfniß für die Ertheilung von Abschriften oder Ausfertigungen nicht vorhanden. Es werden daher Abschriften und Ausfertigungen vom SchMann nicht von Amtswegen ertheilt, sondern es ist den Anträgen der Betheiligten überlassen, zu bestimmen, ob, für wen und in welcher Anzahl Ausfertigungen ertheilt werden sollen (vgl. Begründung der §§ 27—29 Entw. S. 12). Die Ausfertigungen können den Parteien in beliebiger Anzahl ertheilt werden. Im § 27 Entw. war dies dadurch ausgedrückt, daß vor „Ausfertigungen" stand „eine oder mehrere." In der Kommission des HerrH. sind

§. 30.

Die Ausfertigung besteht aus der mit dem Ausfertigungsvermerke versehenen Abschrift des Protokolls.

---

die Worte „eine oder mehrere“ gestrichen, ohne daß der Grund davon ersichtlich ist. Jedenfalls ist dies nicht mit der Absicht geschehen, die Ertheilung mehrerer Ausfertigungen auszuschließen; denn es ist dort ausdrücklich anerkannt, daß es an dieser Stelle (im § 29) gleichgültig sei, wieviel Ausfertigungen etwa eine Partei begehre und ob dies gleich Anfangs oder etwa successiv geschehe, und es ist mit Rücksicht darauf die Bestimmung, welche der RegEntw. im § 28 enthielt: „Verlangt dieselbe Person eine weitere Ausfertigung, so ist in dem Ausfertigungsvermerke der Grund der weiteren Ausfertiguung anzugeben“, gestrichen (KommBer. d. HerrH. S. 125). Die nach § 29 ertheilten Ausfertignngen haben keine besondere Bedeutung und unterscheiden sich wesentlich von den vollstreckbaren Ausfertigungen des § 32, auf Grund deren die Zwangsvollstreckung stattfindet. Eine vollstreckbare Ausfertigung darf der SchMann aus eigener Machtvollkommenheit nur einmal und zwar auch nur der Partei selbst, nicht deren Rechtsnachfolger, ertheilen (vgl. Anm. 7 zu § 32 SchO). In der Kommission des HerrH. wollte man daher besonders zum Ausdruck bringen, daß nichtvollstreckbare Ausfertigungen den Parteien oder deren Rechtsnachfolgern auf ihren Antrag in mehreren Exemplaren ertheilt werden; der dahin zielende Antrag ist jedoch bei der Abstimmung zurückgezogen (KommBer. a. a. O.).

5. Wer die Abschriften und Ausfertigungen zu ertheilen hat, bestimmt der § 31 SchO.

Zu § 30.

Während der § 29 nur die Ausfertigungsfrage im Allgemeinen regelt, enthält der § 30 die Vorschriften über die Form der Ausfertigungen.

1. Form und Inhalt der Ausfertigungen wird bedingt durch den öffentlichen Glauben, welchen die Urkunde beansprucht. Der § 30 stellt daher im Wesentlichen dieselben Anforderungen, welche nach §§ 16—18 der NotarOrd. v. 11. Juli 1845 für die Ausfertigungen der Notariatsinstrumente gegeben sind. Es mag noch

Der Ausfertigungsvermerk muß die Angabe des Orts und der Zeit der Ausfertigung und die Bezeichnung Desjenigen, für welchen die Ausfertigung ertheilt wird, enthalten und mit der Unterschrift und dem Amtssiegel des Schiedsmanns versehen sein.

---

einmal besonders hervorgehoben werden, daß auszugsweise Ausfertigungen nicht ertheilt werden sollen (vgl. Anm. 2 zu § 29 S. 130), weil an solche Auszüge Anforderungen erhoben werden müssen, denen der SchMann in der Regel nicht gewachsen ist. (Vgl. Begründung der §§ 27—29 Entw. S. 12.)

2. Verlangt die Partei oder deren Rechtsnachfolger die Ausfertigung eines Vergleichsprotokolls vom SchMann, so fertigt derselbe eine wortgetreue Abschrift des ganzen Protokolls an oder läßt eine solche anfertigen, vergleicht dieselbe sorgfältig mit dem Original und fügt den Vermerk hinzu: „Vorstehende, in dem Protokollbuche unter Nr .... eingetragene Verhandlung wird hiermit für X (Bezeichnung der Partei) ausgefertigt" — oder: „Ausgefertigt für X (Bezeichnung der Partei)". Dann folgt der Ort und das Datum, das Siegel und die Unterschrift des SchMannes. Wird die Mitausfertigung einer Legitimationsurkunde (Vollmacht, Bestallung eines Vormundes, Genehmigung oder Ermächtigung des Vormundschaftsgerichts oder Familienraths) beantragt, so wird der Ausfertigung des Vergleichsprotokolls die Legitimationsurkunde entweder in der vorhandenen Ausfertigung oder in einer vom SchMann zu beglaubigenden Abschrift beigeheftet. Zur Beglaubigung genügt der unter die Abschrift zu setzende, unter Beifügung des Orts und Datums und unter Beidrückung des Siegels vom SchMann zu unterschreibende Vermerk: „Mit dem Original gleichlautend."

Durch die Bezeichnung Desjenigen, für welchen die Ausfertigung ertheilt wird, ist dem SchMann keine überflüssige Verpflichtung auferlegt. Die Nothwendigkeit dieses Theils der Ausfertigungsklausel folgt daraus, daß der § 29 nur den Parteien oder deren Rechtsnachfolgern einen Anspruch auf Ertheilung einer Ausfertigung gewährt. (KommBer. d. AbgH. S. 1712.)

Verlangt dieselbe Person eine weitere Ausfertigung, so wird darüber, daß die Ausfertigung eine zweite oder dritte u. s. w., so wenig wie über den Grund der weiteren Ausfertigung in dem Ausfertigungsvermerke etwas gesagt (vgl. Anm. 4 zu § 29 S. 130).

§. 31.

Die Ausfertigung wird von dem Schiedsmanne ertheilt, welcher die Urschrift des Protokolls verwahrt. Derselbe hat vor der Aushändigung auf der Urschrift des Protokolls zu vermerken, wann und für wen die Ausfertigung ertheilt worden ist.

Befindet sich das Protokollbuch in der Verwahrung des Amtsgerichts (§. 28), so wird die Ausfertigung von dem Gerichtsschreiber desselben ertheilt.

§. 32.

Aus den vor einem Schiedsmanne geschlossenen Vergleichen findet die gerichtliche Zwangsvollstreckung statt.

---

3. Ueber das Amtssiegel des SchManns vgl. Anm. 2 zu § 5 (S. 43).

4. Für die Ausfertigungen und Abschriften der Verhandlungen sind Schreibgebühren gemäß § 43 SchO zu entrichten.

Zu § 31. 1. Bisher durfte der SchMann nur solche Verhandlungen ausfertigen, welche er selbst aufgenommen hatte; von seinen Vorgängern aufgenommene Verhandlungen durfte er dagegen nicht ausfertigen (Reſk. des JustMin. v. 23. Septbr 1842. Schering Art. 74). Nach § 31 ist jetzt der SchMann, welcher zur Zeit der Ertheilung der Ausfertigung das Amt verwaltet, für dieselbe zuständig, einerlei, ob die Urschrift von ihm selbst oder von seinem Amtsvorgänger herrührt. Dies gilt jedoch nur so lange, als das Protokollbuch sich in seiner Verwahrung befindet. Ist dasselbe, weil vollgeschrieben, an das Amtsgericht abgegeben (§ 28 Abs. 2), so würde es eine unnöthige Weitläufigkeit enthalten, wenn es blos zum Zwecke der Ausfertigung jedesmal von dem Amtsgerichte an den SchMann herausgegeben werden müßte. In analoger Anwendung der §§ 662 u. 705 CivProzO. soll daher in solchen Fällen an die Stelle des SchManns der Gerichtsschreiber des Amtsgerichts treten. (Begründung der §§ 27—29 Entw. S. 12.)

2. Einen Vermerk über die ertheilte Ausfertigung im Protokolle enthält das Muster in Anm. 4 zu § 25 am Schlusse (S. 120).

Die Vorschriften der Deutschen Civilprozeßordnung über die Zwangsvollstreckung aus notariellen Urkunden finden hierbei entsprechende Anwendung.

In den Fällen der §§. 664, 665 der Deutschen Civilprozeßordnung ist die vollstreckbare Ausfertigung nur auf Anordnung des Amtsgerichts zu ertheilen, in dessen Bezirke der Schiedsmann den Wohnsitz hat.

Zu § 32.

1. „Auf den Grund eines von dem SchManne geschlossenen Vergleichs soll von dem persönlichen Richter die Exekution in allen Graden verfügt und vollstreckt werden, sobald ein Theil darauf mit Ueberreichung der Ausfertigung des Vergleichs anträgt. Nur dann wird die Sache zum gerichtlichen Verfahren verwiesen, wenn der Vergleich dunkel oder unverständlich abgefaßt ist.“ Die in den §§ 27 u. 28 der ersten Verord. v. 7. Septbr 1827 ausgesprochene Zulässigkeit der Zwangsvollstreckung aus schiedsmännischen Vergleichen ist, mannigfacher Anfechtung ungeachtet, in alle späteren Verordnungen übergegangen und gilt als eine Bedingung für die Lebensfähigkeit des Instituts. Es ist daher daran festgehalten, nachdem die CivProzO. die Möglichkeit dazu eröffnet hat. Dieselbe gestattet nämlich im § 706 der Landesgesetzgebung, auf Grund anderer als den in den §§ 644, 702 bezeichneten Schuldtitel die gerichtliche Zwangsvollstreckung zuzulassen und insoweit abweichende Vorschriften von den Bestimmungen der CivProzO. zu treffen. (Begründung des § 30 Entw. S. 12.)

2. Während aus gerichtlich oder notariell aufgenommenen Urkunden nach § 702 Nr 5 CivProzO. die Zwangsvollstreckung nur dann stattfindet, wenn die Urkunde die Zahlung einer bestimmten Geldsumme oder die Leistung einer bestimmten Quantität vertretbarer Sachen oder Werthpapiere zum Gegenstande hat und der Schuldner sich in der Urkunde der sofortigen Zwangs-

vollstreckung unterworfen hat, soll die Zwangsvollstreckung aus schiedsmännischen Urkunden nach § 32 Abs. 1 allgemein stattfinden. In der Begründung (S. 12) wird diese Bevorzugung mit der größeren Verwandtschaft der schiedsmännischen Vergleiche mit den zur Beilegung des Rechtsstreites nach Erhebung der Klage vor einem deutschen Gerichte und mit den im Sühneverfahren vor dem Amtsgerichte abgeschlossenen Vergleichen, aus welchen die Zwangsvollstreckung ohne Beschränkung im § 702 Nr 1 u. 2 CivProzO. zugelassen ist, sowie damit gerechtfertigt, daß der Grund der Ausstattung der letzteren mit dem Rechte der Vollstreckbarkeit, welcher vorzugsweise in der Begünstigung einer gütlichen Beilegung der Rechtsstreitigkeiten gesucht werden muß (vgl. Motive zu § 651 des Entw. zur CivProzO. Ausgabe von Hahn S. 445), auch bei den schiedsmännischen Vergleichen zutrifft.

In der Kommission des HerrH. wollte ein Mitglied die Zwangsvollstreckung aus schiedsmännischen Vergleichen möglichst ebenso gestalten, wie die Zwangsvollstreckung aus notariellen Urkunden, und deßhalb die Zwangsvollstreckung nur unter den Voraussetzungen des § 702 Nr 5 CivProzO. (vgl. Abs. 1) gestatten. Die dies bezweckenden Anträge sind jedoch abgelehnt. (Komm-Ber. d. HerrH. S. 125 f.)

3. Nur aus Vergleichen über streitige Sachen, nicht aus Anerkenntnissen über unstreitige Berechtigungen, findet die Zwangsvollstreckung statt. Wenn ein Anerkenntniß zwar Folge eines Streites ist, dies aber aus dem Protokolle nicht erhellt, so wohnt dem Protokolle nicht die Eigenschaft der Vollstreckbarkeit bei. In der Kommission des AbgH. wollte man auch die Protokollirung eines Anerkenntnisses vor dem SchManne zulassen und einem im schiedsmännischen Protokolle enthaltenen Anerkenntnisse die Vollstreckbarkeit zusprechen und stellte zu den §§ 25 u. 32 dementsprechende Anträge. Der Vertreter des JustMin. erklärte sich aber entschieden dagegen und machte geltend: Akte der freiwilligen Gerichtsbarkeit aufzunehmen, und ein Anerkenntniß gehöre dahin, sei nicht Sache des SchMannes; gestatte man ihm die Aufnahme, so befördere man die Umgehung anderer Urkundspersonen; die CivProzO. erlaube die Zwangsvollstreckung aus einer Notariatsurkunde nur, wenn sich die Parteien in dem Akte dieser Folge ausdrücklich unterworfen haben; darüber gehe man hinaus, wenn man die Vollstreckbarkeit von schiedsmännischen Anerkenntnissen zulasse; der SchMann solle Frieden stiften, nicht unstreitige Verhältnisse beurkunden. Auch aus der Kommission fand der Antrag Widerspruch, weil der SchMann nicht genügend be-

urtheilen könne, ob das Anerkenntniß das Rechtsverhältniß voll umfasse. Es wurde zwar noch hervorgehoben, daß sich jedes Rechtsgeschäft und Rechtsverhältniß in die Form eines schiedsmännischen Vergleichs zwingen lasse, selbst nicht ausgeschlossen ein Vertrag über Grundstücke; die Kommission versagte jedoch den Anträgen ihre Zustimmung. (KommBer. d. AbgH. S. 1711 ff.) Vgl. auch Anm. 4 zu § 12 (S. 70 f.)

4. Die CivProzO. kennt eine Zeitbeschränkung für die Zulassung der Zwangsvollstreckung (vgl. Allg. GerOrd. I. 24 § 3; Hannov. CivProzO. § 516) nicht mehr. Auch die Zwangsvollstreckung aus schiedsmännischen Vergleichen ist nicht auf eine bestimmte Zeit beschränkt. Nach einem in der Kommission des HerrH. gefaßten Beschlusse sollte zwar die Zwangsvollstreckung nur innerhalb Jahresfrist nach Abschluß des schiedsmännischen Vergleichs stattfinden; dieser Beschluß fand jedoch nicht die Billigung des Plenums des HerrH. und es wurde der Abs. 1 des § 32 des Zusatzes „innerhalb Jahresfrist nach deren Abschluß" wieder entkleidet. (KommBer. d. HerrH. S. 125 u. Verh. d. HerrH. S. 67.)

5. Es ist lediglich Sache der Rechtsprechung, im einzelnen Falle zu entscheiden, ob ein schiedsmännischer Vergleich Gültigkeit hat und vollstreckbar ist oder nicht. In der Kommission des AbgH. wurde beantragt, besonders zum Ausdruck zu bringen, daß die Zwangsvollstreckung aus einem SchVergleiche nicht stattfinde, wenn einer der in den §§ 15 u. 16 SchO gedachten Fälle vorliege, in denen der SchMann von der Ausübung seines Amtes kraft Gesetzes ausgeschlossen ist bezw. die Ausübung seines Amtes ablehnen soll, weil es gegenüber den blos reglementarischen Vorschriften für das Verhalten des SchManns, deren Vernachlässigung dem Vergleiche die Wirkung der Vollstreckbarkeit nicht entziehen könne, wünschenswerth sei, im Gesetze wenigstens die Fälle, in welchen ein Vergleich der Vollstreckbarkeit schlechterdings ermangeln solle, bestimmt hervorzuheben. Der Antrag wurde jedoch auf die Entgegnung des Vertreters des JustMin. zurückgezogen, daß es der Rechtsprechung überlassen bleiben müsse, zu entscheiden, inwiefern ein Vergleich noch Gültigkeit habe, obwohl bei Aufnahme desselben einige Formen unerfüllt geblieben seien, und daß jedenfalls außer den in den §§ 15 u. 16 hervorgehobenen Voraussetzungen, unter denen der SchMann nicht handeln dürfe, noch andere Fälle denkbar seien, in welchen dem Vergleiche die Kraft der Vollstreckbarkeit versagt werden müsse, z. B. wenn ein Protokoll die Namen der Parteien

nicht enthalte, im Uebrigen aber richtig aufgenommen und unterschrieben sei. Ein Mitglied der Kommission erachtete schon die im § 25 vorgeschriebenen Erfordernisse des Protokolls so wesentlich, daß ein Vergleich, welcher diese Eigenschaften nicht habe, auch nicht vollstreckt werden dürfe. (KommBer. d. AbgH. S. 1712 f.) — Bisher wurde den Ausfertigungen solcher Protokolle, welche nicht in die Protokollbücher der SchMänner eingetragen waren, die exekutorische Kraft nicht versagt, sofern nur sonst bei der Aufnahme derselben die gesetzlichen Vorschriften beobachtet waren (Reſk. v. 28. Octbr 1842. JMBl. S. 331). Das wird auch jetzt noch anzunehmen sein, da der § 28 SchO seiner Fassung nach lediglich eine instruktionelle Vorschrift ist.

Das Gericht wird mit der Beurtheilung der Gültigkeit und Vollstreckbarkeit eines SchMVergleichs in der Regel nur dann befaßt, wenn Einwendungen vom Schuldner geltend gemacht werden oder wenn der Gläubiger auf Ertheilung der Vollstreckungsklausel Klage zu erheben hat (vgl. CivProzO. § 667). Der die Zwangsvollstreckung vollziehende Gerichtsvollzieher hat, sofern die Ausfertigung des Vergleichs nur mit der Vollstreckungsklausel versehen ist, ohne Prüfung der Gültigkeit des Vergleichs die Zwangsvollstreckung auszuführen, es sei denn, daß es dem Vergleiche an den zur Zwangsvollstreckung nothwendigen Angaben ermangelt.

Vgl. auch Anm. 3 zu § 15 (S. 79) und Anm. 3 zu § 16 (S. 90 ff).

6. Ueber die Zwangsvollstreckung aus schiedsmännischen Vergleichen machten sich in der Kommission des HerrH. verschiedene Ansichten geltend. Der § 30 des Entw., welcher schließlich als § 32 unverändert in das Gesetz aufgenommen ist, ließ es sich an der allgemeinen Verweisung auf die Deutsche CivProzO. genügen und bot dadurch den Vortheil, daß eine Reihe von fast unvermeidlichen Einzelbestimmungen entbehrlich wurde. In der Kommission meinte man, das Verfahren der Zwangsvollstreckung aus schiedsmännischen Vergleichen müsse so einfach wie möglich hingestellt und die Vorschriften in einer dem Publikum wie dem SchMann übersichtlichen und verständlichen Weise ertheilt werden. Die in dieser Beziehung gemachten Versuche fielen aber ungenügend aus und es blieb nur übrig, es bei der allgemeinen Verweisung auf die CivProzO. zu belassen. Von der einen Seite wollte man eine vorausgehende amtsgerichtliche Kognition vermeiden, weil es die ganze Sache zu schwerfällig und komplizirt mache. In Folge davon sollte, wenn ein Wechsel in der Person der Parteien eingetreten ist, die Zwangsvollstreckbarkeit ganz aus-

geschlossen und den Parteien überlassen werden, entweder den Vergleich vorab beim SchMann zu erneuern oder ihren Streit sofort an das Gericht zu bringen. Der Fall des § 664 CivProzO., der von bedingten Forderungen handle, meinte man, werde bei schiedsmännischen Vergleichen schwerlich praktisch werden, und sollte er vorkommen, so bliebe dem beschwerten Theile die Ausführung frei, daß die Zwangsvollstreckung zur Zeit noch unstatthaft sei. Es wurde jedoch für bedenklich gehalten, in diesem Falle das Recht der Ertheilung der vollstr. Ausfertigung dem SchMann ohne Weiteres einzuräumen, weil die nothwendige Sicherheit der Entscheidung gefährdet werde. Dann wurde auch eine Bestimmung darüber vermißt, wer die Ertheilung einer weiteren vollstr. Ausfertigung anordnen solle. Man überzeugte sich, daß ein amtsgerichtliches Verfahren nicht zu entbehren sei. Von anderer Seite wurde vorgeschlagen, daß die vollstr. Ausfertigung in allen Fällen vom SchMann nur auf Anordnung des Amtsgerichts ertheilt werden und daß die Anordnung in den Fällen der §§ 664, 665 CivProzO. sowie dann versagt werden solle, wenn der Vergleich dunkel oder unvollständig sei. Dies Verfahren wurde aber mehrseitig als unpraktisch bezeichnet. Alle Aenderungsanträge (bis auf den einen in Anm. 4 erwähnten) wurden abgelehnt und die Verweisung auf die Vorschriften der CivProzO. über die Zwangsvollstreckung aus notariellen Urkunden beibehalten. (KommBer. d. HerrH. S. 125 f.)

7. Für die Zwangsvollstreckung aus SchMVergleichen sollen nach Abs. 2 des § 32 dieselben Vorschriften zur Anwendung kommen, welche in der CivProzO. für die Zwangsvollstreckung aus notariellen Urkunden gegeben sind. Es finden demnach die Bestimmungen der §§ 662—701 CivProzO. entsprechende Anwendung, soweit nicht in dem § 705 das. abweichende Vorschriften enthalten sind. Die Bestimmungen des § 705 finden aber nur insoweit entsprechende Anwendung, als sie nicht durch § 32 Abs. 3 SchO modifizirt sind.

Die Zwangsvollstreckung erfolgt auf Grund einer mit der Vollstreckungsklausel versehenen Ausfertigung des SchMVergleichs (vollstreckbaren Ausfertigung). Die Vollstreckungsklausel: „Vorstehende Ausfertigung wird dem u. s. w. (Bezeichnung der Partei) zum Zwecke der Zwangsvollstreckung ertheilt" — ist der Ausfertigung des Vergleichs am Schlusse beizufügen, von dem die Ausfertigung Ertheilenden zu unterschreiben und mit seinem Amtssiegel zu versehen. (CivProzO. §§ 662 Abs. 1, 663.) Die Zwangsvollstreckung darf nur beginnen, wenn die Personen, für und gegen welche sie stattfinden soll, in dem Vergleiche oder in der demselben beigefügten Vollstreckungsklausel namentlich bezeichnet sind (das. § 671 Abs. 1).

Die vollstreckbare Ausfertigung wird von Demjenigen ertheilt, welcher das auszufertigende Protokoll verwahrt (CivProzO. § 705 Abs. 2). Sie wird also von dem SchMann ertheilt, welcher die Urschrift des Protokolls verwahrt, und sie wird von dem Gerichtsschreiber des Amtsgerichts, in dessen Bezirk der SchMann wohnt, ertheilt, wenn das Protokollbuch, weil es vollgeschrieben, an das Amtsgericht zur Aufbewahrung abgegeben ist (SchO §§ 31, 28).

Bezüglich der Ertheilung der Vollstreckungsklausel sind dem SchMann keine weitergehenden Befugnisse ertheilt, als sie die CivProzO. dem Gerichtsschreiber bezw. dem Notar ertheilt (§ 705 Abs. 3 u. 5). Abgesehen von der Ertheilung der vollstr. Ausfertigung durch den Gerichtsschreiber (vgl. Abs. 3), welche hier nicht weiter berücksichtigt werden soll, hat die vollstr. Ausfertigung in allen Fällen ohne Ausnahme der SchMann zu ertheilen (CivProzO. § 662 Abs. 2). Dem SchMann ist jedoch die Entscheidung darüber, ob die Bedingungen der Vollstreckbarkeit vorhanden sind, nur für den Fall überlassen, wenn sich dieselbe unbedingt aus dem Vergleiche selbst ergibt. Von Vergleichen, deren Vollstreckung nach ihrem Inhalte von dem durch den Gläubiger zu beweisenden Eintritt einer anderen Thatsache als einer dem Gläubiger obliegenden Sicherheitsleistung abhängt, darf eine vollstr. Ausfertigung nur dann ertheilt werden, wenn der Beweis durch eine öffentliche Urkunde geführt wird (das. § 664). Eine vollstreckbare Ausfertigung kann für den Rechtsnachfolger (sowohl den speziellen wie den allgemeinen) des im Vergleiche bezeichneten Gläubigers sowie gegen die allgemeinen Rechtsnachfolger (Erben, Nachfolger aus der ehelichen Gütergemeinschaft) des im Vergleiche bezeichneten Schuldners ertheilt werden, sofern die Rechtsnachfolge bei dem Gericht offenkundig ist oder durch öffentliche Urkunden nachgewiesen wird. Ist die Rechtsnachfolge bei dem Gerichte offenkundig, so ist dies in der Vollstreckungsklausel zu erwähnen. (Das. § 665.) In der Vollstreckungsklausel ist zu bemerken, daß die vollstr. Ausfertigung zum Zwecke der Zwangsvollstreckung für den Rechtsnachfolger des im Vergleiche benannten Gläubigers bezw. gegen den Rechtsnachfolger des im Vergleich benannten Schuldners ertheilt wird. In beiden Fällen (§§ 664, 665) darf der SchMann die vollstreckbare Ausfertigung nur auf Anordnung des Amtsgerichts ertheilen, in dessen Bezirke er wohnt (SchO § 32 Abs. 3). Die Anordnung des Amtsgerichts ist in der Vollstreckungsklausel zu erwähnen (CivProzO. § 666). Kann der Nachweis des Eintritts der Thatsache bezw. der Rechtsnachfolge durch öffentliche Urkunden nicht geführt werden, so hat der Gläubiger bei dem Gericht, bei welchem der Schuldner im Deutschen Reiche seinen allgemeinen Gerichtsstand hat (CivProzO. §§ 13—20), und in Ermangelung eines solchen bei dem Gericht, bei welchem gegen den Schuldner in Gemäßheit des § 24 CivProzO. (Gerichtsstand des Vermögens) Klage erhoben werden kann, aus dem Vergleiche auf Ertheilung der Vollstreckungsklausel Klage zu erheben (das. §§ 667, 705 Abs. 5). Ist die Geltendmachung der Vergleichsforderung nur von dem Eintritt eines Kalendertages abhängig, oder hängt deren Vollstreckung nur von einer dem Gläubiger obliegenden Sicherheitsleistung ab, so darf die Zwangsvollstreckung allerdings erst dann beginnen, wenn der Kalendertag abgelaufen, bezw. wenn die Sicherheitsleistung nachgewiesen ist, die Ertheilung der vollstreckbaren Ausfertigung ist aber von dem Eintritt des Kalendertages bezw. von der Sicherheitsleistung nicht abhängig (das. §§ 672, 684). Der SchMann hat ohne Rücksicht darauf, ob jenen Erfordernissen genügt ist, die vollstr. Ausfertigung zu ertheilen, und die Prüfung, ob die Zwangsvollstreckung beginnen darf, liegt lediglich den die Zwangsvollstreckung ausführenden Behörden, dem Gerichtsvollzieher bezw. dem Amtsgericht als Vollstreckungsgericht (vgl. §§ 729—754, 755—757 das.; Ges. v. 4. März 1879. GesS. S. 102) ob. Ist bereits eine vollstr. Ausfertigung des Vergleichs ertheilt, so hat der SchMann eine weitere vollstr. Ausfertigung ohne Weiteres zu ertheilen, wenn die zuerst ertheilte Ausfertigung zurückgegeben und dadurch der Nachweis geliefert wird, daß der Gläubiger seine Befriedigung noch nicht erlangt hat. Wird die vollstr. Ausfertigung nicht zurückgegeben, so darf der SchMann eine weitere vollstr. Ausfertigung nur auf Anordnung des Amtsgerichts ertheilen, in dessen Bezirke er seinen Wohnsitz hat. Die weitere Ausfertigung ist als solche unter Erwähnung der Anordnung vom SchMann ausdrücklich zu bezeichnen. (CivProzO. §§ 669, 705 Abs. 3.)

Wer die Anordnung des Amtsgerichts in den bezeichneten Fällen zu veranlassen hat, ist nicht ausdrücklich bestimmt. Es wird nicht unzulässig sein, daß der um die Ertheilung der vollstr. Ausfertigung angegangene SchMann die Anordnung beim Amtsgerichte auswirkt. Dem Grundsatze des Parteibetriebes entspricht jedoch am meisten, daß der Gläubiger zunächst beim Amtsgericht um die Anordnung nachsucht und erst, nachdem diese erlassen ist, den SchMann um Ertheilung der vollstr. Ausfertigung bittet.

Vor der Aushändigung einer vollstr. Ausfertigung ist auf der Urschrift des Vergleichsprotokolls zu bemerken, für wen und zu welcher Zeit die Ausfertigung ertheilt ist (CivProzO. § 670; SchO § 31).

Die Entscheidung über Einwendungen, welche die Zulässigkeit der Vollstreckungsklausel betreffen (CivProzO. § 668), erfolgt von dem Amtsgerichte, in dessen Bezirke der SchMann seinen Wohnsitz hat (das. § 705 Abs. 3).

Einwendungen, welche den Anspruch selbst betreffen, sind, wenn der Anspruch durch Urtheil festgestellt ist, nur insoweit zulässig, als die Gründe, auf denen sie beruhen, erst nach dem Schlusse derjenigen mündlichen Verhandlung, in welcher die Einwendungen spätestens hätten geltend gemacht werden müssen, entstanden sind und durch Einspruch nicht mehr geltend gemacht werden können (CivProzO. § 686 Abs. 2). Einwendungen dagegen, welche den durch einen SchVergleich festgestellten Anspruch betreffen, sind im vollsten Maße ohne Unterschied, ob sie vor oder nach Errichtung des Vergleichs entstanden sind, zulässig, weil bei der Zwangsvollstreckung aus solchen Vergleichen die Zwangsvollstreckung dem Rechtsstreite voraufgeht und daher alle Einwendungen des Schuldners gegen den Anspruch ohne Rücksicht auf den Zeitpunkt der Entstehung nur im Vollstreckungsverfahren überhaupt erledigt werden können (CivProzO. § 705 Abs. 4). Die Einwendungen sind von dem Schuldner im Wege der Klage im regelmäßigen Verfahren geltend zu machen (das. § 686 Abs. 1). Da es bei schiedsmännischen Vergleichen noch an einem Prozeßgericht der Hauptsache fehlt, so mußte für diese Klagen eine eigene Zuständigkeit geschaffen werden. Es ist deßhalb bestimmt, daß das Gericht, bei welchem der Schuldner im Deutschen Reiche seinen allgemeinen Gerichtsstand hat (das. §§ 13—20), und in Ermangelung eines solchen das Gericht zuständig ist, bei welchem in Gemäßheit des § 24 CivProzO. gegen den Schuldner Klage erhoben werden kann. Die gleiche Zuständigkeit ist begründet für die Klagen auf Ertheilung der Vollstreckungsklausel, die bereits früher erwähnt sind (Abs. 4), sowie für die Klagen, durch welche der bei der Ertheilung der Vollstreckungsklausel als bewiesen angenommene Eintritt der Thatsache, von welcher die Vollstreckung abhängt, oder die als eingetreten angenommene Rechtsnachfolge bestritten wird (das. § 687). (CivProzO. § 705 Abs. 5.) Ob auf Grund von Einwendungen die Vollstreckung zu hemmen sei, ist nach den allgemeinen Regeln (das. §§ 688, 689) ganz dem Ermessen des Gerichts überlassen.

8. Im § 32 wird die gerichtliche Zwangsvollstreckung aus SchVergleichen ohne Beschränkung zugelassen. Es können daher alle Arten der Zwangsvollstreckung, welche in den §§ 708 bis 795 CivProzO. gestattet sind, auf Grund eines SchVergleiches veranlaßt werden. Insbesondere findet auch die Zwangsvollstreckung in das unbewegliche Vermögen durch Subhastation, Sequestration und Eintragung im Grundbuche nach den Vorschriften der CivProzO. §§ 755—757 und des Ges. v. 4. März 1879, betr. die Zwangsvollstreckung in das unbewegliche Vermögen (GesS. S. 102), sowie die Zwangsvollstreckung durch Pfändung einer im Grundbuche eingetragenen Forderung oder Berechtigung, durch Pfändung eines Anspruchs auf Uebertragung des Eigenthums einer unbeweglichen Sache, durch Eintragung einer Vormerkung im Grundbuche gemäß §§ 15—18 des AusfGes. z. D. CivProzO. v. 24. März 1879 (GesS. S. 281) statt. Das bisherige Recht (vgl. Reſk. v. 2. Octbr 1841, v. 15. März 1844 u. v. 20. Septbr 1846) hat in diesen Beziehungen, abgesehen von dem Verfahren, keine Aenderungen erlitten. Die in einem SchVergleiche etwa enthaltene Hypothekbestellung kann im Zwangsvollstreckungsverfahren nur nach den Vorschriften der CivProzO. §§ 773 ff über die Erwirkung einer Handlung zur Ausführung gelangen; als vertragsmäßiger Titel zum Pfandrecht, als Bewilligung der Eintragung kann sie zur Eintragung erst dann führen, wenn sie durch gerichtliche oder notarielle Beglaubigung des Vergleichs gemäß § 33 der Grundbuchordnung v. 5. Mai 1872 formell gültig geworden ist (vgl. IMBl. 1848 S. 26).

9. Die Bestimmungen des § 32 SchO über die Vollstreckung der SchVergleiche finden auch auf solche Vergleiche Anwendung, welche vor dem 1. October 1879 von einem SchManne zu Protokoll genommen sind (SchO § 47. Vgl. Anmerk. dazu).

10. Wenn ein SchMann die Ertheilung der vollstr. Ausfertigung eines Vergleichs ablehnt, obwohl die Voraussetzungen dazu, namentlich auch die Anordnung des Amtsgerichts, sofern sie erforderlich ist (vgl. Anm. 7), vorliegen, so findet Beschwerde statt, welche gemäß § 7 SchO im Aufsichtswege erledigt wird. Gegen die Entscheidung des Amtsgerichts, wodurch die Anordnung der Ertheilung der vollstr. Ausfertigung verweigert wird, findet die sofortige Beschwerde an das Landgericht und gegen dessen Entscheidung die weitere Beschwerde an das Oberlandesgericht statt, bei dessen als des höchsten Landesgerichts Entscheidung es bewendet (SchO § 32 Abs. 2; CivProzO. §§ 703, 701, 540, 531; GerVerfGes. §§ 71, 123 Nr 4). Da es sich um eine Angele-

Dritter Abschnitt.

Die Sühneverhandlung über Beleidigungen und Körperverletzungen.

§. 33.

Bei den nur auf Antrag zu verfolgenden Beleidigungen und Körperverletzungen ist der Schiedsmann die zum Zwecke der Sühneverhandlung zuständige Vergleichsbehörde.

---

genheit handelt, die bei einem Amtsgerichte anhängig ist, so bedarf es der Vertretung durch einen Anwalt im Beschwerdeverfahren überhaupt nicht (CivProzO. §§ 532 Abs. 2, 74 Abs. 2).

Zu § 33.

1. Motive.
2. Wirkungskreis des SchManns in Strafsachen. S. 144.
3. Des Sühneversuchs bedarf es nur bei Beleidigungen. S. 144.
4. Zuständigkeit des SchManns in den Fällen des § 196 StrGesBuchs. S. 145.
5. Die auf Antrag zu verfolgenden Beleidigungen. S. 145.
6. Wirkungen des SchMVergleichs. S. 146.
7. Die Sühneverhandlung des SchManns unterbricht die Verjährung nicht. S. 147.
8. Festsetzung einer Buße. S. 147.

1. „Abgesehen von dem aus strafbaren Handlungen hervorgehenden Anspruche auf Schadensersatz, welcher, soweit er auf Widerspruch stößt, unter den Gesichtspunkt eines vermögensrechtlichen Streits und somit unter die Bestimmungen des 2. Abschnittes der SchO fällt, ist das Gebiet des Strafrechts der schiedsmännischen Thätigkeit im Allgemeinen entzogen. Eine Ausnahme davon machen nur diejenigen strafbaren Handlungen, deren Verfolgung im Wege der Privatklage stattfinden kann, weil hierbei in der Regel die Aussöhnung der Parteien von größerer Erheblichkeit ist, als die Bestrafung des Schuldigen, und dieser Erfolg durch Ausschließung der Privatklage im Wege des Vergleichs sich erreichen läßt, ohne das Recht der öffentlichen Strafverfolgung anzutasten. Es ist daher, obwohl die Deutsche Strafprozeßordnung nur in Ansehung der Beleidigungen die Errichtung einer Vergleichsbehörde fordert, auch die auf Antrag zu verfolgende Körperverletzung in den Bereich der schiedsmännischen Thätigkeit gezogen und hinsichtlich beider der SchMann für

die zuständige Vergleichsbehörde erklärt." (Begründung der §§ 31 u. 32 Entw. S. 12.)

2. Von dem Wirkungskreise der SchMänner sind alle Handlungen ausgeschlossen, welche als Uebertretungen, Vergehen oder Verbrechen mit Strafe bedroht sind, sofern es sich nur um die Untersuchung und Bestrafung handelt. Werden dergleichen strafbare Handlungen zu ihrer Kenntniß gebracht, so müssen sie den Ankläger an den ordentlichen Richter verweisen. (Instr. v. 1. Mai 1841 § 7.) Von dieser Regel ist auch für die Injuriensachen keine Ausnahme zugelassen. Sofern es auf die Untersuchung und die Festsetzung einer Strafe ankommt, ist der SchMann auch wegen Beleidigungen und Körperverletzungen ebensowenig zur Ausübung einer amtlichen Thätigkeit befugt, als in bürgerlichen Rechtsstreitigkeiten, soweit es sich dabei um eine Entscheidung und deren prozessualische Vorbereitung handelt.

Damit die Zahl der Injurienprozesse vermindert und der Frieden unter den Parteien durch gütliche Vermittelung wieder hergestellt wird, ist der Wirkungskreis der SchMänner auch auf Injuriensachen ausgedehnt aber nur in der beschränkten Weise, daß dieselben berechtigt sind, eine Aussöhnung der Streitenden zu versuchen und, falls dies gelingt, einen Vergleich darüber aufzunehmen. Es wird sogar gegen die Streitenden ein Zwang ausgeübt, die Vermittelung des SchManns in jenen Sachen nachzusuchen, bevor eine gerichtliche Entscheidung herbeigeführt werden kann, und dadurch unterscheiden sich die Sühneverhandlungen wegen Beleidigungen von den Sühneverhandlungen in bürgerlichen Rechtsstreitigkeiten, indem es bei den letzteren ganz in das Belieben der Parteien gestellt ist, zunächst den SchMann anzugehen oder sofort die gerichtliche Entscheidung nachzusuchen (vgl. Anm. 6 zu § 12 S. 73).

3. Nach Art. 18 des EinfGes. zum Preuß. StrGesBuch v. 14. April 1851 sollte in den Landestheilen, in welchen das Institut der SchMänner bestand, eine Klage über Ehrverletzungen und leichte Mißhandlungen, sofern sie nur im Wege des Civilprozesses verfolgt wurden, von den ordentlichen Gerichten nicht eher zugelassen werden, als bis vor dem SchMann die Sühne erfolglos versucht worden sei. Durch § 420 der deutschen StrProzO. (vgl. den Wortlaut auf S. 6 Abs. 2) hat diese Bestimmung insofern eine Einschränkung erlitten, als es nur bei Beleidigungen, nicht aber auch bei Mißhandlungen oder Körperverletzungen, zur Erhebung der Privatklage des vorgängigen Sühneversuchs bedarf; dagegen insofern eine Erweiterung

erfahren, als der Sühneversuch überall erforderlich ist, ohne Rücksicht darauf, ob das Institut der SchMänner besteht oder nicht. Obwohl nämlich Beleidigungen und Körperverletzungen, deren Verfolgung nur auf Antrag eintritt, von dem Verletzten lediglich im Wege der Privatklage verfolgt werden können, wenn nicht das öffentliche Interesse das Einschreiten der Staatsanwaltschaft durch Erhebung der öffentlichen Klage erfordert (StrProzO. §§ 414, 416), wird doch der Nachweis der erfolglos versuchten Sühne zur Erhebung der Privatklage nur wegen Beleidigungen verlangt (das. § 420). Wenn nun im § 33 SchO der SchMann als die zuständige Vergleichsbehörde nicht nur in Bezug auf Beleidigungen sondern auch in Bezug auf Körperverletzungen bezeichnet wird, so wird dadurch zwar die bisherige Zuständigkeit des SchManns in vollem Umfange aufrecht erhalten, es wird dadurch aber die reichsgesetzliche Vorschrift, daß der Sühneversuch nur bei Beleidigungen erforderlich ist, nicht berührt, da ein entsprechender Vorbehalt zu Gunsten der Landesgesetzgebung nicht gemacht ist. Die Sühneverhandlung des SchMannes wegen Körperverletzungen ist also für die Erhebung der Privatklage von keiner Bedeutung.

4. Der SchMann ist zur Vornahme der Sühneverhandlung bei allen nur auf Antrag zu verfolgenden Beleidigungen ohne Ausnahme zuständig. Wenn auch im § 420 der StrProzO. der erfolglose Sühneversuch in den Fällen des § 196 des StrGesBuchs: „wenn die Beleidigung gegen eine Behörde, einen Beamten, einen Religionsdiener oder ein Mitglied der bewaffneten Macht, während sie in der Ausübung ihres Berufs begriffen sind, oder in Beziehung auf ihren Beruf, begangen ist," nicht zur Voraussetzung der Privatklage gemacht ist, so ist doch der SchMann befugt, auch bei Beleidigungen dieser Art, ebenso wie bei nur auf Antrag zu verfolgenden Körperverletzungen, seine Amtsthätigkeit zum Zwecke der Sühneverhandlung auszuüben. Es findet aber dann die Beschränkuug seiner Ablehnungspflicht und seines Ablehnungsrechts, wie sie im § 36 zu Gunsten der nach § 420 der StrProzO. erforderlichen Sühneverhandlungen angeordnet ist, nicht statt.

5. Die Beleidigungen, welche nur auf Antrag verfolgt werden können, sind in den §§ 185—187, 189, 196 des StrGesBuchs bezeichnet. Beleidigungen, zu deren Verfolgung es einer Ermächtigung bedarf (StrGesBuch §§ 99, 101, 197), gehören nicht zur Zuständigkeit des SchManns. Ebensowenig die in den §§ 103 u. 104 des StrGesBuchs bedrohten Beleidigungen

des Oberhaupts eines fremden Staats oder eines Gesandten oder Geschäftsträgers, obwohl es zur Verfolgung derselben eines Antrags bedarf; denn diese Vergehen werden im StrGesBuche nicht zu den Beleidigungen (Abschnitt 14) gerechnet, sondern als „feindliche Handlungen gegen befreundete Staaten“ bezeichnet (Abschnitt 4).

Die Körperverletzungen, deren Verfolgung nur auf Antrag eintritt, sind die leichten vorsätzlichen (StrGesBuch § 223) und alle durch Fahrlässigkeit verursachten, also auch die schweren (das. §§ 223a, 224) Körperverletzungen (das. § 230), jedoch mit Ausnahme derjenigen Körperverletzungen, welche mit Uebertretung einer Amts-, Berufs- oder Gewerbspflicht begangen worden sind (das. § 232).

6. Die Privatklage ist ein Privatrecht des Verletzten, welches durch Vergleich von den Betheiligten aufgehoben werden kann. Die öffentliche Klage wird von der Staatsanwaltschaft im Interesse der öffentlichen Ordnung erhoben und ist daher der Einwirkung der Betheiligten entzogen. Es folgt hieraus, daß durch den vor dem SchMann abgeschlossenen Vergleich, welcher eine nur auf Antrag zu verfolgende Beleidigung oder Körperverletzung betrifft, das Recht des Verletzten, die Privatklage zu erheben, aufgehoben wird, ohne Unterschied, ob der Sühneversuch nach § 420 der StrProzO. zur Erhebung der Privatklage erforderlich sein würde oder nicht. Es folgt aber weiter, daß durch einen solchen Vergleich das Recht der Staatsanwaltschaft, die öffentliche Klage zu erheben, so wenig wie das Recht des Verletzten, die Strafverfolgung bei der Staatsanwaltschaft zu beantragen, beseitigt wird. (Vgl. Löwe's StrProzO. Anm. 5a u. c zu § 420; Oppenhoff, Komment. zu § 61 des RStrGesBuchs.) Anderer Meinung ist Freudenstein (S. 189 A. 1). Derselbe bemerkt: „Der Verzicht ergreift das ganze Recht, die Privatklage ist dies Recht in seiner Aktivität und der Verzichtswille ist nach seinem wahren Inhalt zu interpretiren. Wer Privatklage erheben will, zum SchMann geht und sich dann vergleicht, bei dem kann unmöglich angenommen werden, daß er sein Antragsrecht sich vorbehalten wolle, denn dann braucht er sich gar nicht zu vergleichen, sondern kann wieder fortgehen. Ein solcher Verzicht auf den modus procedendi ist auch gar nicht denkbar, dieser letztere hat ohne das zu Grunde liegende Strafantragsrecht gar keine reale Existenz.“

Durch den vor dem SchManne geschlossenen Vergleich wird nur das Klagerecht der Kontrahenten selbst, nicht aber das

§. 34.

Auf die Sühneverhandlung über Beleidigungen und Körperverletzungen finden die Vorschriften des zweiten Abschnitts mit den in den nachfolgenden Paragraphen enthaltenen Abweichungen entsprechende Anwendung.

§. 35.

Soweit nach der Vorschrift des §. 420 der Deutschen Strafprozeßordnung vor Erhebung der Privatklage wegen

---

Klagerecht eines anderen zur Klage Berechtigten aufgehoben. Der von der Ehefrau oder der von dem unter väterlicher Gewalt stehenden Kinde oder der von dem Beamten, dem Religionsdiener, dem Mitgliede der bewaffneten Macht allein abgeschlossene Vergleich beseitigt also nur das Klagerecht dieser Personen, nicht aber das Recht des Ehemannes, des Vaters, des amtlichen Vorgesetzten, selbstständig gegen den Beleidiger mit der Privatklage vorzugehen (§§ 195 u. 196 StrGBuchs in Verbindung mit § 414 Abs. 2 StrProzO.). Soll auch dieses Klagerecht aufgehoben werden, so muß der Ehemann 2c. dem Vergleiche beitreten. Andrerseits wird auch durch den von dem Ehemann 2c. allein geschlossenen Vergleich das Klagerecht der Frau 2c. nicht beseitigt. (Vgl. Löwe a. a. O. Anm. 5b.)

7. Durch den Antrag auf Vornahme der Sühneverhandlung beim SchMann wird die dreimonatliche Antragsfrist (StrGesBuch § 61) nicht gewahrt (vgl. Anm. 4 zu § 37 SchO).

8. Ueber die Festsetzung einer Buße in SchMVergleichen vgl. Anm. 12 zu § 36 SchO.

Zu § 34. 1. Soweit es sich nicht um einen der Fälle handelt, in welchen die Vergleichsbehörde angegangen werden muß, bevor die Privatklage eingelegt werden kann, bietet das Verfahren vor dem SchManne keine Besonderheit und richtet sich ganz nach den Vorschriften des 2. Abschnitts. Soweit aber der Privatkläger nach § 420 der StrProzO. zu einem vorgängigen Sühneversuch gezwungen ist, werden durch diese Zwangslage und die dadurch bedingte amtliche Feststellung des Ergebnisses des Sühneversuchs Abweichungen erforderlich, welche in den §§ 35—39 enthalten sind. (Begründung der §§ 31 u. 32 Entw. S. 12.)

2. Die Uebergangsbestimmung enthält der § 48 SchO.

Beleidigungen nachgewiesen werden muß, daß die Sühne erfolglos versucht worden, ist für diesen Vergleichsversuch der Schiedsmann, in dessen Bezirk der Beschuldigte wohnt, ausschließlich zuständig.

Zu § 35.

1. Zur Aufnahme eines **Vergleichs** wegen der nur auf Antrag zu verfolgenden Beleidigungen und Körperverletzungen ist jeder SchMann zuständig, auch wenn die Parteien nicht in seinem Bezirke wohnen (§ 13 Abs. 2). Kommt aber eine Aussöhnung nicht zu Stande und handelt es sich darum, dem Beleidigten eine Bescheinigung über die erfolglose Vermittelung des SchManns auszustellen, um die erlittene Beleidigung im Wege der Privatklage vor Gericht verfolgen zu können, dann ist zur Ausstellung einer solchen Bescheinigung nur derjenige SchMann berechtigt, in dessen Bezirk der Beschuldigte wohnt (§ 35). In diesem Falle findet die Bestimmung des § 13 Abs. 2 keine Anwendung. Wenn also auch beide Theile den unzuständigen SchMann angehen, und wenn der letztere auch von seinem Ablehnungsrecht keinen Gebrauch macht (§ 17 Nr 2), muß der unzuständige SchMann doch seine Amtsthätigkeit einstellen und die Parteien an den örtlich zuständigen SchMann (§ 13 Abs. 1) verweisen, sobald sich herausstellt, daß ein Vergleich nicht zu Stande kommt, und der Antragsteller eine Bescheinigung über die Erfolglosigkeit des Sühneversuchs verlangt. Das vom unzuständigen SchMann ausgestellte Attest ist keines und genügt also dem Erforderniß des § 420 StrProzO. nicht. Der Injurienrichter hat die Zuständigkeit des SchManns von Amtswegen zu prüfen und im Bestreitungsfalle thatsächlich festzustellen. (Freudenstein S. 209.) Vgl. auch Anm. 6 zu § 37.

Ist der ausschließlich zuständige SchMann aus irgend einem Grunde verhindert, den Sühneversuch vorzunehmen und die Bescheinigung auszustellen, so ist der Stellvertreter desselben (§ 11) dazu berechtigt und verpflichtet. Die Bescheinigung eines unzuständigen Stellvertreters eröffnet den Rechtsweg nicht.

2. Während bisher (vgl. EinfGes. zum Preuß. StrGesBuch v. 14. April 1851 Art. 18) der Sühneversuch des SchMannes und der Nachweis der Erfolglosigkeit desselben zur Anbringung einer ge-

richtlichen Injurienklage nicht erforderlich war, wenn der Verklagte in einem anderen Gerichtsbezirke seinen Wohnsitz hatte, als der Kläger, so bedarf es seit dem 1. Octbr 1879 (vgl. StrProzO. § 420 Abs. 2) jener Voraussetzungen zur Erhebung der Privatklage wegen Beleidigungen dann nicht, wenn die Parteien nicht in demselben Gemeindebezirke wohnen. Da namentlich die ländlichen Gemeindebezirke kleiner sind als die Gerichtsbezirke, so ist die Nothwendigkeit der Sühneversuche erheblich eingeschränkt.

Für die Nothwendigkeit des Sühneversuchs zum Zwecke der Privatklage ist nicht entscheidend, daß die Parteien in demselben Schiedsmannsbezirke wohnen, sondern daß sie in demselben Gemeindebezirke wohnen. Der Regel nach wird zwar der SchMBezirk mit dem Gemeindebezirke zusammenfallen, es ist aber nicht ausgeschlossen, daß der SchMBezirk aus mehreren Gemeindebezirken und daß der Gemeindebezirk aus mehreren SchMBezirken besteht (§§ 1 u. 3). Für den Fall, daß der Gemeindebezirk in mehrere SchMBezirke getheilt ist, daß also mehrere SchMänner für die Vornahme des Sühneversuchs zuständig sein würden, bestimmt der § 35 als den ausschließlich zuständigen SchMann denjenigen, in dessen Bezirke der Beschuldigte wohnt, und es ist von keinem Einfluß auf die Nothwendigkeit des Sühneversuchs und auf die Zuständigkeit des SchManns, daß der Antragsteller etwa in einem anderen SchMBezirke desselben Gemeindebezirks wohnt. Sind dagegen mehrere Gemeindebezirke zu einem SchMBezirke vereinigt, so bedarf es eines Sühneversuchs überhaupt nicht, so oft die Parteien, wenn auch in dem nämlichen SchMBezirke, aber in verschiedenen Gemeindebezirken wohnen.

3. Nach § 420 StrProzO. muß der Nachweis des erfolglosen Sühneversuchs vor Erhebung der Privatklage erbracht werden, wenn Beleidigungen verfolgt werden sollen, deren Verfolgung nur auf Antrag eintritt (StrProzO. § 414; vgl. Anm. 5 zu § 33 S. 438), und welche nicht zu den im § 196 StrGesBuch bezeichneten (vgl. Anm. 4 zu § 33 S. 145) gehören.

4. „Wohnt" im § 35 heißt soviel, als „seinen Wohnsitz hat" im § 13. Wo der Beschuldigte seinen Wohnsitz hat, bestimmt sich nach den Vorschriften der CivProzO. Hat der Beschuldigte mehrere Wohnsitze, so wird durch einen jeden derselben die Kompetenz des SchMannes begründet. Hat der Beschuldigte keinen Wohnsitz, so bedarf es nach § 420 Abs. 2 StrProzO. eines Sühneversuchs überhaupt nicht, denn dann wohnt der Beschuldigte eben nicht in demselben Gemeindebezirke, als der Ver-

§. 36.

Bei der nach §. 420 der Deutschen Strafprozeßordnung erforderlichen Sühneverhandlung darf der zuständige Schiedsmann die Ausübung seines Amtes aus den in §. 16 Nr. 3 bis 6 und §. 17 Nr. 2 angegebenen Gründen nicht ablehnen.

---

letzte. Militärpersonen haben ihren Wohnsitz am Garnisonorte; das findet jedoch auf diejenigen Militärpersonen keine Anwendung, welche nur zur Erfüllung der Wehrpflicht dienen oder welche selbstständig einen Wohnsitz nicht begründen können. Als Wohnsitz der Militärpersonen, welche zu einem Truppentheile gehören, der im Deutschen Reiche keinen Garnisonort hat, gilt der letzte deutsche Garnisonort des Truppentheils. (CivProzO. §§ 14, 15.) Die Ehefrau theilt den Wohnsitz des Ehemannes, sofern nicht auf immerwährende Trennung von Tisch und Bett erkannt ist. Eheliche und diesen gleichgestellte Kinder theilen den Wohnsitz des Vaters, uneheliche den der Mutter. (Das. § 17.) Ueber den Wohnsitz der Dienstboten, Hand- und Fabrikarbeiter, Gewerbegehülfen, Studirenden, Schüler und Lehrlinge vgl. § 21, über den Wohnsitz der Exterritorialen § 16, über den Wohnsitz der Gemeinden und Korporationen, Gesellschaften § 19 CivProzO.

Zu § 36.

1. „Die Nothwendigkeit des Sühneversuchs bedingt Einschränkungen des Ablehnungsrechts. Dieselben rechtfertigen sich dadurch, daß der Privatkläger, welchem die Einreichung einer Bescheinigung über die Erfolglosigkeit des Sühneversuchs zur Pflicht gemacht ist, in die Lage gesetzt werden muß, sich diese Bescheinigung ohne erhebliche Schwierigkeit zu verschaffen. Dabei

Er hat, wenn bei einer Partei einer der im §. 16 Nr. 3 bis 6 angegebenen Umstände vorliegt, dies in dem Protokolle zu vermerken. Gegen eine solche Partei findet die Zwangsvollstreckung aus einem aufgenommenen Vergleiche nicht statt.

---

kommt in Betracht, daß die Bescheinigung vermöge des negativen Inhalts ihrer Feststellung den Rechtsstreit selbst unberührt läßt und mithin von einzelnen für die Aufnahme eines gültigen Vergleichs unerläßlichen Vorbedingungen füglich abgesehen werden kann. Die Wirkungen der Erleichterung dürfen indessen über den beabsichtigten Zweck nicht hinausgreifen. Wenn daher Parteien zugelassen worden, bei welchen einer der im § 16 Nr 3 bis 6 angegebenen Umstände vorliegt, so kann ein von denselben geschlossener Vergleich nicht die volle Kraft haben, welche sonst den schiedsmännischen Vergleichen beigelegt ist." (Begründung des § 34 Entw. S. 13.)

2. Der SchMann darf nach § 36 sein Amt nicht aus dem Grunde ablehnen, daß ihm die streitige Angelegenheit zu weitläufig oder zu schwierig erscheint. Dieses Ablehnungsrecht (§ 17 Nr 2) muß wegfallen, weil der Sühneversuch zur Anstellung der Privatklage unbedingt nothwendig ist, mag der Rechtsstreit auch noch so weitläufig oder schwierig sein. Dasselbe ist jedoch nur insoweit ausgeschlossen, als die Sühneverhandlung zur Erhebung der Privaklage erforderlich ist, es sich also nur um die Feststellung der erfolglos versuchten Sühne handelt. Söhnen sich die Parteien aus und wollen sie einen Vergleich abschließen, so daß die Ertheilung einer Bescheinigung über die Erfolglosigkeit des Sühneversuchs gar nicht mehr in Frage kommt, dann tritt das Ablehnungsrecht des SchMannes wieder ein, wenn ihm die Sache zu weitläufig und verwickelt ist. Denn der Mitwirkung des SchMannes bei Aufnahme des Vergleichs bedarf es nicht nothwendig, vielmehr kann ein derartiger Vergleich, wodurch das Privatklagerecht des Beleidigten beseitigt wird, auch von dem Amtsrichter mit der gleichen Wirkung aufgenommen werden, als von dem SchManne: es fehlt dann also an dem Grunde für die Ausschließung des Ablehnungsrechts.

Das Ablehnungsrecht des SchMannes wegen Unzuständigkeit (§ 17 Nr 1) wird zur Ablehnungspflicht gesteigert, wenn die Aussöhnung nicht erfolgt (vgl. Anm. 1 zu § 35). Hier kann also keine Rede davon sein.

3. In den Fällen des § 15 Nr 1—4 ist der SchMann auch bei Sühneverhandlungen wegen Beleidigungen von der Ausübung seines Amtes kraft Gesetzes ausgeschlossen. Verstößt der SchMann gegen jene Bestimmungen, so ist der Sühneversuch nichtig. Der Injurienrichter hat von Amtswegen zu prüfen, ob einer der Ausschließungsgründe vorliegt und, wenn ein solcher behauptet wird, eine ausdrückliche thatsächliche Feststellung zu treffen. Daß der SchMann im Privatklageprozeß nicht Partei sein darf, erhellt von selbst. Ferner darf eine Person nie SchMann sein, wenn sie „Mitberechtigter" ist, wenn sie aus der den Gegenstand der Privatklage bildenden Beleidigung ein Antragsrecht hat, dergestalt, daß sie mitverletzt ist, z. B. bei Zusammenfassung im Plural, bei der mittelbaren Injurie, bei Beleidigungen eines Kollektivums, einer Gesammtheit. Wird also eine Aktiengesellschaft und dadurch mittelbar die Aktionäre verletzt, so kann der SchMann, welcher Aktien besitzt, niemals sein Amt gegen den Beleidiger ausüben. Als „Mitverpflichteter" ist der SchMann ausgeschlossen, wenn er als Theilnehmer (Hauptthäter, Anstifter, Beihelfer, Begünstiger) an der im Sühneversuch befangenen That belangt werden kann. Als gesetzlicher Vertreter einer der Parteien ist der SchMann nicht nur dann ausgeschlossen, wenn er als solcher wirklich klagen will oder verklagt werden soll, sondern es genügt, daß er abstrakt berechtigt ist, als gesetzlicher Vertreter zu fungiren, oder diese Berechtigung früher einmal hatte. (Freudenstein S. 210 f.)

Ferner besteht die Ablehnungspflicht des SchMannes auch hier, wenn er der Sprache der Parteien nicht mächtig ist, sich also mit ihnen nicht verständigen kann (§ 16 Nr 1). Freudenstein (S. 211 A. 2) will in dem § 16 Nr 1 nur eine Bestimmung reglementärer Natur erblicken und erachtet den unter Nichtbeobachtung derselben erfolgten Sühneversuch oder geschlossenen Vergleich nicht für nichtig, sondern dem Erforderniß des § 420 StrProzO. für genügend. Das entspricht jedoch nicht der Ansicht der gesetzgebenden Faktoren (vgl. Anm. 3 zu § 16 S. 90 ff). Danach wird vielmehr die Wirkungslosigkeit des Sühneversuchs und die Nichtigkeit des Vergleichs anzunehmen sein.

In den gedachten Fällen muß der verhinderte SchMann den Antragsteller an seinen Stellvertreter verweisen und, falls auch dieser verhindert ist, bleibt es dem Antragsteller überlassen, den Landgerichtspräsidenten um die Bestellung eines geeigneten Vertreters anzugehen.

Der Fall § 16 Nr 2 kann hier nicht vorkommen, denn die

Gültigkeit des Attestes über die Erfolglosigkeit des Sühneversuchs, dessen Ertheilung ja allein die Thätigkeit des SchMannes unbedingt erfordert, kann seinem Inhalte nach nicht von der Beobachtung der gerichtlichen oder notariellen Form abhängig sein; kommt aber ein Vergleich zu Stande, zu dessen gültigem Abschluß jene strengere Form gewahrt werden muß, so ist dafür der SchMann nicht ausschließlich zuständig, die Parteien können denselben vielmehr auch vor dem Amtsrichter wirksam abschließen.

4. Gelingt es dem SchMann nicht, die Identität der Parteien festzustellen (§ 16 Nr 3), so darf er deßhalb die Ertheilung der zur Erhebung der Privatklage erforderlichen Bescheinigung nicht ablehnen, und er ist auch befugt, einen Vergleich aufzunehmen; der Vergleich, dessen Inhalt die Identitätsbedenken ergeben muß, hat aber nicht die Wirkung eines SchMVergleiches und es findet daher die Zwangsvollstreckung auf Grund desselben nicht statt. Von einem derartigen Vergleiche darf der SchMann keine vollstreckbare Ausfertigung ertheilen und, thut er es dennoch, so muß der Gerichtsvollzieher bezw. das Vollstreckungsgericht die Ausführung der Zwangsvollstreckung ablehnen. Ein solcher Vergleich hat lediglich die Bedeutung einer Privaturkunde, er gibt, falls die Identitätszweifel ungegründet waren, dem dadurch Berechtigten die Befugniß, auf Erfüllung zu klagen. Die Bescheinigung über die erfolglos versuchte Sühne ist dagegen trotz der darin vermerkten Identitätsbedenken zur Erhebung der Privatklage ausreichend, denn damit, daß die Bescheinigung trotz der Bedenken ausgestellt werden soll, ist zugleich die rechtliche Wirkung der Bescheinigung anerkannt. Selbstverständlich kann aber der Privatbeklagte den Einwand erheben, er oder der Privatkläger sei nicht identisch mit denjenigen Personen, welche vor dem SchMann über die Sühne verhandelt haben oder zum Sühnetermin geladen seien, und muß der Richter denselben erörtern.

5. Bedenken gegen die Geschäfts- oder Verfügungsfähigkeit der Parteien oder gegen die Legitimation der gesetzlichen Vertreter derselben (§ 16 Nr 4) berechtigen den SchMann gleichfalls nicht, die Sühneverhandlung abzulehnen. Wenn auch der Verletzte, welcher das 18. Lebensjahr vollendet hat, selbstständig zu dem Antrage auf Bestrafung berechtigt ist (StrGesBuch § 65), so ist doch für die Ausübung des Rechts der Privatklage dieses Lebensalter nicht maßgebend, da der Prozeß Pflichten, namentlich vermögensrechtliche Verbindlichkeiten erzeugt, deren Uebernahme einem Minderjährigen ohne Widerspruch mit den Grundsätzen des Civilrechts nicht gestattet werden kann. Der

minderjährige Verletzte, dessen Verfolgungsantrag von der Staatsanwaltschaft abgelehnt worden, kann daher nur durch seinen gesetzlichen Vertreter, seinen Vater oder Vormund, die Privatklage erheben. (StrProzO. § 414 Abs. 3; Motive dazu S. 221; CivProzO. § 51.) Dasselbe gilt bezüglich der bevormundeten Geisteskranken und Taubstummen umsomehr, als diese Personen auch einen Strafantrag nicht stellen können (StrGesBuch § 65 Abs. 3). Auch die Verschwender und überhaupt alle Personen, die aus irgend einem Grunde unter Vormundschaft gestellt worden, sind nicht prozeßfähig und deßhalb auch zur selbstständigen Erhebung der Privatklage nicht berechtigt. Wer aber nicht selbstständig zur Erhebung der Privatklage befugt ist, kann auch im Wege des Vergleichs über sein Klagerecht nicht selbstständig verfügen. Mit Minderjährigen und bevormundeten Taubstummen, Geisteskranken, Verschwendern &c., die ihm als solche bekannt sind, darf daher der SchMann in keinem Falle verhandeln, er muß vielmehr, auch wenn die Sühneverhandlung nach § 420 StrProzO. erforderlich ist, jede Verhandlung mit jenen Personen ablehnen und darauf bestehen, daß deren gesetzliche Vertreter vor ihm erscheinen. — In der Kommission des AbgH. wollte man, um die Erledigung vieler Streitigkeiten unter jungen Leuten zu erleichtern, dem SchMann gestatten, nicht prozeßfähigen Personen, welche sich in seinem Bezirke als Dienstboten, Hand- oder Fabrikarbeiter, Gewerbegehülfen, Studenten, Schüler oder Lehrlinge ohne ihren gesetzlichen Vertreter aufhalten, einen besonderen Vertreter für die SchMVerhandlung zu bestellen, welcher die gewissenhafte Erfüllung der Pflichten eines Beistandes auf Ehre und Gewissen zu versprechen habe. Es wurde darauf hingewiesen, daß die KabOrd. v. 8. Aug. 1832 den Prozeßrichter ermächtige, Dienstboten, Gesellen, Lehrlinge &c. sowohl in bürgerlichen Rechtsstreitigkeiten, die in ihren Dienstverhältnissen ihren Grund haben, als bei Injurienklagen einen Streitkurator zuzuordnen und mit diesem zu verhandeln. Werde solches dem SchMann nicht erlaubt, so werde er oft nicht eingreifen können. Wenigstens sei wünschenswerth, daß großjährige Dienstboten, Arbeiter &c., welche noch unter väterlicher Gewalt stehen, ohne Zuziehung ihres Vaters in Injuriensachen gültige Vergleiche vor dem SchMann zu schließen vermöchten. Von anderer Seite wurde hervorgehoben, daß Vergleiche bevormundeter Personen der gerichtlichen Genehmigung bedürfen und daß man dem SchMann nicht zumuthen dürfe, Fragen nach der Legitimation zum Prozesse zu entscheiden. Der Vertreter des JustMin. bemerkte: „Es handle sich um den willkürlichen

Akt eines Vergleiches. Derselbe könne sich auf Zahlung einer Geldsumme oder einer Entschädigung richten. Wolle man einen Vergleich der fraglichen Personen unter Zuziehung eines Beistandes zulassen, so würde ein Vater zu Zahlungen für sein Kind ohne sein Vorwissen verpflichtet werden können, an welche er nicht gedacht habe. Es sei daher nicht angänglich, dem SchMann die Bestellung eines Beistandes zu erlauben, um so weniger, da ein Vergleich nicht durchaus nothwendig sei. Die Frage, ob eine der hier fraglichen Personen fähig sei, in Prozessen aufzutreten, sei eine andere, als die, ob sie zur Schließung von Verträgen befähigt und berechtigt sein solle. Einen Vergleich zwar könne der SchMann mit solchen Personen aufnehmen, es solle aus demselben aber eine Zwangsvollstreckung nicht stattfinden dürfen." Der gestellte Antrag wurde abgelehnt. (KommBer. d. AbgH. S. 1713.) — Hat der SchMann mit einem Minderjährigen oder einem bevormundeten Geisteskranken, Taubstummen, Verschwender ꝛc. ohne Zuziehung dessen gesetzlichen Vertreters verhandelt, so ist der geschlossene Vergleich ungültig und auch als Privaturkunde nicht zu verwerthen. Ebenso steht bei erfolglos versuchter Sühne jenen unselbstständigen Personen wie dem Gegner das Recht zu, den Sühneversuch als materiell ungültig anzufechten. Wenn der SchMann keine Gewißheit über die Geschäfts- und Verfügungsunfähigkeit hat, sondern Bedenken in dieser Beziehung hegt, darf er seine Thätigkeit nicht ablehnen, muß vielmehr den Vergleich aufnehmen bezw. die Bescheinigung über die erfolglos versuchte Sühne ertheilen. Den Parteien steht aber die Befugniß zu, im Privatklageverfahren den Mangel einredeweise geltend zu machen, und der Vergleich, welcher die Bedenken des SchManns ergibt, kann nicht zur Zwangsvollstreckung führen.

Ehefrauen und unter väterlicher Gewalt stehende großjährige Kinder können nicht nur selbstständig den Strafantrag stellen (StrGesBuch § 195), sondern sind auch zur Erhebung der Privatklage ohne Zuziehung des Ehemannes bezw. des Vaters berechtigt (StrProzO. § 414 Abs. 3, CivProzO. § 51 Abs. 2 u. 3). Hieraus folgt, daß sie auch befugt sind, über das Privatklagerecht selbstständig zu verfügen. Der von denselben vor dem SchMann abgeschlossene Vergleich ist gültig, das Privatklagerecht dieser Personen wird dadurch aufgehoben (vgl. Anm. 6 Abs. 2 zu § 33 S. 146 f); auch der erfolglose Sühneversuch derselben unterliegt der Anfechtung nicht. Aus dem Vergleich der Ehefrauen und Hauskinder findet die Zwangsvollstreckung statt. Betrifft der Vergleich aber Gegenstände, in Bezug auf welche die

Verfügungsbefugniß der Ehefrauen und Hauskinder durch die Rechte der Ehemänner bezw. Väter beschränkt ist, so braucht sich der Ehemann oder Vater daraus so wenig, wie aus Judikaten, welche ohne seine Zuziehung erlassen sind, die Zwangsvollstreckung in dasjenige Vermögen der Ehefrau oder des Hauskindes gefallen zu lassen, welches in Folge der ihm zustehenden, lediglich nach dem materiellen Civilrecht zu bemessenden, Rechte der Disposition der Ehefrau oder des Hauskindes entzogen ist; denn die Güterrechte des Ehemannes oder Vaters werden durch den ohne ihren Beitritt geschlossenen Vergleich in keiner Weise berührt (vgl. Motive zu § 51 CivProzO. S. 76, in der Ausgabe von Hahn S. 169).

6. Der zuständige SchMann muß auch mit solchen Parteien verhandeln, welche blind oder taubstumm sind, oder welche taub oder stumm sind und sich nicht schriftlich verständigen können (§ 16 Nr 5 u. 6). Es ist schon bemerkt, daß die Verhandlung mit dergleichen Personen nicht stattfindet, wenn sie unter Vormundschaft stehen, daß dann vielmehr lediglich deren gesetzliche Vertreter zum Sühneversuch zuzulassen sind. Wie der SchMann mit blinden rc. Personen verhandeln soll, ist nicht vorgeschrieben. Es wird selbstverständlich vorausgesetzt, daß eine Verständigung in irgend einer Weise mit jenen Personen möglich sein muß. Können dieselben ihren Willen nicht in einer dem SchMann verständlichen Weise äußern, so darf der SchMann weder einen Vergleich aufnehmen noch die Bescheinigung über den erfolglosen Sühneversuch ertheilen, sollten auch Beistände an Stelle der Gebrechlichen Erklärungen abgeben und mit Bestimmtheit versichern, daß diese den Willen der Gebrechlichen enthalten. In solchen Fällen ist die Sühne nicht etwa erfolglos versucht, es ist vielmehr überhaupt kein Sühneversuch erfolgt. Sehr oft wird es indessen dem SchMann gelingen, einen Vergleich in zuverlässiger Weise trotz der sich in dem Gebrechen der Parteien entgegenstellenden Hindernisse zu Stande zu bringen. Daß aus einem solchen Vergleiche die Zwangsvollstreckung nicht stattfindet, ist ausdrücklich bestimmt. Es entsteht aber die Frage, welche Wirkung im Uebrigen einem solchen Vergleiche beizumessen ist. Daß dessen Wirkungen nicht so beschränkt sind, wie einem unter gleichen Umständen in einer bürgerlichen Rechtsstreitigkeit aufgenommenen Vergleiche (vgl. Anm. 3 letzten Abs. zu § 16 S. 95 f), liegt auf der Hand; denn die Aufnahme von Vergleichen wegen Beleidigungen ist dem SchMann im Gesetze zugelassen, während die Aufnahme von Vergleichen in bürgerl. Rechtsstreitigkeiten demselben verboten ist. Zunächst wird unzweifelhaft

durch den Vergleich der Zweck des Sühneversuchs, die Ausschließung der Strafverfolgung im Wege der Privatklage, erreicht. Nicht unbedenklich ist es jedoch, dem Vergleiche in seinen vermögensrechtlichen Bestimmungen die Wirkungen einer gültigen Privaturkunde zuzusprechen. Man wird sich jedoch auch dafür entscheiden und dem Verletzten die Klage aus dem SchMVergleiche, wenn derselbe auch den durch das bürgerliche Recht bei Strafe der Ungültigkeit vorgeschriebenen Formen nicht entspricht, gewähren müssen; denn wenn der Verletzte durch den Vergleich sein Privatklagerecht einbüßt, so muß er auch nothwendig die in dem nämlichen Vergleiche dafür festgesetzte Gegenleistung fordern können. Auch die Motive lassen durchblicken, daß der Vergleich seinem ganzen Inhalte nach gültig sein und daß ihm nur die besondere Wirksamkeit eines SchMVergleiches, die Zwangsvollstreckung, abgehen soll (vgl. Anm. 1 am Schlusse). Freilich läßt sich dagegen anführen, daß der Partei lediglich die Möglichkeit gewährt werden soll, auch in solchen Fällen dem Erforderniß des § 420 StrProzO. zu genügen, in welchen sonst die Mitwirkung des SchManns ausgeschlossen ist, daß aber nur zum Zwecke des Nachweises der **erfolglos** versuchten Sühne die Amtsthätigkeit des SchManns nothwendig ist, während die erfolgte Aussöhnung nicht nothwendig durch einen gerade vor dem SchManne abgeschlossenen Vergleich konstatirt werden muß. Da unmöglich vorauszusehen ist, wie die Rechtsprechung sich zu dieser Frage verhalten wird, so wird der SchMann, auch wenn er den Vergleich protokollirt hat, gut thun, die Parteien zu veranlassen, den Vergleich auch in der durch das bürgerliche Recht vorgeschriebenen Form abzuschließen.

7. Auch bei Sühneverhandlungen wegen Beleidigungen ist die Vertretung der Parteien durch **Bevollmächtigte**, so oft die Partei nicht eine Gemeinde oder Korporation ist, unzulässig. Die mit dem Bevollmächtigten einer Partei versuchte Sühne ist daher, abgesehen von dem Ausnahmefalle, keine wirksame Sühneverhandlung und der SchMann darf auf Grund derselben die Bescheinigung über den erfolglosen Sühneversuch nicht ertheilen. Geschieht dies dennoch, so kann der Beklagte der Privatklage mit Erfolg den Einwand entgegenstellen, daß die Sühne für nicht versucht zu erachten sei. Korporationen und Gemeinden dürfen sich nur durch Bevollmächtigte **aus ihrer Mitte** vertreten lassen. War der bei der Sühneverhandlung für die Gemeinde oder Korporation auftretende Bevollmächtigte nicht aus der Mitte der Gemeinde oder der Korporation, so steht

dem Privatbeklagten gleichfalls jene Einrede zu (vgl. Freudenstein S. 212 A. 3 zu § 18). Vgl. auch Anm. 4 S. 99 f.

8. Es fragt sich, inwieweit dem Privatbeklagten Einreden aus der Person des SchManns und dessen Bestallung, abgesehen von den Fällen der §§ 15, 16 Nr 1, 35, zustehen. Ueber die Qualifikation des SchManns und dessen Wahl hat lediglich die bestätigende Behörde, das Präsidium des Landgerichts, zu entscheiden (vgl. Anm. 2 u. 3 zu § 4 S. 40 f). Der Privatbeklagte darf daher mit der Einrede, daß der SchMann aus einem der im § 2 angegebenen Gründe nicht dem SchMAmte zu berufen gewesen oder daß die Wahl nicht vorschriftsmäßig erfolgt sei (vgl. Anm. 5 zu § 3 S. 36), nicht gehört werden. Der SchMann wird ein solcher erst durch die Bestätigung des Präsidium des Landgerichts, in dessen Bezirk der SchMann wohnt (§ 4). Die vor der vorgeschriebenen Bestätigung — sei es, daß die Bestätigung überhaupt noch nicht, oder daß sie nicht von dem Präsidium des Landgerichts, sondern vom Präsidenten des Landgerichts, oder daß sie von einem unzuständigen Präsidium erfolgt ist — von einem zum SchMann Gewählten vorgenommenen Sühneversuche sind also nicht von einem SchManne vorgenommen und es steht ihnen die Einrede der Ungültigkeit entgegen. Die Frage, ob die fehlende oder mangelhafte Beeidigung des SchManns (§ 5) dem Privatbeklagten Grund gewährt, den Sühneversuch als fehlend, weil von einem Nichtbeamten verhandelt, darzustellen, verneint Freudenstein (S. 205 A. 1 zu § 5) mit Recht, weil nicht erst die Beeidigung, sondern schon die Bestätigung die Beamtenqualität bewirke (wie die KabOrd. vom 11. Aug. 1832, GesS. S. 204, bestimmt, übernimmt der Beamte schon durch die Uebernahme des ihm anvertrauten Amtes dessen Pflichten auch vor der Ableistung des Eides; vgl. auch StrGesBuch § 359). Da der bisherige SchMann bis zum Amtsantritt des Neugewählten in Thätigkeit bleibt (§ 3 Abs. 3), so sind auch dessen Sühneverhandlungen so lange noch gültig, wenn auch die dreijährige Amtszeit abgelaufen ist. Im Falle der Amtsenthebung (§ 9) endigt die Amtsthätigkeit des SchManns erst mit der von dem ersten Civilsenate des Oberlandesgerichts ausgesprochenen Enthebung; die bis dahin vorgenommenen Sühneversuche sind gültig und das bloße Vorhandensein eines Enthebungsgrundes gibt den Privatbeklagten keine Berechtigung zu Anfechtung derselben (vgl. Freudenstein S. 206 f. A. 1 zu § 9).

9. Die Bestimmungen des § 36 finden nur dann Anwendung, wenn es sich um eine nach § 420 StrProzO. erforderliche

Sühneverhandlung handelt, wenn also die Privatklage wegen Beleidigung von Jemand angestellt werden soll, welcher nicht in seiner Eigenschaft als Behörde, Beamter, Religionsdiener, Mitglied der bewaffneten Macht beleidigt ist (vgl. Anm. 3 u. 4 zu § 33 S. 144 f). Wird wegen einer Körperverletzung oder mit einem Beamten ꝛc. ein Vergleich vor dem SchMann abgeschlossen, so unterliegt ein solcher Vergleich in Bezug auf seine Gültigkeit der Beurtheilung nach den Vorschriften des 2. Abschnitts der SchO. Danach ist auch die Ablehnungspflicht (§ 16) und das Ablehnungsrecht des SchManns (§ 17) zu bemessen.

10. Es ist nicht unzulässig, daß ein bedingter Vergleich geschlossen wird. Ist ein solcher zu Stande gekommen, so kann nach dem Erkenntniß des Obertribunals vom 10. Octbr 1860 (Goldtammer's Arch. Bd 8 S. 826), wenn der Verklagte die Bedingung nicht erfüllt, nicht ohne Weiteres vom Injurienrichter angenommen werden, die Vermittelung des SchManns sei erfolglos, der Privatbeklagte soll vielmehr erst zur Erfüllung aufgefordert werden müssen. Ein solcher Vergleich mit der Behauptung der Nichterfüllung wird auch jetzt noch vom Richter an Stelle der Bescheinigung über die Erfolglosigkeit des Sühneversuchs angenommen werden müssen, weil sonst der Verletzte das ihm ungeachtet des Vergleichs zustehende Recht der Privatklage nicht ausüben könnte. Der Richter wird dann über den Umstand, ob nach Lage der Sache die Sühne als erfolglos versucht anzunehmen ist oder nicht, durch Urtheil zu entscheiden haben.

11. Lehnt der SchMann der Vorschrift des § 36 entgegen die Vornahme des Sühneversuchs oder die Ertheilung der Bescheinigung über die Erfolglosigkeit des Sühneversuchs ab, so muß derselbe auf die Beschwerde des Antragstellers von der Aufsichtsbehörde gemäß § 7 SchO angewiesen worden, seiner Pflicht nachzukommen. Dem Injurienrichter steht ein Recht der Aufsicht über den SchMann nicht zu und ist derselbe also auch nicht in der Lage, jenen zu rektifiziren. Früher half man sich dadurch, daß man von der Beibringung des Sühneattestes absah, wenn der vom Kläger angegangene SchMann seine Vermittelung aus irgend einem Grunde ablehnte, weil das Gesetz dem Kläger kein Mittel gab, den vom SchMann erhobenen Anstand zu beseitigen (vgl. Oppenhoff's Kommentar zum EinfGes. zum Preuß. StrGesBuch Art. 18 Anm. 8). Nach § 420 StrProzO. ist die Erhebung der Privatklage von dem Nachweis des erfolglosen Sühneversuchs abhängig; so lange dieser Nachweis fehlt, darf die Klage nicht zugelassen werden. Die Aufsichtsbehörde muß daher den

Verletzten in den Stand setzen, sich das Sühneattest zu verschaffen, und hat, falls der zur Ertheilung des Sühneattestes angewiesene SchMann bei seiner Weigerung beharrt, die Enthebung desselben vom Amte und die Bestellung eines gefügigeren SchManns zu betreiben. Um nicht inzwischen seines Privatklagerechts durch Ablauf der dreimonatlichen Antragsfrist verlustig zu werden, kann der Verletzte den Antrag auf Erhebung der öffentlichen Klage bei der Staatsanwaltschaft stellen. Lehnt die letztere auch den rechtzeitig gestellten Antrag ab, so erreicht der Verletzte damit doch, daß er während der ganzen Verjährungszeit (StrGesBuch § 67) zur Erhebung der Privatklage befugt bleibt (vgl. Löwe's StrProzO. Anm. 1 zu § 416).

12. Gelingt es dem SchManne, einen Vergleich zu Stande zu bringen, so ist derselbe in der gewöhnlichen Weise aufzunehmen. Eine Strafe für die Beleidigung oder Körperverletzung gegen den Beschuldigten auszusprechen, ist der SchMann selbstverständlich nicht befugt. Dagegen ist dem SchManne, wie bisher (vgl. z. B. Verord. v. 26. Septbr 1832 § 14), der Abschluß eines Vergleichs gestattet, durch welchen die Zahlung einer Geldsumme zu einem milden Zwecke bestimmt werden soll. Es ist nicht für nothwendig erachtet, dies ausdrücklich auszusprechen, weil es als selbstverständlich einer Hervorhebung nicht bedürfe (Begründung der §§ 31 u. 32 Entw. S. 12). In der Kommission des HerrH. wurde die Aufnahme einer entsprechenden Vorschrift abgelehnt (KommBer. d. HerrH. zu § 34 S. 127).

In der Kommission des AbgH. wurde zur Sprache gebracht, ob es gestattet sei, in schiedsmännischen Vergleichen eine Buße an den Gegner zu versprechen. Bisher sind viele SchMänner der Meinung gewesen, das dies unzulässig sei. Es wurde auf die §§ 188 u. 231 StrGesBuchs hingewiesen, welche es zulassen, auf Verlangen des Beleidigten oder Verletzten neben der Strafe auf eine an denselben zu erlegende Buße zu erkennen, welche, wie die Rechtsprechung des Obertribunals (Erk. v. 8. April 1875. JMBl. S. 218) annimmt, keine Strafe sondern Entschädigung ist. Die Kommission war einstimmig der Ansicht, daß es den Parteien unverschränkt sei, in schiedsmännischen Vergleichen über Beleidigungen und leichte Körperverletzungen eine Buße an den Beleidigten oder Verletzten zu versprechen, sich also behufs Ausgleichung ihres Streites zu Leistungen jeder Art, welche überhaupt Gegenstand eines privatrechtlichen Vergleichs sein können, zu Gunsten des Gegners zu verpflichten. Die Meinung der Kommission wurde auch von dem Vertreter der Staatsregierung getheilt. Die Mehrheit der Kommission erachtete es jedoch nicht erforderlich, ihrer Ansicht durch eine besondere Bestimmung im Gesetze Ausdruck zu geben und lehnte die nach dieser Richtung gestellten Anträge ab. Die Kommission erwog dabei, daß ein schiedsmännischer Vergleich sich von einem Privatvergleiche nur dadurch unterscheide, daß er den Charakter einer öffentlichen Urkunde an sich trage, und daß im Gesetze nicht der Ort sei, zu bestimmen, was Alles Inhalt eines Vergleichs sein könne, daß es auch nicht Aufgabe des Gesetzes sei, alle etwaigen irrigen Ansichten der SchMänner zu berichtigen, sowie endlich, daß das Versprechen einer Entschädigung, welcher Ausdruck überdies zu eng sei, bereits unter die Bestimmungen des 2. Abschnitts der SchO falle. (KommBer. d. AbgH. zu § 37 S. 1713 f.) — Der Vollständigkeit wegen mag bemerkt werden, daß in der Kommission des HerrH. der Antrag, eine Bestimmung aufzunehmen, daß in einem schiedsmännischen Vergleiche über Beleidigungen oder Körperverletzungen Geldbußen nicht zu Gunsten des Beleidigten oder Beschädigten festgesetzt werden können, nicht gebilligt ist (KommBer. d. HerrH. zu § 34 S. 127).

Hiernach kann es keinem Zweifel unterliegen, daß die Festsetzung einer Privatbuße im SchVergleiche zulässig ist und daß die Buße auch vom Beleidigten oder Beschädigten im Wege der gerichtlichen Zwangsvollstreckung gemäß § 32 SchO beigetrieben werden kann.

Ist die Buße zu einem milden Zwecke versprochen, so ist der Vorsteher der begünstigten Anstalt zu exekutorischen Anträgen nicht befugt, es sei denn, daß er dem Vergleiche mit Einwilligung beider Theile beigetreten ist (Allg. Landrecht I. 5 § 75). Wo ein solcher Beitritt nicht stattgefunden hat, kann der Beleidiger zur Erfüllung des Vergleichs im Wege der Zwangsvollstreckung nur auf den Antrag des Beleidigten angehalten werden. (Vgl. Reskr. des JustMin. v. 1. Juli 1842. Schering Anm. 2 zu Art. 51 Nr 4.) Der SchMann darf demnach eine vollstreckbare Ausfertigung des Vergleichs aus eigener Machtvollkommenheit nur dem Beleidigten, und dem Vorsteher der begünstigten Anstalt nur unter der Voraussetzung, daß dieser dem Vergleiche mit Zustimmung beider Theile beigetreten ist, ertheilen. Hat der Beleidigte der Anstalt seine Rechte aus dem Vergleiche abgetreten, so darf ihr als der Rechtsnachfolgerin des Gläubigers nur auf Anordnung des Amtsgerichts eine vollstreckbare Ausfertigung ertheilt werden. (Vgl. Anm. 7 zu § 32 S. 139 f.) — In der Kommission des AbgH. wurde eine Bestimmung darüber gewünscht, wie die an

§. 37.

Die Ladung zu der nach §. 420 der Deutschen Strafprozeßordnung erforderlichen Sühneverhandlung ist den Parteien durch den Schiedsmann oder in anderer zuverlässiger Weise zuzustellen.

Erscheint der Antragsteller in dem Termine nicht, so findet eine Sühneverhandlung nicht statt. Erscheint der Beschuldigte nicht, so wird angenommen, daß er sich auf die Sühneverhandlung nicht einlassen wolle.

---

milde Stiftungen zu zahlenden Bußen von den Stiftungen beizutreiben seien. Es wurde indeß bemerkt, daß die milde Stiftung zwar nicht ohne Weiteres ein Exekutionsrecht habe und nicht ohne Cession ein Forderungsrecht, daß der Gegner des Zahlungspflichtigen aber die Zwangsvollstreckung durch die Gerichtsvollzieher zu beantragen berechtigt sei. (KommBer. d. AbgH. S. 1715.)

Zu § 37.

1. „Der Antragsteller, welcher die Thätigkeit des SchManns in Anspruch nimmt und sich dadurch die Möglichkeit einer gerichtlichen Verfolgung sichern will, darf durch sein Nichterscheinen den Versuch der Sühne nicht vereiteln. Ein einseitiger Sühneversuch mit dem etwa erschienenen Beschuldigten findet daher nicht statt. Für den Beschuldigten liegt ein zwingender Grund zur Wahrnehmung des Termins dagegen nicht vor; vielmehr genügt sein Nichterscheinen, um bei gehöriger Ladung und unterlassener Entschuldigung die Ueberzeugung zu gewinnen, daß er dem Vergleiche widerstrebe und die gerichtliche Verfolgung erwarte. Die Erfolglosigkeit des Sühneversuchs kann daher in diesem Falle ebenso bescheinigt werden, als wenn beide Parteien der Ladung Folge gegeben haben, aber zu einer Aussöhnung nicht gelangen." (Begründung der §§ 35 u. 36 Entw. S. 13.)

2. „Dem Erfordernisse des § 420 der D. StrProzO. kann nur dann Genüge geleistet werden, wenn die Parteien von dem

zur Sühneverhandlung bestimmten Termine sichere Kenntniß erlangen (heißt es in der Begründung a. a. O.) und dem war im § 35 Abs. 1 des Entw. durch die Bestimmung entsprochen, daß die Ladung dem Beschuldigten durch einen vom Antragsteller zu beauftragenden Gerichtsvollzieher nach den für das Strafverfahren geltenden Vorschriften zugestellt werden sollte. In der Kommission des HerrH. wurde hervorgehoben, daß durch Heranziehung des Gerichtsvollziehers zur Ladung das ganze Verfahren schwerfällig, umständlich und kostspielig würde. Es käme nur darauf an, daß die Ladungen in zuverlässiger Weise behändigt würden, und dabei könne sich der SchMann unter Umständen auch ebensogut der Post bedienen, wie der Gerichtsvollzieher. Diese Ausführung fand mehrseitige Zustimmung und es wurde der Schlußpassus des Abs. 1 dahin abgeändert „den Parteien durch den SchMann oder in zuverlässiger Weise zuzustellen". (KommBer. d. HerrH. S. 127.) In der Kommission des AbgH. wurde beschlossen, statt „in zuverlässiger Weise" zu setzen „in anderer zuverlässiger Weise", um den Schein zu vermeiden, als solle die Zustellung durch den SchMann selbst als eine nicht zuverlässige gekennzeichnet werden (KommBer. d. AbgH. S. 1713). Vergl. auch den KommBer. d. HerrH. zu § 19 in Anm. 2 zu §§ 21 u. 22 (S. 104 ff).

3. In der Kommission des HerrH. hatte man, um den § 37 mit dem § 21 in Uebereinstimmung zu bringen, und weil man dies für nützlich hielt, dem RegEntw. als Abs. 3 folgende Bestimmung hinzugesetzt: „die Folgen des Ausbleibens in dem Sühnetermine sind in der Ladung hervorzuheben" (KommBer. d. HerrH. S. 127). In der Kommission des AbgH. strich man den Abs. 3, weil Abs. 1 die mündliche Ladung zulasse, die Vorschrift aber, daß in der Ladung die Folgen des Ausbleibens hervorgehoben werden sollten, voraussetze, daß die Ladung stets schriftlich erfolge (KommBer. d. AbgH. S. 1713). Das HerrH. wollte darum keinen Streit anfangen und beließ es hierbei (Verh. d. HerrH. S. 137 f).

Hieraus ergibt sich zweierlei. Während die Ladung zur Sühneverhandlung über bürgerl. Rechtsstreitigkeiten stets schriftlich unter Androhung der Folgen des Ausbleibens erfolgen muß (§ 21), kann der SchMann die Ladung zur Sühneverhandlung über Beleidigungen ꝛc. nach seinem Ermessen schriftlich oder mündlich bewirken und bedarf es der Androhung der Folgen des Ausbleibens in der schriftlichen oder bei der mündlichen Ladung nicht. Will der SchMann aber gegen den unentschuldigt Ausgebliebenen eine Geldstrafe gemäß § 22 festsetzen, so muß er schriftlich unter Androhung der Strafe laden; denn nur unter dieser Voraussetzung kann die Festsetzung einer Geldstrafe erfolgen. Daß auch gegen den im Termine zur Sühneverhandlung über Beleidigungen unentschuldigt Ausbleibenden eine Geldstrafe festgesetzt werden darf, ergibt sich aus § 34 in Verbindung damit, daß im § 37 eine Abweichung von der Vorschrift in den §§ 21 u. 22, soweit es sich um die Befugniß um Festsetzung der Geldstrafe handelt, nicht enthalten ist. Während also die im § 37 Abs. 2 ausgesprochenen Folgen auch ohne vorherige Androhung stets eintreten, kann der SchMann die Folge des § 22 Abs. 2 nur nach vorheriger Androhung eintreten lassen.

4. Hinsichtlich der Wahrung der Antragsfrist bei Klagen wegen Injurien und leichter Mißhandlung (vgl. StrGesBuch §§ 194, 61) hat der bisherige Rechtszustand vom 1. Octbr 1879 ab eine wesentliche Aenderung erfahren. In der Preußischen Praxis war nämlich bisher die Ansicht in Geltung, daß der Antrag beim SchMann um Vornahme des Sühneversuchs den nach § 194 StrGesBuchs erforderlichen Antrag auf Strafverfolgung enthalte und daher die im § 61 StrGesBuchs vorgeschriebene Rügefrist von 3 Monaten wahre (Erk. d. ObTrib. v. 13. Decbr 1872 Strieth. Arch. Bd 89 S. 5). Nach § 156 StrProzO. genügt der Antrag auf Sühneverhandlung beim SchMann nicht mehr, die Rügefrist zu wahren, vielmehr muß der Verletzte, um rechtzeitig die Klage erheben zu können, sich zeitig an den SchMann wenden, und im Falle einer Säumniß des SchManns oder eines der Vornahme des Sühneversuchs entgegenstehenden Hindernisses behufs Wahrung der Antragsfrist den Antrag auf Strafverfolgung nach Maßgabe des § 156 Abs. 2 StrProzO. stellen und dabei erklären, daß er die Erhebung der Privatklage beabsichtige. (Vgl. Löwe's StrProzO. Anm. 4 zu § 420 u. Anm. 1 zu § 416. Freudenstein S. 164 A. 2; Beschluß des Landgerichts Potsdam v. 8. Mai 1880. Deutsche Juristen-Zeitung Bd 4 S. 225 ff.) — In der Kommission des AbgH. ist die Frage aufgeworfen, ob in dieser Beziehung eine Bestimmung in die SchO aufzunehmen sei. Es wurde indeß entgegnet, daß das Preußische Gesetz jedenfalls das Reichsgesetz nicht abändern könne, und daß auch die SchO nicht der Ort sei, Fragen des materiellen Rechts zu erledigen. (KommBer. d. AbgH. zu § 36 Entw. S. 1713.) Vgl. auch Anm. 1 zu § 38.

5. Das Nichterscheinen des Antragstellers im Sühnetermine hat lediglich die Folge, daß derselbe die zur Anstellung der Privatklage erforderliche Bescheinigung über die Erfolglosigkeit des Sühneversuchs nicht erhält (§§ 37 Abs. 2, 38 Abs. 1). In der Kommission des HerrH. ist der Antrag, den Eingang des Abs. 2 des § 37 so zu fassen: „Erscheint der Antragsteller im Termine nicht,

dann gilt der Antrag als zurückgezogen" — abgelehnt (KommBer. d. HerrH. S. 127).

6. Wie die Sühneverhandlung selbst vor dem ausschließlich zuständigen SchManne (§ 35) vor sich gehen muß, um dem Erforderniß des § 420 StrProzO. zu entsprechen, so muß auch die Ladung zum Termine, soll sie wirksam sein, von dem zuständigen SchMann ausgehen. Wenn jedoch der unbefugte SchMann, welcher die Ladungen besorgt hat, beide Theile bei ihrem Erscheinen an den zuständigen SchMann verweist und dann vor diesem mit beiden Theilen die Sühneverhandlung erfolglos stattfindet, so ist dadurch dem Gesetze genügt und die Parteien können daraus, daß die Ladungen von dem unzuständigen SchMann erfolgt sind, einen Einwand gegen die Gültigkeit des Sühneversuchs nicht hernehmen (vgl. Freudenstein S. 209 A. 2 zu § 14). Erscheint dagegen der Beschuldigte auf die Ladung des unzuständigen SchManns nicht, so ist die Ladung als nicht erfolgt anzusehen und der auf Grund derselben von dem zuständigen SchMann mit dem Antragsteller allein abgehaltene Sühnetermin hat keine Bedeutung. Die etwa von dem zuständigen SchMann ertheilte Bescheinigung über die Erfolglosigkeit des Sühneversuchs unterliegt der Anfechtung.

7. Bestreitet der Privatbeklagte, zum Sühnetermin vor dem SchMann geladen zu sein, worin ein Ableugnen der Erfolglosigkeit, welche nach § 37 Abs. 2 präsumirt werden würde, läge, so ist vom Injurienrichter die gehörige Ladung festzustellen (Freudenstein S. 214 A. 4 zu § 21).

8. Nach § 420 StrProzO. ist die Erhebung der Privatklage erst zulässig, nachdem die Sühne erfolglos versucht ist. Die Bescheinigung darüber dient nur zum Nachweise des erfolglosen Sühneversuchs, kann aber den letzteren nicht ersetzen. Wenn also der SchMann beim Erscheinen beider Theile, ohne überhaupt in eine Verhandlung über die Sühne einzutreten, dem Antragsteller die verlangte Bescheinigung ertheilt, so kann der Privatbeklagte geltend machen, die Sühne sei nicht, also auch nicht erfolglos versucht (vgl. Freudenstein S. 215 A. 1 zu § 23).

9. Wenn auch naturgemäß der Verletzte in der Regel der Antragsteller sein wird, so ist doch nicht ausgeschlossen, daß der Beschuldigte beim SchMann den Antrag auf Sühneverhandlung stellt. Erscheinen beide Theile im Termine und kommt eine Aussöhnung nicht zu Stande, so kann der SchMann dem Verletzten auf seinen Antrag das Sühneattest ebenso wirksam ertheilen, als wenn der Verletzte das Sühneverfahren beantragt hätte.

§. 38.

Eine Bescheinigung über die Erfolglosigkeit des Sühneversuchs kann nur ertheilt werden, wenn der Antragsteller im Termine erschienen ist.

Die Bescheinigung muß mit der Unterschrift und dem Amtssiegel des Schiedsmanns versehen sein. Sie soll die Angabe der Zeit der Beleidigung und der Anbringung des Antrags, sowie des Orts und der Zeit der Ausstellung enthalten.

Ueber die Verhandlung und die Ausstellung der Bescheinigung hat der Schiedsmann im Protokollbuche einen Vermerk aufzunehmen.

Zu § 38.

1. „Die Erfordernisse der Bescheinigung werden durch den amtlichen Charakter und den Zweck derselben genügend gerechtfertigt. Die Angabe der Zeit der Beleidigung und der Anbringung des Sühnegesuchs ist erforderlich, um danach festzustellen, ob die für den Strafantrag bemessene Frist (StrGesBuch § 61) gewahrt ist." (Begründung der §§ 35 u. 36 Entw. S. 13.) Hiernach scheint die Regierung davon ausgegangen zu sein, daß die Rügefrist durch die Anbringung des Sühnegesuchs beim SchMann auch jetzt noch gewahrt werde (vgl. Anm. 4 zu § 37 S. 164).

2. Ueber die Erfolglosigkeit des Sühneversuchs wegen Nichterscheinens des Beschuldigten kann nur dann eine Bescheinigung ertheilt werden, wenn mit Sicherheit anzunehmen ist, daß der Beschuldigte von der Ladung zum Sühnentermine Kenntniß erhalten hat (vgl. Anm. 2 u. 6 zu § 37). Die Bescheinigung kann (nach dem Vorschlage Flörschütz's S. 75) in einer Ausfertigung des im Protokollbuche eingetragenen Vermerks (§ 38 Abs. 3) bestehen. Der Vermerk könnte etwa so lauten: „Nr 30. Der X hat am 15. Januar d. J. beantragt, dem Y, welcher ihn am 10. Janr d. J. in dem Wirthshause des Z einen Dieb genannt habe, zur Sühneverhandlung vorzuladen. In dem zu diesem Zwecke auf heute anberaumten Termine sind beide Theile zwar erschienen,

§. 39.

Für Privatklagen gegen Studirende kann der Justizminister im Einverständnisse mit dem Minister der geist-

---

der Sühneversuch war jedoch ohne Erfolg — oder: In dem zu diesem Zwecke auf heute anberaumten Termine ist nur der X erschienen, der Y dagegen, obwohl geladen, ausgeblieben —. (Ort, Datum, Unterschrift des Schiedsmanns.)" Die Bescheinigung besteht aus der wörtlichen Abschrift des Vermerks mit dem Zusatze: „Der vorstehende, im Protokollbuche unter Nr 30 eingetragene Vermerk wird hierdurch als Bescheinigung über die Erfolglosigkeit des Sühneversuchs für den X ausgefertigt. (Ort, Datum, Unterschrift, Siegel.)" Die Ertheilung der Ausfertigung wird unter dem Vermerke im Protokollbuche bemerkt, z. B.: „Bescheinigung dem X ertheilt am 20. Januar 1880."

3. Im § 420 StrProzO. ist die Bescheinigung des SchManns als alleiniges Beweismittel für die erfolglos versuchte Sühne zugelassen. In anderer Weise kann der Nachweis nicht geführt werden.

4. Erfolgt die Ausstellung der Bescheinigung nicht von dem SchManne des Beschuldigten (§ 35), sondern von dessen Vertreter (§ 11), so hat der letztere diese seine Eigenschaft in der Bescheinigung anzugeben und zugleich zu bemerken, aus welchem Grunde die Vertretung des zuständigen SchManns nothwendig gewesen ist, damit ersichtlich gemacht wird, daß die Sühneverhandlung vor dem zuständigen Stellvertreter stattgefunden hat (vgl. Anm. 1 Abs. 2 zu § 35 S. 148).

5. Der SchMann ist berechtigt, die Aushändigung der Bescheinigung davon abhängig zu machen, daß ihm zuvor seine Schreibgebühren und baaren Auslagen von dem Antragsteller entrichtet werden (SchO § 42; vgl. Reskr. des JustMin. v. 30. April 1853 u. 17. April 1862. Schering S. 37 A. 3).

Zu § 39.

1. **Allg. Verfügung des Justizministers v. 22. Aug. 1879, betr. die Vornahme des Sühneversuchs vor Privatklagen gegen Studirende wegen Beleidigungen** (JMBl. S. 251).

Im Einverständnisse mit dem Minister der geistlichen, Unterrichts- und Medizinal-Angelegenheiten bestimmen, daß der nach §. 420 der Deutschen Strafprozeßordnung erforderliche Sühneversuch nicht von dem Schiedsmanne, sondern von einer anderen Vergleichsbehörde vorzunehmen sei.

---

lichen 2c. Angelegenheiten bestimme ich auf Grund des § 39 der SchO v. 29. März 1879, daß für Privatklagen gegen Studirende wegen Beleidigungen der nach § 420 der D. StrProzO. erforderliche Sühneversuch von dem Rektor (Prorektor) und in dessen Vertretung von dem Universitätsrichter (Syndikus) der betreffenden Hochschule vorzunehmen ist.

Die Landgerichts-Präsidenten haben hiervon die Schiedsmänner der betreffenden Bezirke in Kenntniß zu setzen.

2. Nachdem die akademische Gerichtsbarkeit mit dem 1. Octbr 1879 aufgehoben ist, können auch die Beleidigungen der Studirenden mit der Privatklage vor den bürgerlichen Gerichten verfolgt werden (vgl. AusfGes. v. 24. April 1878 § 13 Abs. 2). Diese Beleidigungen sind vielfach so eigenthümlicher Art, daß es im Interesse der Studirenden liegt, den Sühneversuch durch eine andere Vergleichsbehörde vornehmen zu lassen. Zudem läßt sich die bei Studentenbeleidigungen in mehrfacher Hinsicht besonders erwünschte Aussöhnung leichter erreichen, wenn der Versuch dazu von Personen ausgeht, welche den Verhältnissen näher stehen und ein erhöhtes Ansehen genießen. Der § 39 hat daher für diese Fälle die im § 420 StrProzO. der Landesjustizverwaltung eingeräumte Befugniß, die Vergleichsbehörde zu bezeichnen, aufrecht erhalten. (Begründung des § 37 Entw. S. 13.)

3. Der § 39 legt den Ressortministern die Befugniß bei, besondere Vergleichsbehörden für den Fall zu installiren, daß eine Privatklage wegen Beleidigung oder Körperverletzung gegen einen Studirenden gerichtet ist, gleichviel ob der Kläger zu den Studirenden gehöre oder nicht. In der Kommission des HerrH. wurde es von einer Seite nicht für richtig erachtet, die Studirenden, die ja in derartigen Sachen vor denselben Gerichten Recht zu nehmen haben, wie alle anderen Unterthanen des Staats, bei dem Sühneverfahren zu eximiren. Auch wurde eventuell das Bedenken angeregt, ob, da die Reichsgesetzgebung (StrProzO.

§ 420) nur der Landesjustizverwaltung die Befugniß beigelegt habe, die Vergleichsbehörde zu bezeichnen, die Herbeiziehung des Ministers für die geistlichen ꝛc. Angelegenheiten zulässig sei. Demgemäß wurde die Streichung des § beantragt. Von anderer Seite verkannte man dagegen die besonderen Verhältnisse der Studirenden, ihre sonstige Unterwerfung unter die akademische Disziplin nicht und hielt es für sehr sachgemäß, hier einer Vergleichsbehörde Raum zu geben, die mit den sonstigen Institutionen der Universität in Verbindung stehe. Ein Mitglied der Kommission glaubte, schon in der SchO das geeignetste Organ der Universität für die Vornahme der Sühneverhandlung herauszugreifen und bezeichnen zu sollen, und beantragte, dem § 39 folgende Fassung zu geben: „Für Privatklagen gegen Studirende ist der nach § 420 der D. StrProzO. erforderliche Sühneversuch nicht von dem SchMann, sondern von dem Rektor (Prorektor) der Universität, bei welchem der Gegner des Antragstellers immatrikulirt ist, vorzunehmen.“ Wenngleich der dem Antrag zu Grunde liegende Gedanken Anklang fand, so ward doch darauf hingewiesen, daß der Zweck desselben nicht vollständig zu erreichen sei, weil, wenn der Antragsteller und dessen Gegner nicht in demselben Stadtbezirke wohnen, oder wenn der Gegner inzwischen die Universität gewechselt habe, ein Sühneversuch nach § 420 Abs. 2 StrProzO. überhaupt nicht nothwendig sei. Bei der Abstimmung erhielt der Verbesserungsantrag nicht die Majorität, dagegen wurde der § 39 selbst angenommen. (KommBer. d. HerrH. zu § 37 S. 127.)

4. Ueber die Vornahme des Sühneversuchs in den Konsulatsgerichtsbezirken enthält die Instruktion zur Ausführung des Ges. über die Konsulargerichtsbarkeit v. 10. Juli 1879 (RGesBl. S. 197) v. 10. Septbr 1879 (CentrBl. S. 575) zum § 21 folgende Bestimmungen:

„Soweit nach der Vorschrift des § 420 der StrProzO. vor Erhebung der Privatklage wegen Beleidigungen nachgewiesen werden muß, daß die Sühne erfolglos versucht worden, ist für diesen Vergleichsversuch der Vorsteher des Konsulats, in dessen Bezirke der Beschuldigte wohnt, zuständig, ohne Unterschied, ob er zur Ausübung der Gerichtsbarkeit befugt ist oder nicht.

„Erscheint der Beschuldigte in dem zur Sühneverhandlung bestimmten Termine nicht, so wird angenommen, daß er sich auf die Sühneverhandlung nicht einlassen wolle.

„Eine Bescheinigung über die Erfolglosigkeit der Sühneverhandlung kann nur ertheilt werden, wenn der Antragsteller im Termine erschienen ist.

Vierter Abschnitt.
Kosten und Stempel.

§. 40.

Die Verfügungen, Verhandlungen und Ausfertigungen des Schiedsmanns sind kosten- und stempelfrei.

Die Stempelfreiheit der Verhandlungen erstreckt sich nicht:

1) auf Rechtsgeschäfte, welche an sich stempelpflichtig sind und als ein Bestandtheil des Vergleichs in den letzteren aufgenommen werden;
2) auf Vergleiche, durch welche ein unter den Parteien bisher nicht in stempelpflichtiger Form zu Stande gekommenes Rechtsgeschäft anerkannt oder im Wesentlichen aufrecht erhalten wird.

§. 41.

Die Schiedsmänner sind nicht verpflichtet, dafür zu sorgen, daß die von ihnen aufgenommenen Verhandlungen rechtzeitig mit dem tarifmäßigen Stempel versehen werden.

„Kommt im Termin ein Vergleich zu Stande, so ist derselbe zu Protokoll festzustellen."

Zu §§ 40 u. 41.

1. An dem Grundsatze, daß die Verfügungen und Verhandlungen der SchMänner kosten- und stempelfrei sein sollen, ist in allen Stadien der Entwickelung des SchMInstituts festgehalten. Nur in Betreff der Besteuerung des Resultats dieser Verhandlungen, des geschlossenen Vergleichs, sind im Laufe der Zeit bemerkenswerthe Veränderungen eingetreten.

In der ersten Verordnung für Preußen war der Stempel auf

Die Parteien haften für die rechtzeitige Verwendung desselben nach Maßgabe der Stempelgesetze. Der Stempel ist binnen zwei Wochen, vom Tage der Aufnahme der Verhandlung an, zu der Urschrift derselben beizubringen. Die Ertheilung von Ausfertigungen der Verhandlung ist von der vorgängigen Verwendung des Stempels nicht abhängig.

Die Schiedsmänner haben auf jeder von ihnen ertheilten Ausfertigung der Verhandlung zu vermerken, ob und welcher Stempel zu der Urschrift verwendet ist.

---

die Hälfte des bei Prozessen vorgeschriebenen Werthstempels bestimmt (vgl. Verord. v. 7. Septbr 1827 § 34). Dies wurde durch den Landtagsabschied v. 9. Janr 1830 dahin abgeändert, daß, im Falle das Objekt des Vergleichs den stempelpflichtigen Betrag erreiche und eine Ausfertigung von den Parteien verlangt werde, nicht der halbe Erkenntnißstempel, sondern nur der Ausfertigungsstempel von 15 Silbergroschen genommen werden solle; außer diesem Falle aber und wenn die Sache mit der Eintragung des Vergleichs ins Protokollbuch abgethan sei, gänzliche Stempelfreiheit stattfinde. Zwei Jahre später wurde auch dieser geringe Stempel aufgehoben (vgl. KabOrd. v. 14. Aug. 1832. Amtsbl. der Reg. zu Breslau 1833 S. 27). Die Tragweite der Aufhebung begegnete indessen sehr bald einer verschiedenen Auffassung und führte zu Mißbräuchen. Die Voraussetzung, daß das Interesse der Stempelverwaltung durch das ertheilte Privilegium nicht erheblich geschmälert werde, ergab sich bei schrankenloser Anwendung desselben als irrig, und es erging die KabOrd. v. 16. Janr 1840 (GesS. S. 18). Dieselbe setzte unter Nr 4 fest: „Die Stempelfreiheit, welche für die Vergleichsverhandlungen der SchMänner bewilligt worden ist, beschränkt sich auf die nach dem dritten Absatze der Stempeltarif-Position „Prozesse" zu entrichtenden Stempel und darf nicht dazu dienen, den Parteien stempelfreie Dokumente über an sich stempelpflichtige Geschäfte zu verschaffen. Sie findet daher in den unter 2 litt. a und b erwähnten Fällen keine Anwendung, dergestalt, daß wenn nach den daselbst getroffenen Bestimmungen auch kein höherer als der allgemeine Vertragsstempel begründet sein würde, dennoch dieser letztere zu dem Vergleiche verwendet werden muß." Die Fälle (Nr 2 litt. a u. b), in denen hiernach auch schiedsmännische Vergleiche stempelpflichtig wurden, faßte die Ministerialinstruktion v. 28. April 1840 § 2 (JMBl. S. 266) dahin zusammen: „Eine Ausnahme (der Stempelfreiheit) tritt nur ein bei Vergleichen, deren Gegenstand mindestens 50 Thlr beträgt oder keiner Schätzung nach Gelde fähig ist und auch dann nur in den nachstehenden Fällen: 1) wenn ein Geschäft, welches ursprünglich mündlich oder durch Korrespondenz, oder in einer anderen, die Stempelverwendung nicht bedingenden Form zu Stande gekommen ist, durch den Vergleich anerkannt oder im Wesentlichen aufrecht erhalten wird; 2) wenn durch den Vergleich zugleich ein anderweitiges, von dem ursprünglichen verschiedenes Rechtsgeschäft begründet wird; insonderheit wenn für die Aufgebung streitiger Ansprüche als Gegenleistung das Eigenthum einer Sache abgetreten, ein Pacht- oder Miethsrecht eingeräumt, eine Leibrente versprochen wird; 3) wenn zur Sicherstellung der Vergleichssumme eine Hypothek bestellt wird, oder 4) wenn ein bei dem Streit nicht betheiligter Dritter in der über den Vergleich aufgenommenen Verhandlung eine stempelpflichtige Erklärung abgiebt, z. B. eine Bürgschaft übernimmt." Gleichzeitig wurde der SchMann für die rechtzeitige Verwendung des erforderlichen Stempels bei Vermeidung einer dem einfachen Betrage des gar nicht, zu wenig oder zu spät verbrauchten Stempels gleichkommenden Geldstrafe verantwortlich gemacht (§§ 4, 7).

So nothwendig auch jene Ordre war, um einer Ausartung des Instituts vorzubeugen, so hatte sie doch andererseits den Uebelstand im Gefolge, daß die Thätigkeit der SchMänner in bedenklicher Weise erschwert wurde. Es mußte von ihnen die Bekanntschaft nicht nur mit der rechtlichen Klassifikation des aufgenommenen Geschäfts und der anzuwendenden Tarifposition, sondern auch mit den Vorschriften über die Art und Weise der Kassation des Stempels verlangt werden und es lag nahe, daß ein Theil der SchMänner vermöge ihrer unzureichenden Kenntniß einer solchen Anforderung sich nicht gewachsen zeigte. Diesem Uebelstande suchte die Instr. v. 28. April 1840 im § 9 durch die Anordnung zu begegnen, daß SchMänner, welche sich der Mühe und Verantwortlichkeit eigener Stempelverwendung nicht unterziehen wollten, den von ihnen aufgenommenen Vergleich in Ausfertigung oder Abschrift den Gerichten zur Bestimmung, Einziehung und Verwendung des Stempels überreichen durften. Dennoch konnten sich die SchMänner mit diesen Vorschriften zu keiner Zeit befreunden. Schon in dem auf Erlaß des Gesetzes folgenden Jahre beantragten die Schlesischen Stände die Aufhebung jeder

Strafandrohung und den Wegfall der Verhaftung für den gesetzlich verfallenen Stempel und erwirkten die Zusicherung, daß von der in der KabOrd. v. 28. Oktbr 1836 dem Ministerium ertheilten Befugniß zur Ermäßigung oder Niederschlagung der festgesetzten Stempelstrafen ein umfassender Gebrauch gemacht werden solle, wenn sich die begangenen Verstöße als entschuldbare Versehen herausstellten.

Auch die Staatsregierung hat sich bei Ausarbeitung des Entwurfs der SchO der Ueberzeugung nicht verschließen können, daß die Pflicht der Stempelverwendung sowohl in Rücksicht auf die Schwierigkeit der Handhabung als auch in Rücksicht auf die damit verbundene Mühe und Verantwortlichkeit das Ehrenamt der SchMänner zu sehr belasten und dadurch einer gedeihlichen Entwickelung desselben entgegenstehen würde.

Die Beschränkung der Stempelfreiheit nach Maßgabe der KabOrd. v. 16. Janr 1840 ist im § 40 beibehalten. Zugleich sind auch mit Rücksicht darauf, daß einzelne Vergleichsverhandlungen nach den in der Zwischenzeit eingetretenen Veränderungen auf dem Gebiete der Gesetzgebung von den SchMännern gar nicht mehr aufgenommen werden können, die Fälle, in denen nach der KabOrd. v. 16. Janr 1840 und der Instr. v. 28. April 1840 zu schiedsmännischen Vergleichen Stempel verwendet werden mußten, einfacher und allgemein verständlich zusammengefaßt.

Im § 41 ist die angestrebte Entlastung der SchMänner herbeigeführt. Die Sorge für die Beschaffung der Stempel ist den SchMännern abgenommen und den Parteien allein überlassen. Es ist zugleich davon Abstand genommen, an die Stelle der SchMänner die Gerichte treten zu lassen (vgl. Abs. 3), weil dieselben nicht überall, namentlich nicht in der Rheinprovinz, mit der Einziehung und Verwendung der Stempel befaßt werden konnten. Naturgemäß sind die Parteien selbst nicht nur für die Stempelabgabe verhaftet, sondern auch für die rechtzeitige Zahlung derselben verantwortlich, und da durch die Einrichtung der Protokollbücher die Möglichkeit einer fortwährenden Kontrolle gegeben ist, so kann ihnen auch die ungetheilte Verantwortlichkeit nach Maßgabe der Stempelgesetze verbleiben, ohne andere zu berücksichtigende Interessen zu verletzen.

(Zum größten Theil wörtlich der Begründung der §§ 38 u. 39 Entw., S. 13, entnommen.)

2. Die Stempelpflichtigkeit ist nicht davon abhängig, daß eine Ausfertigung des SchMVergleichs ertheilt wird. Der Stempel ist vielmehr von den Parteien binnen zwei Wochen von

der Aufnahme der Verhandlung an, zu der Urschrift derselben beizubringen (§ 41). — In der Kommission des HerrH. wurde von einer Seite bemerkt, daß, wenngleich dem zugestimmt werde, daß die SchMänner von der Verhaftung wegen Beibringung der Stempel befreit und die desfallsige Besorgung den Parteien allein überlassen werde, doch zu erwägen sei, ob nun nicht in allen den Fällen ein Stempel gar nicht zur Verwendung kommen würde, in denen eine Ausfertigung nicht begehrt werden sollte, denn erst bei der Produktion des Vergleichs, z. B. bei dem Gerichtsvollzieher werde die in Stempelsachen in der Regel ganz unerfahrene Partei daran erinnert, daß und welchen Stempel sie beizubringen habe. Es scheine sich demgemäß zu empfehlen, die Verhandlungen, Verfügungen und Ausfertigungen der Verhandlungen vor dem SchMann für kosten- und stempelfrei zu erklären, dergestalt, daß ein besonderer Ausfertigungsstempel nicht zu entrichten sei, dagegen das Rechtsgeschäft allgemein unter die Stempelpflichtigkeit nach Maßgabe der Stempelgesetzgebung zu stellen, die Stempelpflichtigkeit aber erst in dem Moment eintreten zu lassen, wenn die Partei eine Ausfertigung der schiedsmännischen Verhandlung erhielte, zumal sie erst, wenn sie sich im Besitze der Ausfertigung befinde, in der Lage sei, die Verhandlung bei dem Beamten der Stempelverwaltung vorzulegen und zu erfahren, auf wie hoch sich der zu verwendende Stempel belaufe. Damit der die SchMBücher einsehende Stempelbeamte die Kontrole vollständig durchführen könne, müsse dann der Partei die Verpflichtung auferlegt werden, die erlangte Ausfertigung dem Stempelbeamten vorzulegen. Im Großen und Ganzen ließe sich dabei eine Benachtheiligung des Stempelinteresses nicht befürchten. Angemessen würde es aber endlich sein, wenn die Partei bei Erlangung der Ausfertigung darauf verwiesen würde, daß sie nunmehr selbst für Beschaffung des erforderlichen Stempels zu sorgen habe. Von diesen Erwägungen aus wurde beantragt, im § 40 dem unveränderten Abs. 1 folgende Bestimmungen hinzuzufügen: „An sich stempelpflichtige Rechtsgeschäfte werden dadurch nicht stempelfrei, daß sie Gegenstand der Verhandlungen vor dem SchMann geworden sind. Die Stempelpflichtigkeit tritt aber erst ein, wenn Ausfertigungen des schiedsmännischen Vergleichs ertheilt werden. Für die rechtzeitige Beschaffung des Stempels haben die Betheiligten nach Maßgabe der Bestimmungen der Stempelgesetzgebung zu sorgen und sind verpflichtet, die Ausfertigungen des Vergleichs dem revidirenden Stempelbeamten auf dessen Erfordern vorzulegen. Auch ist in der Ausfertigung darauf zu verweisen, daß die Betheiligten für die Beibringung des Stempels bei Vermeidung der Stempelstrafe selbst zu sorgen haben." — Gegen diese Vorschläge wurden indessen mehrfache Einwendungen erhoben. Weder den allgemeinen Prinzipien noch den Bedürfnissen sei es entsprechend, festzustellen, daß die Stempelpflichtigkeit erst mit der Ertheilung einer Ausfertigung des SchMVergleichs eintreten solle. Die Neigung, Akte der freiwilligen Gerichtsbarkeit in die Form schiedsmännischer Vergleiche zu kleiden, werde zum Nachtheil der Notare gesteigert, wenn zunächst die Aufnahme des Vergleichs vor dem SchMann stempelfrei bleibe. In der That liege die Befürchtung einer Beeinträchtigung des Stempelinteresses nahe. — Auch der Vertreter des JustMin. erklärte sich entschieden gegen den Vorschlag. Der § 41 enthielte außer der Befreiung des SchManns von der Sorge für das Stempelinteresse nur eine genaue Wiedergabe des bestehenden Rechtes. Der Vorschlag würde in Beziehung auf den Stempel, wenn erst die Ausfertigungen stempelpflichtig würden, die SchMVergleiche viel besser stellen, als alle anderen Privatverträge. — Der Verbesserungsantrag wurde abgelehnt und die RegVorlage in den §§ 40 u. 41 angenommen. (KommBer. d. HerrH. S. 128.)

3. Die Parteien haben aus eigenem Antriebe, ohne eine Aufforderung dazu erwarten zu dürfen, den Stempel binnen der zweiwöchigen Frist dem SchMann beizubringen, widrigenfalls sie in die gesetzliche Stempelstrafe (vgl. Ges. v. 7. März 1822 §§ 12, 21. GesS. S. 56; für Hannover, Hessen, Nassau u. die Bayer. Gebietstheile Verord. v. 19. Juli 1867, §§ 5, 13. GesS. S. 1191; für Schleswig-Holstein Verord. v. 7. Aug. 1867 §§ 5, 13. GesS. S. 1277; für Frankfurt a. M. Verord. vom 16. Aug. 1867. GesS. S. 1346) verfallen. — In der Kommission des HerrH. sind die Anträge, nach welchen die Steuerbehörden von Zeit zu Zeit die Protokollbücher der SchMänner einsehen und die erforderlichen Stempel zu den stempelpflichtig befundenen Vergleichen von den Parteien unmittelbar einziehen, bezw. die Parteien zur Entrichtung des Stempels binnen zwei Wochen bei Vermeidung der Stempelstrafe auffordern sollten, abgelehnt (KommBer. S. 128 f). — In der Kommission des AbgH. wurde ein Antrag gestellt, welcher die Absicht verfolgte, die Parteien, welche einen Vergleich vor dem SchMann geschlossen, überhaupt vor Stempelstrafen zu schützen. Es wurde nämlich beantragt, die drei ersten Sätze im Abs. 1 des § 41 durch folgende zu ersetzen: „Die Parteien haben zu der von dem SchMann

aufgenommenen Verhandlung binnen 14 Tagen den tarifmäßigen Stempel zu verwenden. Andernfalls hat der SchMann, wenn nach seiner Meinung die Verhandlung stempelpflichtig ist, der Stempelbehörde Anzeige zu machen. Die Bestrafung wegen nicht rechtzeitiger Verwendung des Stempels findet nicht statt." Vornehmlich weil die Kontrahenten dadurch bei SchMVergleichen eine Ausnahmestellung erlangen würden, und weil es sich nicht rechtfertige, den SchMann wegen des Stempels zu belästigen, fand der Antrag entschiedenen Widerspruch und wurde deßhalb zurückgezogen. (KommBer. d. AbgH. S. 1714.)

4. Die Verhandlungen und Vergleiche der SchMänner als solche sind vom Stempel befreit. Nur die Handlungen der freiwilligen Gerichtsbarkeit, welche im Allgemeinen von dem Wirkungskreise der SchMänner ausgeschlossen sind und nur unter gewissen Voraussetzungen von ihnen aufgenommen werden dürfen (vgl. Anm. I 1 S. 18 und Anm. 4 S. 70 ff), sind der gesetzlichen Stempelabgabe unterworfen, damit nicht das Institut der SchMänner zur Umgehung der Stempelgesetze und zur Gefährdung des fiskalischen Interesses gemißbraucht wird.

Da die Parteien selbst für die rechtzeitige Verwendung der Stempel verantwortlich sind und den SchMännern die Sorge für die Verwendung der Stempel überhaupt nicht mehr obliegt, so können die SchMänner nicht mehr in die Gefahr kommen, daß gegen sie Stempelstrafen in Anwendung gebracht werden. Die SchMänner sind daher auch nicht verpflichtet, ihre amtliche Thätigkeit dafür aufzuwenden, daß die Verwendung der Stempel erfolgt. Sie haben namentlich die geforderten Ausfertigungen der Protokolle ohne Rücksicht darauf zu ertheilen, ob der erforderliche Stempel verwendet ist oder nicht. Sie haben auch nicht zu prüfen, ob der beigebrachte Stempel dem gesetzlichen Betrage entspricht. Trotzdem wird ein wohlmeinender SchMann die Parteien auf die rechtzeitige Verwendung der Stempel aufmerksam machen und bei Vernachlässigung derselben daran erinnern, um unwissende oder nachlässige Parteien vor Schaden zu bewahren. Dem Ansehen des SchManns kann es nur förderlich sein, wenn er auch in dieser Beziehung sich das Interesse der Parteien angelegen sein läßt. Können die Parteien die Stempelpflichtigkeit der Verhandlung oder die Höhe des erforderlichen Stempels nicht bemessen, und will oder kann der SchMann hier nicht helfen, so empfiehlt es sich, daß der SchMann den Parteien eine einfache Abschrift des Protokolls ertheilt, damit sie dieselbe der Steuerstelle oder dem Stempelvertheiler zur Beurtheilung unterbreiten. Eine Mitwirkung des Gerichts bei der Stempelverwendung findet nicht mehr statt.

5. Die Thätigkeit des SchMannes bei Verwendung der Stempel ist darauf beschränkt, daß er den ihm von den Parteien beigebrachten Stempel zu der Urschrift des betreffenden Protokolls kassirt. Die Stempel können in Stempelpapier oder, wenn ein Stempel von nicht mehr als 150 Mark erforderlich ist, in Stempelmarken verwendet werden. Die Verwendung der Marken geschieht in folgender Weise. Die Marken sind oben links auf der ersten Seite des Protokolls, und wenn mehrere Marken verwendet werden, neben oder unter einander aufzukleben. Auf dem unteren Theile jeder verwendeten Marke ist das Datum (in Ziffern), an welchem die Marke aufgeklebt wird, der Ort, an welchem die Verwendung erfolgt, und darunter der ausgeschriebene Name des SchMannes, und so weit die Größe der Marke nicht dazu ausreicht, unter Mitbenutzung des die aufgeklebte Marke umgebenden Papiers zu vermerken. Die Kassationsvermerke müssen in allen Fällen in deutlichen Schriftzeichen (Buchstaben und Ziffern) ohne jede Rasur, Durchstreichung oder Ueberschrift geschrieben werden. Außerdem sind die aufgeklebten Marken jedesmal mit einem schwarzen oder farbigen Abdruck des Amtssiegels des SchMannes dergestalt zu versehen, daß der Abdruck theils auf dem oberen, mit den Kassationsvermerken nicht versehenen Theile der Marke, theils auf dem die Marke umgebenden Papiere zu stehen kommt.

Zu Vergleichen, welche einen höheren Stempel, als 150 Mark erfordern, muß, insoweit der Betrag durch 10 theilbar ist, Stempelpapier verwendet werden, während zu dem überschießenden Betrag Marken kassirt werden können. Zu Vergleichen, welche einem Stempel von mehr als 300 Mark unterliegen, wird das Stempelpapier von den Provinzial-Steuerbehörden oder dem Hauptstempelmagazin in Berlin ausgefertigt. Das Stempelpapier wird durch Bezeichnung seiner Bestimmung zu anderem Gebrauche untüchtig gemacht, indem auf jeden Bogen ein Kassationsvermerk gesetzt und untersiegelt wird, z. B.: „Kassirt zu dem am 17. Janr 1880 zwischen X und Y geschlossenen Vergleiche Nr 123 des Protokollbuchs. Berlin den 20. Janr 1880. Z, Schiedsmann." (Siegel.) Die Kassation der etwa noch erforderlichen Marken geschieht in der oben angegebenen Weise; die Marken werden in diesem Falle auf den Stempelbogen geklebt.

(Ges. v. 2. Septbr 1862. GesS. S. 295; Ges. v. 19. Juli 1867 §§ 5, 7. GesS. S. 1191; Bestimmungen B des FinMin.

§. 42.

Schreibgebühren und baare Auslagen sind dem Schiedsmanne sofort zu entrichten. Derselbe kann seine Thätigkeit von der vorherigen Entrichtung abhängig machen.

§. 43.

Die Schreibgebühren sind für die Aufnahme der Anträge, sowie für die Ausfertigungen und Abschriften der Verhandlungen und Bescheinigungen zu entrichten. Sie betragen mindestens fünfundzwanzig Pfennige und bei Schriftstücken von mehr als zwei Seiten für jede folgende Seite zehn Pfennige. Jede angefangene Seite wird voll berechnet.

---

v. 14. Febr 1865. JMBl. S. 47; Ges. v. 7 März 1822 § 12. GesS. S. 56; Verord. v. 7. u. 16. Aug. 1867. GesS. S. 1277, 1346.)

Die Stempelmarken gelangen durch Aufkleben auf die Urschrift des Protokolls im Protokollbuche zur Verwendung. Wird der Stempel in Stempelpapier beigebracht, so muß derselbe in besondern Akten vom SchMann aufbewahrt werden, da im Protokollbuch dafür kein Platz ist; in dem letzteren wird hinter dem Vergleiche der Betrag des kassirten Stempels, der Tag der Kassation und der Ort, wo der kassirte Stempel aufbewahrt wird (Blatt der Akten), bemerkt. Zu der Ausfertigung des Protokolls wird der Stempel in keinem Falle verwendet (§ 41 Abs. 2).

Für die Kassation des Stempels stehen dem SchManne Schreibgebühren nicht zu (§ 43).

Zu §§ 42 u. 43.

1. „Obwohl der SchMann sein Amt unentgeldlich versieht, soll er doch bei Ausübung desselben keinen direkten Vermögensnachtheil erleiden. Schreibgebühren sind ihm daher für alle schriftlichen Arbeiten, welche nicht mit der Sühneverhandlung selbst in

unmittelbarem Zusammenhange stehen, zu vergüten, und ebenso baare Auslagen, welche etwa durch Einnahme des Augenscheins oder aus sonstiger Veranlassung erwachsen. Die letzteren sollen in allen Fällen der gemachten Aufwendung entsprechen und bedürfen daher keiner näheren Bestimmung. Die Höhe der Schreibgebühren war dagegen gesetzlich zu ordnen." (Begründung der §§ 40—42 Entw. S. 14.)

2. Der § 41 Entw. bestimmte in Anlehnung an die Bestimmung im § 80 des D. GerKostGes. v. 18. Juni 1878, daß die Schreibgebühren für die Seite von mindestens 20 Zeilen von durchschnittlich 12 Silben zehn Pfennige betragen sollen, auch wenn die Herstellung auf mechanischem Wege stattgefunden habe. Nach § 16 der Instr. v. 1. Mai 1847 betrug bisher der geringste Satz für die Schreibgebühren der SchMänner 25 Pfennige. In der Kommission des HerrH. wurde es nicht für angemessen erachtet, diese geringen Gebühren herabzusetzen, weil auch bei Schriftstücken von nur einer Seite doch noch eine Adresse zu schreiben sei und der SchMann die Kosten für Papier, Siegel u. dgl. aus den Schreibgebühren zu bestreiten habe. Auch hielt man es dem ganzen Institut der SchMänner nicht für entsprechend, Silben und Zeilen in den Schriftstücken zu zählen. Es wurde deshalb dem § 43 seine jetzige Fassung gegeben. (KommBer. d. HerrH. S. 129.)

3. In der Kommission des AbgH. wurde unter Zustimmung des Vertreters des JustMin. konstatirt, daß Schreibgebühren nur für die im § 43 speziell aufgeführten Verhandlungen, nicht auch für eine schriftliche Ladung (§§ 21, 37) und nicht für die im § 25 Abs. 4 vorgeschriebenen Vermerke berechnet werden dürften (KommBer. S. 1714).

Nur für die Ausfertigungen und Abschriften der Verhandlungen (§ 29), nicht für die Einschreibung der Protokolle in das Protokollbuch (§§ 25, 28), und nur für die Ausstellung der Bescheinigung (§ 38), nicht für die Aufnahme des Vermerks im Protokollbuche (§ 38 Abs. 3) stehen dem SchManne Schreibgebühren zu. Daß auch für die Aufnahme der Anträge (§ 20) Schreibgebühren zu entrichten sind, ist neu; bisher durfte der SchMann für die Aufnahme der Klage keine Kopialien liquidiren (Reskr. d. JustMin. v. 15. Mai 1857. Schering A. 1 zu Art. 52). Dagegen wurden dem SchMann für schriftliche Bescheide, welche er an die Parteien auf deren Anträge erläßt, Kopialien zugebilligt (Reskr. des JustMin. v. 9. Octbr 1860. Schering a. a. O.); dafür erhält er jetzt nichts. Für die Mittheilung der Liquidation an die Partei durfte der SchMann bisher (vgl. Reskr. des JustMin. v. 9. Octbr 1860. Schering A. 1 zu Art. 32) und darf er jetzt Schreibgebühren nicht erheben; ebensowenig für die nach § 44 Abs. 2 an die Gemeindebehörde zum Zwecke der Einziehung der Gebühren und Auslagen zu richtenden Ersuchen.

4. Zu den baaren Auslagen des SchManns gehören hauptsächlich:

a) die Bestellungskosten für die Vorladung der Parteien. Der SchMann darf jedoch an Bestellungskosten nicht mehr liquidiren, als er selbst dem Boten gezahlt hat. Hat er dem Boten nichts bezahlt, oder hat er die Ladung selbst besorgt oder durch den Antragsteller besorgen lassen, so finden auch keine Bestellungsgebühren statt;

b) das Porto für die Briefe, welche der SchMann mit den Parteien wechselt, in deren Interesse empfängt oder absendet (über das Porto für die dienstlichen Postsendungen vgl. Anm. 7 S. 37 f);

c) die Reisekosten. Wenn ein SchMann zur Schlichtung von Privatstreitigkeiten zu reisen veranlaßt und ihm die eigene Beförderung von den Parteien überlassen wird, so kann er die Erstattung der dafür gemachten Auslagen (Reisekosten, Zehrungskosten) von den Parteien verlangen. Bisher konnte der SchMann als Entschädigung dafür ebensoviel beanspruchen, als eine Partei seines Ranges und Standes nach den gesetzlichen Bestimmungen zu liquidiren berechtigt war (vgl. Instr. v. 1. Mai 1841 § 16). Im § 42 SchO ist die Erstattungspflicht der Parteien auf die dem SchMann in Wirklichkeit erwachsenen baaren Auslagen beschränkt (vgl. Anm. 1).

5. Die Gebühren und Auslagen, welche der SchMann von den Parteien zu erheben berechtigt ist, muß derselbe im Protokollbuche gleich hinter der aufgenommenen Verhandlung liquidiren. Will der SchMann den Parteien die Gebühren oder die Auslagen erlassen, so bedarf es weder der Berechnung noch der Eintragung derselben im Protokollbuche. Nach § 18 der Instr. v. 1. Mai 1841 sollte der SchMann auch den Erlaß der Gebühren ꝛc. unter dem Protokoll vermerken. (Vgl. auch Anm. 3 zu § 28 S. 127.)

6. Bisher war der SchMann nicht befugt, einen Vorschuß zur Deckung der Schreibgebühren und baaren Auslagen von den Parteien zu fordern; doch konnte er sich die Zahlung derselben dadurch sichern, daß er die Ausfertigung des Vergleichs und in Injuriensachen das Attest über den Ausfall des Sühneversuchs der Partei nur gegen Entrichtung der Auslagen verabfolgte (Reskr.

§. 44.

Die Schreibgebühren und baaren Auslagen fallen der Partei zur Last, welche dieselben veranlaßt hat. Ist jedoch ein Vergleich zu Stande gekommen oder die Vermittelung des Schiedsmanns von beiden Parteien nachgesucht, so haftet für die Schreibgebühren und baaren Auslagen, welche bis zum Schlusse der Verhandlung entstanden sind, jede Partei.

---

des JustMin. v. 30. April 1853 und v. 17. April 1862. Schering A. 1 zu Art. 30, A. 1 zu Art. 34). Nach § 42 SchO darf der SchMann seine Thätigkeit, d. h. das ganze amtliche Wirken nach Maßgabe der SchO (vgl. KommBer. d. HerrH. zu § 40 S. 129), davon abhängig machen, daß ihm die Schreibgebühren und baaren Auslagen vorher entrichtet werden. In der Kommission des AbgH. wollte ein Mitglied diese Befugniß auf die Thätigkeit des SchManns in vermögensrechtlichen Streitigkeiten beschränken. Der daran geknüpfte Antrag wurde aber nicht weiter verfolgt, nachdem der Vertreter des JustMin. bemerkt hatte, daß es sich nur um geringe Beträge, meist nur um 25 Pfennige handle, daß die Erhebung eines eigentlichen Kostenvorschusses nicht zulässig sei, und daß es sich wohl nicht empfehle, hier einen Unterschied zwischen den Verhandlungen vor dem SchMann zu machen. (KommBer. d. AbgH. S. 1714.)

7. Der SchMann kann sich wegen der Schreibgebühren und baaren Auslagen nur an die Parteien halten. Auf Erstattung derselben aus einem öffentlichen Fonds hat derselbe bei dem Unvermögen des Schuldners keinen Anspruch. (SchO § 44; vgl. Reskr. d. JustMin. v. 30. April 1853 und v. 17. April 1862. Schering A. 1 zu Art. 34.)

Zu § 44.

1. Bisher hatte sich der SchMann, wenn die Partei die Erstattung der Kopialien und Auslagen verweigerte, deßhalb an den ordentlichen Richter des Schuldners zu wenden, welcher dann

Erforderlichenfalls werden diese Gebühren und Auslagen auf Antrag des Schiedsmanns von den Betheiligten ebenso beigetrieben, wie die Gemeindeabgaben.

---

die Exekution gegen den letzteren verfügte (Instr. v. 1. Mai 1841 § 20). Nach dem RegEntw. § 42 sollte, wenn der SchMann sich wegen seiner Gebühren nicht in Gemäßheit des § 42 vorgesehen hatte, die Beitreibung dieser Gebühren nur im Wege der gerichtlichen Klage erfolgen können. In der Kommission des HerrH. war man der Ansicht, das könne den SchMann unter Umständen sehr belästigen; seien die von ihm geschlossenen Vergleiche zwangsvollstreckbar, dann könne man auch dem SchMann selbst wegen seiner Gebühren die Exekution sofort eröffnen, aber nicht die gerichtliche, sondern die einfache Beitreibung wie bei Gemeindeabgaben. Man fügte deßhalb dem § 44 den Abs. 2 hinzu. (KommBer. d. HerrH. S. 129.)

2. In der Kommission des AbgH. wurde die Aufnahme eines neuen § mit folgendem Inhalt beantragt: „Streitigkeiten über den Betrag und die Pflicht zur Zahlung der Schreibgebühren und zur Erstattung der baaren Auslagen, über die Aufbringung der sächlichen Kosten (§ 45) und über die Vertheilung der Geldstrafen (§ 46) entscheidet das Landgerichtspräsidium endgültig." Für den Antrag wurde angeführt: Die im Antrage beregten Punkte könnten zu Streitigkeiten Veranlassung geben, es sei daher die Behörde zu bestimmen, welche sie entscheiden solle. Man war indeß darüber einig, daß die fraglichen Streitigkeiten entweder im Beschwerde- oder Rechtswege ihre Erledigung finden würden, und wurde der Antrag hierauf zurückgezogen. (KommBer. d. AbgH. S. 1714 f.)

3. Die Gebühren und Auslagen des SchManns werden in Gemäßheit der Verord. v. 7. Septbr 1879, betr. das Verwaltungszwangsverfahren wegen Beitreibung von Geldbeträgen (GesS. S. 591) vom Schuldner beigetrieben. Der SchMann hat zu diesem Zwecke eine mit seiner Unterschrift und seinem Amtssiegel versehene spezifizirte Rechnung der Ortsgemeindebehörde mit dem Antrage auf Beitreibung einzureichen, welche dann die liquidirten Beträge von dem Schuldner ebenso beitreibt, wie die Gemeindeabgaben, und nach ihrem Eingange an den SchMann abliefert. Hat der SchMann in mehreren verschiedenen Sachen Gebühren und Auslagen beitreiben zu lassen, so muß er in jeder Sache eine besondere Rechnung mit einem besonderen Gesuche der Ortsgemeindebehörde einreichen. Bisher konnte er dafür Kopialien

liquidiren (vgl. Reskr. d. JustMin. v. 7. Septbr 1842 (Schering Art. 35); jetzt ist er dazu nicht mehr befugt (vgl. Anm. 3 zu §§ 42 u. 43).

4. Der § 44 bestimmt lediglich, welche der Parteien dem SchMann gegenüber die Gebühren und Auslagen zu tragen hat. Das Verhältniß der Parteien zu einander in Betreff der Verpflichtung zur Kostenzahlung, welches in den bisherigen Verordnungen ebenfalls geregelt wurde (vgl. Verord. v. 7. Septbr 1827, v. 26. Septbr 1832 §§ 30—32), läßt die SchO unberührt.

a. Dem SchMann gegenüber ist diejenige Partei verhaftet, welche seine Thätigkeit in Anspruch genommen, also in erster Linie diejenige, welche den Antrag gestellt hat. Ist dies von beiden Theilen geschehen, sei es, daß beide Theile die Vermittelung des SchManns beantragt haben oder daß durch den Abschluß des Vergleichs sich der eine Theil die von dem anderen Theil allein veranlaßte Thätigkeit des SchManns angeeignet hat, so haftet jeder Theil für die bis zum Schlusse der Verhandlung entstandenen Schreibgebühren und baaren Auslagen, also namentlich auch für die Schreibgebühren für den nur von einer Seite gestellten Antrag (§ 20), für das Briefporto, welches für die Korrespondenz mit nur einem Theile verausgabt ist, für die von nur einem Theile veranlaßten Reisekosten des SchManns. Die Schreibgebühren für die Ausfertigungen und Abschriften der Verhandlungen und für die Ertheilung des Sühneattestes hat diejenige Partei zu bezahlen, welche die Ausfertigung rc. beantragt, sollte auch der Antrag bereits in der mündlichen Verhandlung gestellt und ins Protokoll aufgenommen sein; denn die Ausfertigungen rc. werden erst nach dem Schlusse der Verhandlung ertheilt und die Gebühren dafür entstehen folglich auch erst nach dem Schlusse der Verhandlung.

b. Jeder Vergleich muß auch über den Kostenpunkt eine Bestimmung enthalten. Ist unter den Parteien über den Kostenpunkt verhandelt und haben sie sich darüber nicht geeinigt, so ist kein Vergleich zu Stande gekommen. Ist der Kostenpunkt unter den Parteien gar nicht zur Sprache gekommen und daher auch im Vergleiche übergangen, so hat dies auf den rechtlichen Bestand des Vergleichs keinen Einfluß. Es wird dann die Interpretationsregel, welche in den bisherigen SchMOrdnungen (vgl. Verord. v. 26. Septbr 1832 u. v. 7. Juni 1841 § 31) in Uebereinstimmung mit § 21 I. 23 Allg. GerOrd. ausgesprochen war und auch im § 93 CivProzO. wiederholt ist, zur Anwendung gebracht werden müssen, daß die Sache so angesehen wird, als hätte jeder Theil

§. 45.

Die sächlichen Kosten des Schiedsmannsamts fallen der Gemeinde zur Last.

In Bezirken, welche aus mehreren Gemeinden bestehen, werden die sächlichen Kosten auf die betheiligten Gemeinden nach dem Maßstabe der Seelenzahl vertheilt. Den Gemeinden werden die selbstständigen Gutsbezirke gleichgeachtet.

§. 46.

Die Geldstrafen, welche in Gemäßheit dieses Gesetzes zur Erhebung gelangen, fließen den Gemeinden zu, welche die sächlichen Kosten zu tragen haben.

---

die Hälfte der Kosten übernommen. Selbstverständlich kann die Zwangsvollstreckung wegen Kosten, deren im SchMVergleiche keine Erwähnung geschehen ist, nicht erfolgen. Hat der SchMann in einem solchen Falle die Gebühren und Auslagen von einem Theile ganz eingezogen, so muß dieser gegen einen anderen Theil im Wege des ordentlichen Prozesses die Erstattung fordern.

Zu §§ 45 u. 46.

1. Die sächlichen Kosten des SchMAmtes werden, wie bisher, auch fernerhin von den Gemeinden, aus welchen die Bezirke gebildet sind, getragen. Daher sind diesen Gemeinden auch die zur Erhebung kommenden Geldstrafen zugewiesen (§ 46). Daß auch hier wie im Falle des § 1 selbstständige Gutsbezirke wie Gemeinden zu behandeln sind, ist selbstverständlich. (Begründung der §§ 43 u. 44 Entw. S. 14.)

In der Kommission des HerrH. wurde darauf hingewiesen, daß nach § 420 StrProzO. die SchMänner als nothwendige Organe der Justizverwaltung anzusehen seien, und daß es deßhalb nur in der Konsequenz liege, die Kosten des SchMAmtes nicht mehr wie bisher den Gemeinden, sondern dem Staate zur Last zu legen. Dem wurde entgegenstellt. daß die schiedsmännische Thätigkeit doch nur in geringem Umfange mit dem § 420 StrProzO.

Fünfter Abschnitt.
Schlußbestimmungen.

§. 47.

Die Vorschriften dieses Gesetzes, welche sich auf die Ausfertigung und Vollstreckung der abgeschlossenen Vergleiche beziehen, finden auch auf solche Vergleiche An-

---

zusammenhänge, der größere Theil ihrer Thätigkeit aber im Interesse der SchMBezirke liege, daß eine Sonderung der nach den verschiedenen Seiten der Thätigkeit des SchManns entstehenden Kosten undurchführbar sei, und um so weniger Veranlassung vorliege, an dem bestehenden Zustande in den älteren Provinzen hier etwas zu ändern, als den Gemeindekassen ja auch die Strafen erhalten bleiben sollen. Die Abänderungsanträge wurden abgelehnt bezw. zurückgezogen (KommBer. d. HerrH. S. 129).

2. Zu den sächlichen Kosten des SchMAmtes gehören vorzugsweise die Kosten für die Amtssiegel und Protokollbücher der SchMänner (vgl. Anm. 2 S. 126) sowie die Kosten für die Beschaffung des Amtslokals, wenn dem SchMann ein passender Raum in seiner Wohnung nicht zu Gebote steht. Dazu gehören ferner das Porto für den Schriftwechsel betreffend die Uebersendung der Wahlverhandlungen an das Landgerichtspräsidium (vgl. Anm. 7 S. 37 f) und die Reisekosten des SchManns, welcher zum Zwecke seiner Vereidigung zum Sitze des Amtsgerichts reisen muß (§ 5). Zum Zwecke der jährlichen Revision der Protokollbücher der SchMänner soll weder der Amtsrichter noch der SchMann eine Reise machen (vgl. Anm. 1 z. § 7 S. 49).

3. In der Kommission des AbgH. wurde auf erfolgte Anfrage von dem Vertreter des JustMin. bemerkt, daß die in Gemäßheit der SchO zu erhebenden Geldstrafen (§ 46) von den Gemeindebehörden wie Gemeindeabgaben einzuziehen seien (vgl. § 44 Abs. 2, KommBer. d. AbgH. S. 1714). Nach der SchO können Geldstrafen nur vorkommen gegen eine unentschuldigt im Sühnetermin ausbleibende Partei (§ 22). Gegen die SchMänner findet die Festsetzung von Ordnungsstrafen nicht statt (vgl. § 7 u. Anm. 3 dazu S. 50 f).

4. Vgl. auch Anm. 2 zu § 44 S. 182.

wendung, welche vor dem Inkrafttreten dieses Gesetzes von einem Schiedsmanne zu Protokoll genommen worden sind.

Zu § 47.

1. Da der Zeitpunkt des Inkrafttretens der SchO nach § 49 SchO in Verbindung mit § 1 des EinfGes z. GerVerfGes. am 1. October 1879 eingetreten ist, so würden die Bestimmungen der §§ 29—32 SchO über die Ausfertigung und Vollstreckung der SchMVergleiche nur auf die nach dem 1. October 1879 geschlossenen Vergleiche Anwendung finden, wenn nicht im § 47 jenen Vorschriften auch in Bezug auf die vor dem 1. October 1879 abgeschlossenen Vergleiche Anwendbarkeit verliehen wäre.

2. Nach § 22 EinfGes. z. CivProzO. findet aus einer vor dem 1. October 1879 aufgenommenen Urkunde, aus welcher nach den bisherigen Gesetzen die Zwangsvollstreckung zulässig war, dieselbe auch nach dem 1. October 1879 statt. Diese Vorschrift findet auch auf die SchMVergleiche alten Rechts Anwendung, da aus denselben nach den bisherigen Gesetzen die Exekution zulässig war (vgl. Anm. 1 zu § 32 S. 134). Da nach § 47 SchO die Vorschriften des § 32 SchO über die Vollstreckung auch auf die vor dem 1. Octbr 1879 abgeschlossenen SchMVergleiche Anwendung finden sollen, so erfolgt die Zwangsvollstreckung aus diesen Vergleichen unter entsprechender Anwendung der Vorschriften der CivProzO. über die Zwangsvollstreckung aus notariellen Urkunden mit der im § 32 Abs. 3 SchO enthaltenen Modifikation der Bestimmung im § 666 CivProzO. Das UebergGes. v. 31. März 1879 (GesS. S. 332) bestimmt im § 13 hiermit in Uebereinstimmung, daß auf das Verfahren der Zwangsvollstreckung in das bewegliche Vermögen aus Urkunden, welche vor dem 1. Octbr 1879 errichtet sind, die Vorschriften der CivProzO. und der § 32 SchO entsprechende Anwendung finden sollen; es fügt aber die Beschränkung hinzu: „insoweit nicht in den §§ 14—34 (des UebergGes.) etwas Anderes bestimmt ist." Der § 14 des UebergGes. bestimmt, daß die Vollstreckbarkeit der im § 13 bezeichneten Schuldtitel, also auch der SchMVergleiche, sowie die Zu-

lässigkeit von Einwendungen, welche den vollstreckbaren Anspruch selbst betreffen, sich nach den bisherigen Vorschriften bestimmt. Hieraus ergibt sich, daß die nach dem 1. Octbr 1879 beginnende Zwangsvollstreckung, was das Verfahren und die Zuständigkeit für die einzelnen Vollstreckungshandlungen anbetrifft, schlechthin nach den Vorschriften der CivProzO. und des § 32 SchO zu erledigen ist; daß dagegen die CivProzO. keine Anwendung findet auf die dem materiellen Rechte angehörigen Fragen, daß diese vielmehr nach den bisherigen Vorschriften zu entscheiden sind.

3. Das Verfahren der Zwangsvollstreckung umfaßt alle Prozeßhandlungen, welche aus Anlaß einer solchen vorzunehmen sind, soweit nicht nur die Ausführung der Vollstreckung selbst, sondern auch die ihr vorausgehenden oder sich anschließenden, auf die Vollstreckung bezüglichen Akte. Es finden daher insbesondere auch die Vorschriften der CivProzO. in Verbindung mit § 32 SchO über das Verfahren bei Ertheilung der vollstreckbaren Ausfertigungen der SchMVergleiche Anwendung, so daß auch die vollstr. Ausfertigungen der vor dem 1. Octbr 1879 geschlossenen Vergleiche von den SchMännern ertheilt werden, und daß die Ertheilung derselben in den Fällen der §§ 664, 665, 669 CivProzO. von dem Amtsgerichte, in dessen Bezirke der SchMann wohnt, anzuordnen ist (vgl. Anm. 7 zu § 32 S. 139f). Ferner finden jene Vorschriften über das Verfahren bei Streitigkeiten in der Zwangsvollstreckungsinstanz und über die Zuständigkeit der mit der Entscheidung dieser Streitigkeiten berufenen Gerichte (vgl. Anm. 7 letzten Abs. zu § 32 S. 141) Anwendung.

4. Von den das materielle Recht betreffenden Fragen kommen folgende in Betracht:

a) aus welchen Schuldtiteln überhaupt, in abstracto, die Exekution zulässig ist. Daß aus den vor dem 1. Octbr 1879 geschlossenen SchMVergleichen die Exekution überhaupt zulässig, ist bereits in Anm. 2 erörtert. Aus diesen Vergleichen findet jedoch nach § 22 EinfGes. z. CivProzO. eine neu beginnende Zwangsvollstreckung nach dem 1. Octbr 1879 nur innerhalb des Rechtsgebiets statt, in welchem die ihre Zulässigkeit bedingenden Gesetze gegolten haben, es sei denn, daß dieselben den Erfordernissen der CivProzO. entsprechen, daß also der Schuldner sich in dem Vergleiche der Zwangsvollstreckung unterworfen hat und daß der Vergleich auch seinem Gegenstande nach dem § 702 Nr 5 CivProzO. entspricht. Die SchMVergleiche, bei welchen regelmäßig die Voraussetzungen des § 702 Nr 5 nicht zutreffen, sind daher nicht im ganzen Reiche vollstreckbar, sondern ihre Vollstreckbarkeit erstreckt sich nicht weiter, als auf das Rechtsgebiet, in welchem vor dem 1. Octbr 1879 ihre Vollstreckbarkeit anerkannt wurde.

b) unter welchen Voraussetzungen die in abstracto vollstreckbaren Schuldtitel in concreto vollstreckbar sind. Zu den materiellen nach den bisherigen Vorschriften zu beurtheilenden Voraussetzungen der Vollstreckbarkeit gehört die zeitliche Beschränkung der Vollstreckbarkeit. Aus den vor dem 1. Octbr 1879 geschlossenen SchMVergleichen, welche im Geltungsgebiete der Allg. Gerichtsordnung errichtet sind, ist daher die Exekution nicht, wie nach der CivProzO., ohne Zeitbeschränkung zulässig, sondern nur innerhalb des Exekutionsjahres (Allg. GerOrd. I 24 § 3). Dies bezieht sich jedoch, wie in der Kommission des AbgH. im Einverständnisse mit dem Regierungskommissar konstatirt ist (vgl. Anl. zu den Verh. d. AbgH. 1878/9 S. 711), nur auf die Ertheilung der vollstreckbaren Ausfertigung. Eine vollstr. Ausfertigung des vor dem 1. Octbr 1879 geschlossenen SchMVergleichs darf nach Ablauf des Exekutionsjahres nicht mehr ertheilt werden; die Vollstreckung selbst auf Grund der ertheilten Ausfertigung unterliegt aber nach den Vorschriften der CivProzO. keiner Beschränkung mehr. — Nach bisherigem Recht war die Zwangsvollstreckung aus einem dunkel oder unverständlich abgefaßten Vergleiche nicht zulässig, vielmehr sollte dann die Sache zum gerichtlichen Verfahren verwiesen werden (vgl. Anm. 1 zu § 32 S. 134). Klarheit und Verständlichkeit des vor dem 1. Octbr 1879 abgeschlossenen Vergleichs ist daher auch ferner die Voraussetzung seiner Vollstreckbarkeit.

c) welche Einwendungen gegen den vollstreckbaren Anspruch selbst in der Exekutionsinstanz zulässig sind. Nach dem bisherigen Rechte (vgl. Verord. v. 4. März 1834 § 6. GesS. S. 31; Verord. v. 21. Juli 1849 § 85. GesS. S. 307) hemmen die Einwendungen der Zahlung, der Kompensation, des Erlasses und des Vergleichs die Exekution nur alsdann, wenn sie liquid sind und die Thatsachen, auf welche sie gegründet werden, sich erst nach geschlossener Instruktion der Sache ereignet haben, oder erst nach diesem Zeitpunkt zur Kenntniß des Schuldners gelangt sind. Nach § 686 Abs. 2 CivProzO. sind Einwendungen gegen den durch Urtheil festgestellten Anspruch nur insoweit zulässig, als die Gründe, auf denen sie beruhen, erst nach dem Schlusse derjenigen mündlichen Verhandlung, in welcher Einwendungen in Gemäßheit der Bestimmungen der CivProzO. spätestens hätten

§. 48.

Die auf Grund der bisherigen Vorschriften berufenen Schiedsmänner haben bis zum Ablaufe ihrer Amtsperiode ihre Thätigkeit in Gemäßheit des gegenwärtigen Gesetzes fortzusetzen.

In denjenigen Landestheilen, in welchen das Institut der Schiedsmänner bisher nicht eingeführt worden ist, haben bis zum Amtsantritte der in Folge dieses Gesetzes zu berufenden Schiedsmänner die Amtsgerichte die Geschäfte der Vergleichsbehörde bei Beleidigungen (§. 420 der Strafprozeßordnung) wahrzunehmen.

---

geltend gemacht werden müssen, entstanden sind und durch Einspruch nicht mehr geltend gemacht werden können. Diese Vorschrift, welche einen nach Maßgabe der CivProzO. verhandelten Rechtsstreit zur Voraussetzung hat, findet auf einen durch SchMVergleich nach dem 1. Octbr 1879 festgestellten Anspruch keine Anwendung; es sind vielmehr die Einwendungen des Schuldners gegen den Anspruch ohne Rücksicht auf den Zeitpunkt der Entstehung im Vollstreckungsverfahren im vollsten Maße zulässig (CivProzO. § 705 Abs. 4; SchO § 32 Abs. 2. Vgl. Anm. 7 letzten Abs. zu § 32 S. 141). Dagegen sind Einwendungen gegen einen vor dem 1. Octbr 1879 durch SchMVergleich festgestellten Anspruch im Zwangsvollstreckungsverfahren nur unter den erwähnten beschränkenden Voraussetzungen des bisherigen Rechts zulässig. Die Form ihrer Geltendmachung richtet sich aber nach den Vorschriften der CivProzO. (UebergGes. v. 31. März 1879 § 31).

(Zu den Anm. 2—4 sind außer den Materialien zu dem UebergGes. v. 31. März 1879 benutzt: Munk, das Ges. vom 31. März 1879 2c. und Struckmann u. Koch, die Preuß. Ausführungsgesetze 2c.)

5. In Waldeck-Pyrmont treten im § 47 an die Stelle der Worte „von einem SchMann" die Worte „von einem Friedensgerichte" (Ges. v. 1. Septbr 1879 Art. 4; vgl. S. 15 Nr III 1).

Zu § 48. 1. In der Kommission des AbgH. wurde darauf aufmerksam gemacht, daß die SchMBezirke nach dem 1. October 1879 vielfach anders als bisher zu bilden seien und daß mit Rücksicht hierauf die Bestimmung des § 48, nach welcher die auf Grund der bisherigen Vorschriften berufenen SchMänner bis

§. 49.

Dieses Gesetz tritt gleichzeitig mit dem Deutschen Gerichtsverfassungsgesetze in Kraft. Mit der Ausführung werden der Justizminister und der Minister des Innern beauftragt.

Urkundlich 2c. 2c.

---

zum Ablaufe ihrer Amtsperiode in Thätigkeit bleiben sollen, vielfach zu Verwirrungen führen und schwerlich durchführbar sein werde. Es wurde indeß seitens des Vertreters des JustMin. entgegnet, daß die Bestimmung so wie sie vorliege, getroffen sei, um eine allgemeine Umwälzung nach dem 1. October zu vermeiden, daß indeß, soweit wirklich eine Aenderung der SchMBezirke eintrete, eine Neuwahl stattfinden müsse, da die bisherigen SchMänner für bestimmte Bezirke gewählt seien. (KommBer. d. AbgH. S. 1715.) Dieser Auffassung entspricht das Cirkular der Min. der Just. und des Inn. v. 9. Juli 1879 nicht, nach welchem die Neuwahl der SchMänner nicht von der Aenderung der SchMBezirke, sondern die Aenderung der SchMBezirke von der Neuwahl der SchMänner nach Ablauf ihrer Amtsperiode abhängig gemacht ist (vgl. Anm. 6 S. 23 f).

2. In Waldeck-Pyrmont tritt an die Stelle des § 48 folgende Vorschrift: „Die auf Grund des Ges. v. 21. August 1848, die Einrichtung der Friedensgerichte betreffend, berufenen Friedensrichter erhalten die Rechte und Pflichten der SchMänner, die den Jahren nach ältesten Gehülfen der Friedensrichter erhalten die Rechte und Pflichten der Stellvertreter der SchMänner, und haben beide bis zum Ablauf der Amtszeit der Friedensrichter ihre Thätigkeit in Gemäßheit des gegenwärtigen Gesetzes fortzusetzen" (Ges. v. 1. Septbr 1879 Art. 5; vgl. S. 15 Nr III 1).

Zu § 49. 1. „Da die SchO das Institut der SchMänner in allen Beziehungen neu ordnet, so folgt daraus die Aufhebung der in den einzelnen Provinzen bisher in Kraft bestehenden Verordnungen von selbst" (Begründung der §§ 45—47 Entw. S. 14).

2. Die von den Min. der Just. u. des Inn. unter dem 27. Aug. 1879 zur Ausführung der SchO erlassene Allg. Verfügung ist hier zu den §§ 4, 5, 7 (S. 39, 42, 49) abgedruckt. Das Circular derselben Minister v. 9. Juli 1879 ist an den geeigneten Orten in den Anmerkungen in Bezug genommen (vgl. z. B. Anm. 6 S. 23, Anm. 2 S. 43, Anm. 8 S. 45, Anm. 2 u. 3 S. 126 f).

3. Das Ges. v. 1. Septbr 1879, betr. die Einführung der Preuß. SchO in die Fürstenthümer Waldeck u. Pyrmont (vgl. S. 15 Nr III 1), enthält im Art. 6 folgende Bestimmung: „Dieses Gesetz (das Ges. v. 1. Septbr 1879) tritt gleichzeitig mit dem Deutschen Gerichtsverfassungsgesetze in Kraft. Mit diesem Zeitpunkte verliert das Ges. v. 21. Aug. 1848, die Errichtung von Friedensgerichten betreffend, nebst den dazu erlassenen Nachträgen seine Geltung."

Sachregister.

(Die Zahlen geben die Seitenzahlen, die eingeklammerten Zahlen die Nummern der Anmerkungen an.)

A.

L.

M.

N.

O.

P.

V.

Buchdruckerei von Gustav Schade (Otto Francke) in Berlin N.

FSC
www.fsc.org
MIX
Papier | Fördert gute Waldnutzung
FSC® C083411

Kolibri 360 GmbH
Ferdinand-Jühlke-Straße 7
99095 Erfurt, Deutschland
produktsicherheit@kolibri360.de